장애의 이해와 재활

최기창 · 박관영 · 최우형

형지사

머리말

21세기 들어 우리나라 장애인 복지는 많은 발전을 거듭하였다. 장애인복지법, 장애인차별금지 및 권리구제 등에 관한 법률을 개정하고, 발달장애인권리보장 및 지원에 관한 법률도 제정하였다. 이와 같은 법률제정으로 장애인에 대한 사회적 관심과 장애인을 위한 그리고 장애인의 재활과 자립을 위한 사회·제도적인 구조화가 이루어지고 있음은 반가운 일이다.

본 서는 시민의 장애인에 대한 인식과 사회제도적 측면에서 장애인에게 장애가 더 이상 사회적 장애로까지 확산되지 않도록 하기 위한 여러 가지 제도와 이념들을 가급적 장애인의 입장에서 기술하고자 하였다. 그리고 장애인의 재활을 위한 여러 가지 방안들을 설명하였다.

따라서 본 서는 장애인을 공부하는 학생뿐만 아니라 장애인 당사자에게도 일부 도움이 될 것으로 믿는다.

부디 독자는 이 책을 통하여 장애인에 대한 올바른 시각을 가지고 장애인을 위한 서비스, 그리고 법률적 권리 및 제도 등에 대한 충분한 이해를 통하여, 장애인과 재활을 위한 서비스가 보다 장애인 중심으로 한 발짝 더 다가가길 바란다.

2020. 3.

공동저자 씀

차 례

〈표 차례〉

〈그림 차례〉

제 1 부

장애 영역

제 1 장
장애의 개념

제 1 절 장애의 의의

1. 장애의 개념

장애에 대한 정의는 그 관점에 따라 학자마다 다양하게 표현된다. 그러나 오늘날 가장 일반적으로 받아들여지는 장애의 정의는 세계보건기구(WHO: World Health Organization)가 제시한 ICIDH(International Classification of Impairments, Disabilities and Handicaps)-2의 장애개념이다.

ICIDH-2에서는 장애를 개인적 차원과 사회적 차원으로 구분하여 설명하면서, 장애에 대한 사회적 책임과 역할을 강조하고 있다. 이는 장애에 대한 사회적 인식이 시대에 따라 변화하고 있음을 시사하고 있다.

ICIDH-2에 의한 장애의 개념은 개인의 손상과 활동, 그리고 참여라는 차원을 바탕으로 출발한다. 개인적 요인과 환경적 요인의 상호작용으로 나타나는 문제들인 것이다.

즉, 장애는 신체 기능 및 구조적 손상이 활동 제한을 수반하고(개인적 차원), 이러한 개인적 상황요인이 사회참여를 제한하게 되는 것(사회적 차원)이 문제인 것이다.

장애의 사전적 의미는 "어떤 사물의 진행을 가로막거나 충분히 기능을 하지 못하게 함. 또는 그런 일"을 뜻한다. 장애(障碍)를 한자(漢字)로 풀어보면 "장(障)"은 가로막다, 막다, 구멍으로 물건이 통하지 못하게 하다, 방어하다, 가리다의 뜻이며, "애(碍)"는 거리끼다, 가로막다, 방해하다, 한정하다의 뜻으로 사용된다.

우리나라에서의 장애인의 정의는 장애인복지법[1] 제2조에서 "장애인이란 신체적·정신적 장애로 오랫동안 일상생활이나 사회생활에서 상당한 제약을 받는 자"로서 "대통령령이 정하는 장애의 종류 및 기준에 해당하는 자"를 의미한다.

정리하면, 장애는 신체기능 및 구조적 손상이 오랜 기간 또는 영구적으로 일상생활의 활동수행 능력을 제한하여, 사회참여를 자유롭지 못하게 하는 상태를 의미한다.

〈그림 1-1〉 장애의 개념

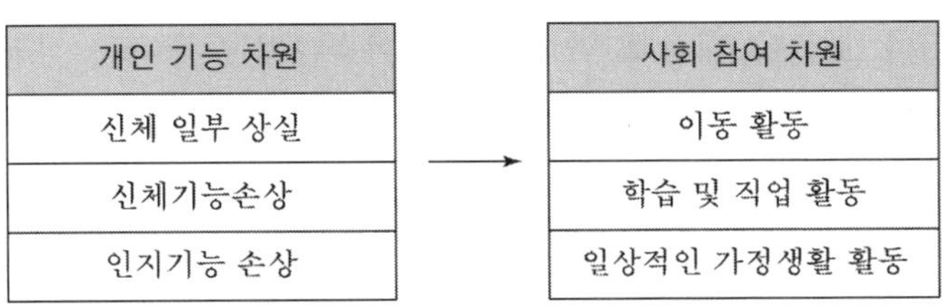

〈그림 1-1〉은 장애의 개념을 요약한 것인데, 장애는 개인차원에서 신체의 일부가 상실되었거나 신체기능의 손상, 인지기능의 손상 등으로 인하여, 이동활동이나 학습 및 직업활동, 일상적인 생활 활동 등에 제약이 있는 경우를 의미한다.

이와 같은 개념에 의하면 개인차원에서의 기능 상실이나 손상이 사

1) 장애인복지법(시행 2019. 12. 12)

회참여 차원에서의 사회적 참여에 아무런 제약이 없을 경우 장애로 보지 않을 수도 있는 것이다.

2. 장애인복지의 개념

장애인복지는 인간으로서의 장애인의 존엄한 가치를 인정하고 이를 실현하며, 이들의 행복한 삶을 지향하려는 실천적 활동으로 정의할 수 있다.

이와 같은 관점에서 장애인 복지의 지향점은 다음과 같이 정리할 수 있을 것이다.

〈그림 1-2〉는 장애인 복지의 개념을 도표로 요약한 것이다. 이에 대하여 간단히 설명하면 아래와 같다.

〈그림 1-2〉 장애인 복지의 개념

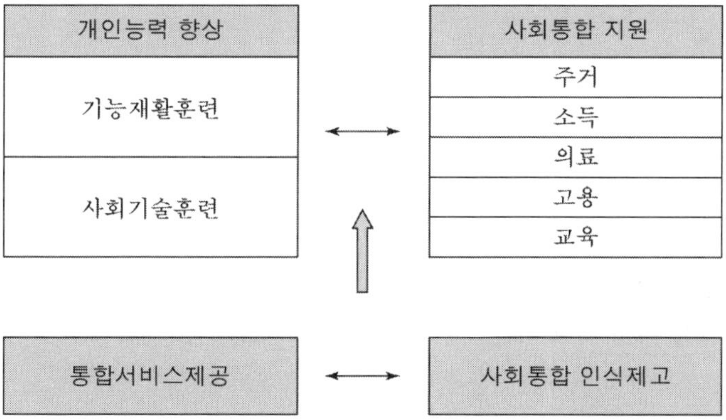

1) 개인능력 향상

세계보건기구는 장애인복지를 의료적·사회적·교육적·직업적 서비스를 통합적으로 사용하여 개인을 훈련시키고 재훈련시켜 개인의 기능적 능력을 가능한 한 최고의 수준으로 높이는 것으로 정의하였다.

즉, 장애인 개인의 기능과 능력을 향상시키기 위한 노력을 지속적으로 전개한다는 것이다. 이를 위하여 장애인의 추가적인 손상을 예방하고 잔존하고 있는 능력을 최대한 활용하여 적응력을 최대한 향상시키는 것이다. 이를 위한 장애인 복지서비스는 통합적 · 지속적이어야 한다.

2) 사회통합 실현

장애인복지에서의 지향점은 장애인 개인능력 향상뿐만 아니라 사회통합이라는 궁극적인 목표에 두어야한다. 장애인이 사회구성원으로 살아갈 수 있도록 주거, 소득, 의료, 교육, 고용 등의 서비스를 제공해주는 것이 장애인 복지의 올바른 방향인 것이다.

이와 같은 사회통합을 이룩하기 위해서는 장애인을 이해하고 배려하는 사회가 아니라, 장애인도 이 사회의 한 구성원으로 인정되고, 장애도 사회 환경의 일부라는 인식을 가지는 것이 중요하다. 이를 위한 실천적 활동들이 장애인복지이다. 이를 위한 장애인복지 역시 지속적인 사회적 노력이 필요할 것이다.

제 2 절 장애개념의 변화

1. ICIDH-1의 장애개념

국제장애분류(International Classification of Impairments, Disabilities, and Handicaps) ICIDH-1에 의한 장애 분류에서의 장애개념은 기능이나 구조 손상의 기능장애(impairments), 손상으로 인한 능력의 제약이나 결여의 능력장애(disabilities), 기능장애와 능력장애로 야기된 사회적 불리(handicaps)의 세 가지 차원에서 장애를 설명하고 있다. 이를 설명하면 아래와 같다.

1) 기능장애(impairments)

기능장애는 사고나 질병과 같은 원인으로 인하여 신체의 구조적인 손실이나 비정상, 또는 정신적인 기능체계의 결손이나 비정상의 상태가 일시적·영구적으로 나타난 상태를 의미한다. 즉, 신체구조의 장애로 인한 장애(결손, 비정상)가 밖으로 나타난 것이다. 이는 다분히 개인적 차원의 문제이다.

2) 능력장애(disabilities)

능력장애는 앞서의 기능장애의 결과로 나타난 개인의 활동수행능력의 저하와 상실이다. 즉, 기능장애에서 야기된 것으로 일상생활에서 활동을 수행하는 능력을 제약하게 만든 것이고 이 역시 장애인 개인적 차원인 것이다.

3) 사회적 불리(handicaps)

사회적 불리는 기능장애와 능력장애에 대한 사회의 반응으로서의 사회적 불이익, 즉 정상적인 사회적 역할 수행에 있어서의 제약이나 방해를 받는 개인의 불이익을 말한다. 즉, 사회문화적 수용정도에 따라 정상적인 역할수행을 방해하는 개인에 대한 불이익이라 할 수 있어 이는 개인적 차원의 문제가 아니라 사회적 차원의 문제인 것이다.

4) ICIDH-1 장애개념의 문제점

〈표 1-1〉은 ICIDH-1의 장애개념 및 문제점을 요약한 것이다. 〈표 1-1〉에서 보는 바와 같이 ICIDH-1에서는 장애인을 기능장애와 능력장애 그리고 사회적 불리로 정하고 있다. 이와 같은 ICIDH-1에서의 장애분류는 장애개념을 사람의 질병이나 이상의 수준을 넘어 사회적 차원의 접근이라는 의미있는 평가를 받을 수 있지만 문제점 역시 가지고 있었다.

즉, 기능장애를 정의하였으나 기능장애에 대한 설명이 미흡하다는 점, 능력 장애에 대한 정의를 하였으나 그 능력의 주체인 인간이 배제된 점, 사회적 불리에 대하여 손상이 반드시 사회적 불리를 가져올 것으로 보는 문제 등이다.

〈표 1-1〉 ICIDH-1 장애개념의 문제점

분 류	차 원	문제점
기능장애	개인차원	기능장애에 대한 설명 미흡
능력장애	개인차원	능력의 주체인 인간이 배제
사회적 불리	사회차원	개인의 손상이 결국 사회적 불리를 가져올 것이라는 가정

2. ICIDH-2의 장애개념

세계보건기구(WHO)는 1980년에 ICIDH-1 장애 개념을 제시하였지만, 위에서 언급한 문제점을 수정·보완하여, 1977년에 ICIDH-1을 수정하여 ICIDH-2를 제안하였다.

ICIDH-2에서는 손상, 활동, 참여의 세 가지 요소로 구분하여 장애를 설명하였다. 이에 대하여 설명하면 아래와 같다. 그리고 〈표 1-2〉는 ICIDH-2에서의 장애개념을 요약한 것이다.

1) 손상(impairments)

손상은 신체 구조나 물리적·심리적 기능상의 상실이나 비정상을 말한다. 즉 신체 기능 및 구조와 관련된 것으로 기능상의 제한, 기능을 수행하는 데 따르는 불능을 말한다. 이는 ICIDH-1에서의 장애개념에서 진일보 한 것으로 기능장애에 대한 설명을 보다 구체적으로 하고 있다. 그리고 손상에 대하여 기능수준과 특징, 긍정적 측면과 부정적 측면을 함께 고려하고 있다.

〈표 1-2〉 ICIDH-2에 의한 장애 개념

구분	손상 (impairments)	활동 (activities)	참여 (participation)	상황요인 (contextual factors)
기능 수준	신체 (신체의 부분)	개인 (전체로서 의 개인)	사회 (사회와의 관계)	환경적 요인 (기능에 영향을 미치는 외적요인) 개인적 요인 (기능에 영향을 미치는 내적요인)
특징	신체 기능 신체 구조	개인의 일상활동	상황에서의 관련	신체적 · 사회적 · 태도
긍정 측면	기능적 · 구조적 통합	활동	참여	촉진 요소
부정 측면	손상	활동 제한	참여 제한	장벽, 어려움

자료: WHO(1997). ICIDH-2: International classification of impairments, activities and participation. A manual of dimensions of disablement and functioning. Beta-1 draft for field trials. Geneva: Author.

2) 활동(activities)

활동은 ICIDH-1에서 정의한 능력장애의 단순한 행위를 넘어 일상의 과업에서 기대되는 개인의 통합된 활동을 말한다. 이러한 활동에 제한이 따르는 상태를 장애로 규정한다. 즉, ICIDH-1에서 정의한 능력에는 주체자인 사람이 배제되었으나 이제는 주체자인 인간을 중심으로 활동을 강조하고 있는 개념이다. 이 역시 활동에 대하여 기능수준과 특징, 긍정적 측면과 부정적 측면을 함께 고려하고 있다.

3) 참여(participation)

참여는 ICIDH-1에서의 사회적 불리와 연관된 개념으로 기존에는 기능장애나 능력장애로 인하여 사회적 불이익이 발생하는 개념으로 보았으나 이제는 상황의 맥락에서 개인의 참여를 촉진하거나 방해하는 사회적 반응을 담고 있다. 즉, 장애인에 대한 사회적 배려상황이 장애를 결정할 수도 있다는 개념이 된다.

결국, 손상과 활동이 개인적 차원에서 설명된다면, 참여는 개인과 지역사회 환경과의 상호작용에 의하여 결정된다고 볼 수 있다.

4) 상황요인(contextual factors)

상황요인은 장애개념에 새로이 도입된 개념으로서 개인이 처한 상황이나 사회적 상황에 따라 장애의 개념이 변화될 수 있음을 강조한 개념이다. 즉, 기능수준에 있어서도 환경적 요인(기능에 영향을 미치는 외적요인)에 따라 장애기념이 달라질 수 있으며, 개인적 요인(기능에 영향을 미치는 내적요인)도 장애 개념에 영향을 미칠 수 있다는 것이다. 또한 특징에 있어서도 신체적・사회적・태도 측면이 장애 개념에 영향을 미친다고 보고 있다. 긍정 측면과 부정측면에서도 사회적으로 장벽이 없거나 사회적 인식이 개선될 경우 촉진요인으로 작용할 수 있으나 반대로 그렇지 못할 경우 장벽이나 어려움으로 남아 장애가 될 수 있다는 견해이다.

3. ICF에서의 장애개념

세계보건기구(WHO)에서는 장애개념 분류를 건강상태 및 의학적 판단 중심의 단편적 정의에서 환경과의 상호작용을 통한 개념으로 확장하고자 하였다. 이를 위하여 세계보건기구에서는 2001년에 ICIDH-2에서 제시한 장애개념을 계승하면서, 개인의 장애와 질병을 영역별로 구분한 ICF(International Classification of Functioning)를 발표하였다.

ICF에서는 장애개념을 장애체계와 상황적 맥락을 강조하여 설명하고 있는데, 크게 두 영역 즉, 기능과 장애, 상황적 요인으로 나누었다. 〈표 1-3〉은 ICF에 의한 장애개념을 요약한 것이다.

〈표 1-3〉 ICF에 의한 장애 개념

<table>
<tr><th>구 분</th><th colspan="2">영역1 : 기능과 장애</th><th colspan="2">영역2 : 상황 요인</th></tr>
<tr><td>구성요소</td><td>신체기능 및 구조</td><td>활동과 참여</td><td>환경 요인</td><td>개별 요인</td></tr>
<tr><td>영역</td><td>신체 기능
신체 구조</td><td>생활영역
(과업, 행동 등)</td><td>기능과 장애에 영향을 미치는 외적 영향력</td><td>기능과 장애에 영향을 미치는 내적 영향력</td></tr>
<tr><td>구성물</td><td>신체기능의 변화
(생리학)
신체구조의 변화
(해부학)</td><td>표준 환경에서의 과제수행 능력
현재 환경에서의 과제수행 정도</td><td>물리적·사회적·인식적 측면에서 촉진 또는 방해하는 힘</td><td>개별 특성에 의한 영향</td></tr>
<tr><td rowspan="2">긍정적인 측면</td><td>기능적·구조적 통합성</td><td>활동과 참여</td><td rowspan="2">촉진요소</td><td rowspan="2">해당 없음</td></tr>
<tr><td colspan="2">기능</td></tr>
<tr><td rowspan="2">부정적인 측면</td><td>손상</td><td>활동제한 및 참여제한</td><td rowspan="2">장벽/방해물</td><td rowspan="2">해당 없음</td></tr>
<tr><td colspan="2">장애</td></tr>
</table>

자료: WHO(2001). ICF: International classification of functioning, disability and health. Geneva: Author.

ICF의 장애개념은 개인 모델과 사회 모델의 통합을 시도하는 개념으로 평가할 수 있으며, 개인의 건강 및 질병은 상황 요인과의 상호작용에 의하여 기능과 장애가 다르게 해석될 수 있음을 설명하고 있어 가장 진보적인 장애개념이라 할 수 있다.

1) 영역1: 기능과 장애

기능과 장애 영역은 신체기능과 구조, 활동과 참여로 구성된다. 이를 설명하면 아래와 같다. 이 때, 기능이 긍정적인 측면에서 활동과 참여가 가능하다면 장애로 보지 않을 수 있을 것이나, 부정적인 측면에서 활동과 참여가 힘들면 장애로 보는 것이다.

(1) 신체기능과 구조

신체기능은 심리학적 기능을 포함하는 생리학적 기능, 신체구조는 신체의 내부기관과 사지 및 구성요소를 포함하는 해부학적 부분을 뜻한다. 이 때 신체기능과 구조의 손상은 심각한 변형 또는 손실과 같은 경우를 말한다.

(2) 활동과 참여

활동은 과업 및 행동의 실행을 의미한다. 여기에서 활동제한은 활동수행에 있어서의 어려움을 뜻한다. 그리고 참여란 일상생활의 상황에 개입하는 것을 의미한다. 여기에서 참여제한은 일상생활의 상황에 개입 중에 발생하는 문제를 뜻한다.

2) 영역2 : 상황 요인

상황 요인은 환경 요인과 개별 요인으로 구분된다. 첫째, 환경요인은 기능과 장애에 영향을 미치는 외부의 영향을 말하며, 개인에게 가장 가까운 환경으로부터 먼 환경 순으로 정리된다. 둘째, 환경요인은 물리적·사회적·인지적 환경으로 구성되어 있으며, 장애에 대한 사회의 인식 그리고 편의시설 설치여부와 같은 요인 등이 이에 해당한다.

이들 환경은 개인의 일상생활의 활동 및 과업수행 능력, 그리고 신체 기능 및 구조에 크게 영향을 미칠 수 있다.

(2) 개별요인

개별요인은 개인의 삶과 생활의 특정한 배경을 의미하는 것으로 성별, 연령, 종교, 인종, 생활양식 등과 같은 개인적 특성을 의미한다.

제 3 절 장애의 범주

1. 우리나라의 장애범주

1) 장애인 범주변화

장애범주를 정하는 문제는 그 나라의 장애정책과 제도, 재정적인 상황을 반영한 결과이다. 따라서 장애범주의 정도를 살펴보면, 그 나라의 장애인복지 수준을 알 수 있을 것이다. 〈표 1-4〉는 우리나라의 장애인 범주 변화 과정을 도표로 제시한 것이다.

우리나라의 경우, 1988년 11월 장애인등록사업이 전국적으로 확대 실시되었고, 1989년 장애인복지법에서 법적인 장애인을 지체장애, 시각장애, 청각장애, 언어장애, 정신지체의 5가지 범주로 한정하였다.

이후 2000년 장애인복지법 개정에 따라 지체장애에서 뇌병변장애가 분리되었으며, 발달장애와 정신장애가 추가되었고, 내부기관의 장애에 신장장애와 심장장애가 추가되어 10가지 범주로 확대 되었다.

장애에 대한 패러다임의 변화와 함께 복지에 대한 사회적 관심이 높아지면서 2003년에는 안면장애, 장루·요루장애, 간장애, 호흡기장애, 간질장애가 추가되어 현재 우리나라의 장애범주는 15개 유형이다. 이후 2007년에 정신지체를 지적장애로 발달장애를 자폐성장애로 용어를 변경하였으며, 2015년에는 간질장애를 뇌전증장애로 용어를 변경하였다.

하지만, 우리나라 장애인 범주는 선진국에 비하여 의학적 측면인 손상장애 개념에 치우친 감이 없지 않다. 따라서 우리나라의 경우도 지속적으로 장애범주의 확대·보완이 필요하다.

〈표 1-4〉 우리나라의 장애범주 변화

연 도	장애범주	추가장애	장애명 변경
1989	지체장애, 시각장애, 청각장애, 언어장애, 정신지체.		
2000	지체장애, 시각장애, 청각장애, 언어장애, 정신지체, 뇌병변장애, 심장장애, 신장장애, 발달장애, 정신장애.	뇌병변장애, 심장장애, 신장장애, 발달장애, 정신장애.	뇌병변장애를 지체장애에서 분리하여 별도 장애로 구분
2003	지체장애, 시각장애, 청각장애, 언어장애, 정신지체, 뇌병변장애, 심장장애, 신장장애, 발달장애, 정신장애, 안면장애, 장루·요루장애, 간장애, 호흡기장애, 간질장애.	안면장애, 장루·요루장애, 간장애, 호흡기장애, 간질장애	
2007	지체장애, 시각장애, 청각장애, 언어장애, 지적장애, 뇌병변장애, 심장장애, 신장장애, 자폐성장애, 정신장애, 안면장애, 장루·요루장애, 간장애, 호흡기장애, 간질장애.		정신지체를 지적장애로, 발달장애를 자폐성장애로 명칭변경
2015	지체장애, 시각장애, 청각장애, 언어장애, 지적장애, 뇌병변장애, 심장장애, 신장장애, 자폐성장애, 정신장애, 안면장애, 장루·요루장애, 간장애, 호흡기장애, 뇌전증장애.		간질장애를 뇌전증장애로 변경

2) 우리나라의 장애인 범주 및 세분류

〈표 1-5〉는 현재 우리나라의 장애인 범주 및 세분류를 도표로 요약한 것이다.

〈표 1-5〉 장애인복지법에 따른 장애분류 및 장애범주

대분류	중분류	소분류	내 용
신체적 장애	외부 신체 기능 장애	지체장애	절단장애, 관절장애, 지체기능장애, 변형 등의 장애
		뇌병변장애	뇌의 기질적 병변으로 인한 장애
		시각장애	시력장애, 시야결손장애
		청각장애	청력장애, 평형기능장애
		언어장애	음성 기능이나 언어 기능에 영속적 장애
		안면장애	사회생활이 상당히 제한되는 안면부위의 변형이나 기형
	내부 기관 장애	신장장애	신장의 기능부전으로 혈액투석이나 복막투석을 지속적으로 받아야 하거나 신장기능의 영속적 장애
		심장장애	일상생활이 상당히 제한되는 심장의 기능부전
		간장애	일상생활이 상당히 제한되는 만성적 기능부전 및 합병증
		호흡기장애	일상생활이 상당히 제한되는 호흡기관의 만성적 기능부전
		장루·요루 장애	일상생활이 상당히 제한되는 배변기능 및 배뇨기능 장애
		뇌전증장애	일상(사회)생활이 상당히 제한되는 뇌신경세포의 장애
정신적 장애	지적장애		정신발육의 지체로 지적 능력 발달이 불충분(불완전)
	정신장애		정신분열병, 분열형 정동장애, 양극성 정동장애, 반복성 우울장애
	자폐성장애		소아기 자폐증, 비전형적 자폐증

자료: 장애인복지법(시행 2019. 12. 12)

표에서 보는 바와 같이 우리나라의 장애인 범주는 신체적 장애와 정신적 장애로 분류되며 신체적 장애는 외부신체 기능장애와 내부기관 장애로 구분된다. 외부신체 기능장애는 대부분 그 장애의 특성이 외부로 드러나서 시각적으로 인식이 가능한 장애유형으로서 지체장애, 뇌

병변장애, 시각장애, 청각장애, 언어장애, 안면장애가 해당하며, 내부기관 장애는 신장장애, 심장장애, 간장애, 호흡기장애, 장루・요루장애, 뇌전증장애 등이 해당하고, 정신적 장애에는 지적장애, 정신장애, 그리고 자폐성장애가 해당한다.

2. 외국의 장애범주

복지정책의 수립과 예산 편성 등에서 장애인의 범주는 다양한 분야에 영향을 미친다. 따라서 장애범주를 채택함에 있어서 장애인구의 비율을 신중히 고려하여야 할 것이다.

스웨덴의 경우 장애인의 수는 전 국민의 20.60%에 달한다. 우리나라가 4.59%인 점을 고려하면 4배를 넘는 수준이다. 이는 스웨덴이 장애인의 절대적인 수가 많아서가 아니라 장애인 범주의 폭을 상당부분 넓혔기 때문이다. 〈표 1-6〉은 나라별 장애범주 및 장애인구 비율을 도표로 제시한 것이다.

〈표 1-6〉 나라별 장애범주 및 장애인구 비율

국 가	장애인구 비율(연도)	장애범주
한 국	4.59% (2005)	지체, 뇌병변, 시각, 청각, 언어, 안면, 신장, 심장, 간, 호흡기, 장루・요루, 간질, 지적, 정신, 자폐성.
일 본	4.70% (2000)	지체, 시각, 청각, 언어, 정신, 지적, 심장, 호흡기, 신장, 방관 및 직장, 소화기능.
미 국	19.30% (2000)	지체, 시각, 청각, 언어, 외형적 추형, 신경계, 근골격계, 감각기관, 정신질환, 자폐성, 정서, 학습, 알코올중독 생식기, 소화기, 비뇨기, 피부, 혈액・내분비계, 암, AIDS
스웨덴	20.60% (1997)	지체, 시각, 청각, 언어, 지적, 학습, 정신, 정서, 약물・알코올 중독, 폐질환, 심장질환, 알레르기, 당뇨, 의사소통이 어려운 외국이민자, 타인 의존자.
호 주	12.80% (1998)	지체, 시각, 청각, 언어, 추형, 지적장애, 정신, 정서, 알코올중독, 약물중독, 심장, 신장, 호흡기, 당뇨, 암, AIDS
독 일	10.20% (2003)	지체, 시각, 청각, 언어, 추형, 지적장애, 정신질환, 정서장애, 호흡기, 심장・순환기, 소화기, 비뇨기, 신장, 생식기, 신진대사, 혈관, 피부

우리나라와 일본의 경우 장애인 인구 비율이 상대적으로 낮으며, 유럽 등 선진 국가와 비교할 경우 장애인 인구비율과 장애 범주정의가 상당히 제한되어 있음을 알 수 있다.

제 4 절 장애관련 현황

우리나라의 장애유형별 등록장애인 수는 〈표 1-7〉과 같다. 표에서 보는 바와 같이 가장 많은 장애유형은 지체장애로 2018년 기준으로 약 124만 명이었으며, 다음은 청각장애가 약 34만 여명, 뇌병변장애 25만 여명, 시각장애가 25만 여명 순이었다.

〈표 1-7〉 전국 장애유형별 등록장애인 수 변화추이

구 분	2014	2015	2016	2017	2018
전 체	**2,494,460**	**2,490,406**	**2,511,051**	**2,545,637**	**2,585,876**
지체장애	1,295,608	1,281,497	1,267,174	1,254,130	1,238,532
뇌병변장애	251,543	250,862	250,456	252,819	253,083
시각장애	252,825	252,874	252,794	252,632	252,957
청각장애	252,779	250,334	271,843	302,003	342,582
언어장애	18,275	18,813	19,409	20,321	20,744
지적장애	184,355	189,752	195,283	200,903	206,917
자폐성장애	19,524	21,103	22,853	24,698	26,703
정신장애	96,963	98,643	100,069	101,175	102,140
신장장애	70,434	74,468	78,750	83,562	87,892
심장장애	6,401	5,833	5,507	5,399	5,304
호흡기장애	12,445	12,033	11,831	11,807	11,761
간장애	9,668	10,324	11,042	11,843	12,524
안면장애	2,689	2,685	2,680	2,692	2,689
장·요루장애	13,867	14,116	14,404	14,718	15,027
뇌전증장애	7,084	7,069	6,956	6,935	7,021

자료 : 통계청(전국 장애유형별 등록장애인 수)

2018년 장애인 수와 장애 출현율을 2005년 실태조사 결과와 비교해 보면, 장애인은 약 79만 6천명 정도 증가하였으며, 장애인 출현율은 0.5% 포인트 증가하였다.

이처럼 등록장애인의 수가 증가추이를 보이는 것은 장애에 대한 인식개선, 장애인복지시책의 다양화 등으로 등록률이 높아지고 있기 때문으로 보인다. 그리고 인구고령화 및 각종 사고의 증가, 만성질환 증가 등으로 인하여 장애발생률 자체도 높아지는 것으로 유추된다.

전체 등록장애인의 수는 매년 증가하고 있지만, 지체장애, 뇌병변장애, 시각장애, 안면장애, 뇌전증장애 등은 변화가 거의 없는 반면에 지적장애, 자폐성장애, 정신장애는 지속적으로 증가하는 경향을 보이고 있다. 또한 심장장애와 호흡기장애의 경우, 매년 감소하는 추세를 보이고 있다

제 2 장

장애인복지의 이념

제 1 절 장애인복지의 이념

장애인복지는 장애인이 사회에서 사회구성원으로 살면서 제대로 역할을 수행하고 행복한 삶을 살아가도록 지원하기 위하여 장애와 장애로 인하여 파생될 수 있는 여러 가지 문제들을 해결하는 과정이다.

이와 같은 장애인복지를 실현하기 위한 이념은 인권존중, 정상화, 사회통합, 자립생활, 사회책임 이념 등으로 구분하여 볼 수 있다. 〈표 2-1〉은 장애인 복지의 이념을 도표로 요약한 것이며 이를 설명하면 아래와 같다.

1. 인권존중

장애는 인구사회학적 분류 중 어느 부류로 구분되어야 할까? 인구사회학적 분류에서는 일반적으로 남자와 여자 또는 아동, 청소년, 성인, 노인으로 분류하기도 하고, 외국인과 내국인 등의 형태로 분류한다.

장애인은 위에서 언급한 모든 부류의 하위체계로 속할 수 있다. 결국 장애인이라고 하였을 때, 그가 남자 혹은 여자인지, 외국인 혹은 내국인인지, 아동 또는 성인인지의 부가적인 설명이 없으면 어느 부류에 속하는지를 알 수가 없다.

〈표 2-1〉 장애인 복지의 이념

이 념	내 용
인권존중	장애인을 사회의 구성원으로 인정하고 존중받으며 주체적 삶을 살 수 있도록 하는 인권존중에 대한 구성원의 정서적 합의 필요.
정상화	장애인이 지역사회의 한 구성원으로서 보통의 생활환경 속에서 다른 구성원들과 마찬가지로 일상생활을 할 수 있도록 정신적·물리적·문화적 환경을 이루어 가는 것임.
사회통합	장애인이 사회구성원으로서 역할을 수행하며 살아가도록 하는 것으로 장애인을 지류(支流)가 아니라 본류(本流)로 생각하여야 한다는 이념.
자립생활	장애인이 시설중심에서 지역사회 중심으로 전환되면서 장애인 스스로 자신의 삶에 책임을 지고 결정하고 선택하며, 능동적이고 주체적인 삶의 살 수 있도록 하는 이념.
사회책임	장애를 개인의 범위를 넘어 사회의 문제로 인식하고 사회와 구성원 모두가 극복하고 해결해야 할 문제로 보아야 한다는 이념.

장애인을 장애라는 특성에 초점을 맞추지 않고 한 인간으로 바라보는 시각이, 인간으로서의 존엄성을 지켜주는 출발점일 것이다. 장애인복지법 제4조에서는 "장애인은 인간으로서의 존엄과 가치를 존중받으며, 이에 상응하는 처우를 받는다. 장애인은 국가, 사회의 구성원으로서 정치, 경제, 사회, 문화, 기타 모든 분야의 활동에 참여할 권리가 있다"고 규정하고 있다.

하지만 법률과 현실의 큰 장벽을 고려하면, 이러한 선언적 법률보다는 장애인이 구성원으로서 존중받으며 주체적 삶을 살 수 있는 구성원들의 정서적 합의가 요구된다. 이를 위한 노력이 바로 장애인 복지의 이념인 것이다.

따라서 인권의 보편적 보장의 당위성에 따라 「헌법」 제34조 제5항에 의한 장애인권리의 보호·보장은 당연한 것이다(위계출, 2012)

2. 정상화

정상화는 장애인이 지역사회의 한 구성원으로서 보통의 생활환경 속에서 다른 구성원들과 마찬가지로 일상생활을 할 수 있도록 정신적·물리적·문화적 환경을 이루어 가는 것이다.

따라서 정상화는 기본적으로 장애인의 인권옹호와 평등한 사회관계의 실현을 지향하며, 장애인이 인간으로서의 존엄성을 보장받는 시민으로서 생활해 나가기 위한 철학적 기반의 실현을 지향한다(위계출, 2012).

이는 장애인복지에서 지향하는 사회통합과 밀접한 관련이 있는 중요한 이념이다. 이와 유사한 접근방법으로서의 탈시설화는 선진복지국가들이 1940년대부터 복지국가의 기틀을 마련하던 중, 1970년대부터 시설수용의 비인도주의를 비판하면서 출발하였다. 탈시설화와 정상화는 유사한 개념이지만 탈시설화는 비인도주의적인 문제에 초점을 둔 반면, 정상화는 장애인의 사회통합을 강조하였다는 점에서 차이가 있다. 또한 탈시설화는 1980년대 이후 신자유주의의 대두와 함께 복지예산의 절감에 따른 조치 및 결과이기도 하다.

하지만 시설보호 중심에서 지역사회 중심의 보호로, 대규모의 시설보호에서 소규모 시설보호로의 변화를 단순히 복지예산의 축소라는 측면에서 살펴볼 문제만은 아니다.

오히려 장애인의 정상적인 성장과 발달을 위한 다양한 경험의 기회 제공 및 지역사회의 자원에 대한 선택의 자유, 사회통합의 과정 등 장애인복지 패러다임의 변화로 이해하여야 할 것이며, 이와 관련한 예산을 시설보호에 투입되는 예산보다 확대하는 것이 필요하다.

3. 사회통합

사회통합은 장애인이 사회구성원으로서 역할을 수행하며 살아가는 것을 말한다. 사회통합은 사회통합의 주체에 따라서 개인주도형 사회통합, 사회주도형 통합, 보완적 사회통합으로 구분할 수 있다. 〈표 2-2〉는 이를 요약한 표이다. 이를 설명하면 아래와 같다.

〈표 2-2〉 사회통합의 유형

유 형	내 용
당사자 모형	정상화 과정에서 장애인이 스스로 사회의 구성원으로서 역할하기 위해 사회 환경에 적응하며 살아가는 경우
사회구조 모형	장애인의 사회통합을 사회구조에 의해서 실현되도록 사회 환경과 제도를 마련하는 것
상호협력 모형	개인과 사회의 상호 협력에 의한 보완적 관계에서 사회통합이 진행되는 것

1) 당사자 모형 사회통합

당사자 모형 사회통합은 정상화 과정에서 장애인이 스스로의 노력으로 사회 구성원으로서 역할하기 위해 사회 환경에 적응하며 살아가는 경우이다. 장애인 당사자에게는 가장 많은 노력과 희생을 요하는 모형으로서 의료적 접근모델 또는 잔여적 복지 형태에서 나타날 수 있는 모형이라 할 수 있다.

2) 사회구조 모형 사회통합

사회구조 모형 사회통합은 사회의 구조적 틀에 의해서 모든 장애인의 사회통합이 실현되도록 사회 환경과 제도를 마련하는 것을 의미한다. 이는 이후에 설명하게 될 재활패러다임이 아닌 자립생활패러다임 방식의 접근방법이라고 할 수 있으며, 제도적 복지 형태에서 지원되는 모형이라 할 수 있다.

3) 상호협력 모형 사회통합

상호협력 모형 사회통합은 개인과 사회가 상호 간의 요구를 절충·보완하는 상호 작용에 의한 보완적 관계에서 사회통합이 진행되는 것을 말하며, 당사자 모형에서 사회구조 모형으로 전환되는 과정에서 나타나는 과도기적 모형이라고 할 수 있다.

4) 사회통합을 위한 전제

장애인이 생활하고 있는 지역사회의 사회·문화적 정서가 장애인을 수용하고 받아들이지 않으면 사회통합의 의미는 없다. 어린아이가 가정과 학교, 지역사회에서 적응하고 살아가기 위해서는 그 사회가 필요로 하는 지식과 기술 등을 배우게 되는데 이를 사회화라고 한다. 이러한 사회화 과정에서 장애인에 대한 편협한 인식을 버리고 올바른 개념이 전수되어질 때, 사회통합이 실현된다고 볼 수 있다. 이러한 측면에서 사회통합을 위해 주의해야 할 점을 살펴보면 다음과 같다.

첫째, 가능한 한 빠른 시기에 장애에 대한 간접경험과 접근이 필요하다. 어린아이의 인지 및 사고의 틀이 굳어지기 전에 또는 사회화의 과정 초기에 장애에 대한 경험을 할 때, 장애를 올바르게 이해하는데 도움이 될 것이다.

둘째, 장애에 대한 기성세대의 인식을 이후 세대들에게 강요하지 말아야 한다. 어린아이가 장애에 대한 직접적 경험을 통하여 스스로 정의(定義)를 내리도록 도와주어야 한다.

셋째, 장애인이 참여할 수 있는 다양한 장(場)을 마련해주어야 한다. 교육, 직업, 여가 등 다양한 분야에서 활동할 수 있도록 기회를 제공하고, 그 활동이 자유로울 수 있도록 심리적·물리적 환경을 마련해주어야 한다.

최근에 장애인복지 정책의 방향이 의료적 모델에서 사회적 모델로 변화하면서 장애인이 참여하고 체험할 수 있는 프로그램이 다양하게 개설되고 있지만, 단순하게 장애인 참여 위주의 프로그램으로 진정한 사회통합을 실현하기에는 부족한 점이 많이 발견된다. 장애인을 위한 장애인만의 참여 프로그램 보다는 장애인을 포함하여 전체 사회 구성원이 함께 어울릴 수 있는 접근 방법이 요구된다.

4. 자립생활

장애인을 재활패러다임으로 바라 볼 경우, 장애는 장애인 스스로가 극복해야 할 과제이며, 장애를 지닌 개인이 환경에 적응하기 위해 변화해야 할 문제였다. 그리고 의사, 물리치료사, 작업치료사, 상담사 등의 의료적 접근을 통하여 문제를 해결하여야 하였다.

이 때 재활의 목표는 최대한 신체적 기능을 회복하여 사회활동에 적응하는 것이었다. 이러한 재활패러다임의 관점은 장애 이전의 신체적 기능을 회복하기 위한 과거 지향적 노력이었다.

반면에 자립생활패러다임은 현재의 장애 상태를 인정하고 수용하면서, 어떠한 방법으로 사회와 상호작용이 가능한지에 대하여 고민하는 미래 지향적 반응이라고 할 수 있다.

즉, 재활패러다임은 신체적 손상이나 결함, 작업기술의 부족과 미숙한 상태를 해결해야 할 문제로 보는 것이라면, 자립생활패러다임에서는 그 개인이 처한 환경이나 여건 그리고 재활해 나가는 과정상에 문제가 있다고 보며, 환경이나 구조의 개선으로 자립생활이 가능해진다는 것이다(윤순이, 2010).

이와 같은 자립생활 이념은 장애인의 생활이 시설중심의 보호에서 지역사회중심의 보호로 전환되면서 시작되었다. 장애인이 보호의 대상 또는 통제의 대상이 아니라 스스로가 자신의 삶에 책임을 지고 결정하고 선택하면서, 능동적인 삶의 주체자로 살아가는 것이 자립생활인 것이다.

또한 자립생활센터는 장애인 개인의 목적과 생활방식을 스스로 선택하도록 하면서 전문가들에게 빼앗긴 지배권과 선택권을 이용자들에게 찾아주고자 한 것이다. 이 점에 있어서 재활과 자립은 근본적인 차이를 드러낸다(윤재영, 2010). 〈표 2-3〉은 재활패러다임과 자립생활패러다임 간 이념변화를 간단히 표시한 것이다.

〈표 2-3〉 재활 패러다임과 자립생활 패러다임 간 이념 변화

재활 패러다임		자립생활 패러다임
장애극복		현 장애 상태 인정
개인차원 (개인의 불행, 장애 기능향상)	→	사회차원 (사회적 책임, 사회적 상호작용)
과거지향적 (이전 상태로 돌아가는 것)		미래지향적 (현 상태에서의 사회적응 노력)
시설중심 사고		지역사회중심사고

5. 사회책임

사회복지의 대상자가 전 국민으로 확장되고 있는 이 시대에 더 이상 장애문제를 개인의 불행이라거나 개인이 해결해야할 문제로 보는 시대는 갔다.

장애를 개인의 범위를 넘어 사회의 문제로 인식하고 사회와 구성원 모두가 극복하고 해결해야 할 문제로 인식되어야 한다.

사회복지의 역사를 돌이켜 보더라도 빈곤의 책임이 개인에게 있다고 인식하여 자선을 통한 구제활동이 전개되었고, 이후에 빈곤을 벗어나기 위한 환경과 제도 개선의 노력이 있었다. 또한 산업화와 현대화 과정을 거치면서 빈곤, 장애, 실업 등이 사회의 구조적인 문제로 인식되면서 국가책임론을 주장하게 되었다. 이와 같은 이념이 바로 사회책임의 이념인 것이다.

제 2 절 장애인복지의 이념 변화

1. 산업사회에서의 장애인복지

정보화사회 이전 산업사회에서 장애인복지를 바라보는 시각은 생산과정에서 생산성을 강조하는 시각이었다.

따라서 산업사회에서는 인간을 생산성 보유 여부에 따라 정상과 비정상의 이분법적 기준으로 판단하였다. 즉 생산력을 지니지 못하였으면 산업사회에 적합하지 못한 비정상의 사람 곧 장애인으로 분류되었던 것이다. 이와 같은 관점들은 장애인에 대해 부정적인 시각을 갖도록 만들었다.

또한, 장애인에게 죄의식을 느끼게 하고, 비인간적 대우 및 보호의 대상으로 삼는 것 등의 장애에 관한 고정관념은 장애인에 대한 사회적 태도를 형성하게 하였다.

〈표 2-4〉 장애인 복지의 이념변화

이 념	산업사회	정보화사회
사람	표준에 맞는 사람	인간의 다양성 인정
철학적 사조	실용주의	실존주의
장애인	표준에 합당하지 못한 사람(비주류)	한 사람의 인간(주류)
가치	인간 생활에 도움이 되는 것이라면 선(善)이다.	인간 생활에 도움이 되는 것이라 하여 반드시 선(善)인 것은 아니다.

그 결과, 장애인을 사회의 주류적 구성원으로 인정하지 않고 철저하게 실용주의에 입각한 사고를 하게 되었다. 즉, 인간의 생활에 도움이 되는 것이 선(善)이라는 생각이 사람에게도 적용되어 인간이 하나의

기계처럼 생산성의 도구가 되어 버렸다.

이 당시 사람에 대한 인식은 사회에 도움이 될 수 있는 사람만이 인간으로서의 가치를 지니고 있다고 본 것이다.

2. 정보화사회에서의 장애인복지

정보화사회를 맞아 장애인복지를 바라보는 시각은 생산성을 강조하는 것이 아니라 인간의 존엄성을 강조하기 시작하였다. 따라서 정보화시대에는 인간을 정상과 비정상으로 구분하지 않고, 인간 자체를 존엄한 가치로 보는 관점으로 장애인을 바라보게 되었다. 기존의 장애인에 대해 부정적인 시각을 갖도록 만들었던 생산성 중심의 장애인에 대한 인식도 변화하기 시작하였다.

그 결과, 사회에서는 장애인을 사회에서의 주류(主流)에 포함하기 시작하였으며, 장애인의 삶의 질을 강조하게 되었다. 그리고 기존의 실용주의적 관점이 변하면서 실존주의적 입장에서 인생을 뒤돌아보게 되었다.

실존주의 심리치료는 절대성보다는 상대성이 강조되기 때문에 사람들은 자신의 세계를 획일화된 틀이 아닌 각각의 다른 방식으로 만들 수 있다고 강조한다(홍푸르메, 2013).

즉, 인간의 생활에 도움이 된다하여 모든 것이 선(善)이라는 생각을 버리게 되었다. 인간을 기계의 부품처럼 사용하는 것을 비판하고 각자의 삶의 질을 생각하게 되었다.

결국 사람에 대한 인식은 사회에 도움이 될 수 있는 사람만이 인간으로서의 가치를 지닌다는 생각을 버리고 타인의 생각이나 행동도 남다른 생각으로 인정하게 되었다.

제 3 절 장애인에 대한 관점

1. 의료재활 관점

의료재활의 관점에서 보았을 때 장애는 장애인이 사회로 통합되지 못하는 가장 주된 이유가 된다. 이러한 이유로 의료재활은 장애를 제거할 목적으로 또는 장애의 심각한 정도를 낮추기 위해서 개입하는 것이다(윤순이, 2010).

따라서 의료재활 관점에서는 장애 그 자체에 초점을 둔다. 즉, 장애인을 환자로 보고 이 환자가 재활에 성공하기 위해서는 전문가가 제시한 치료체계를 잘 순응하고 동조하여야 가능하다고 본다. 그 이유는 장애 자체가 문제의 원인이므로 그 장애를 조속히 회복하거나 치료하는 것이 해결책이기 때문이다.

이와 같은 관점은 장애인의 장애치료에 초점을 맞춘 나머지 장애가 고착화된 장애인에게 도움을 줄 수 없다는 문제점을 낳게 되었다.

2. 심리재활 관점

의료재활 관점에 문제가 있음을 알게 된 이후, 학자들은 그 문제가 어디에서 발생하였는가를 탐색하게 되었다. 그 결과 심리적인 문제가 장애인의 재활활동에 영향을 미치는 것은 아닌지에 대하여 의심하게 되었다.

1) 정신분석이론에 의한 심리재활

심리재활 관점에서는 기본적으로 장애인이 지닌 장애에 중심을 두고 재활치료에 역점을 두지만 이를 위해서는 개인의 동기가 중요하다고 본다. 즉, 정신분석학 입장에서 장애를 바라본 것이다.

장애로 인한 물리적인 불편함은 치료 및 재활과정에서 스스로의 노력 정도에 따라 일정부분 회복할 수 있으나 장애인의 심리적인 위축과 소외는 스스로 극복하기 어려운 부분이다(한상일, 2012).

따라서 심리재활 관점에서는 장애인의 재활을 위해서 가장 필요한 것은 장애인 본인이 장애를 극복하고 재활하겠다는 의지 즉, 동기부여가 가장 중요하다고 보았다.

이와 같은 심리재활 측면에서 장애인을 바라볼 경우, 장애인은 재활치료에 들어가기 전에 장애를 극복하기 위한 동기를 충분히 부여받아야 할 대상인 것이다.

2) 행동주의에 의한 심리재활

심리재활 관점과는 다르게 행동주의에 의한 장애인 심리재활은 그 차원을 달리한다. 장애인은 장애로 인하여 제한된 환경을 지니게 되고 이로 인하여 부적응행동을 보이며, 새로운 학습과정을 제한 받게 된다는 것이다.

또한 행동주의 접근은 개인의 행동과 환경의 결과에서 일어나는 끊임없는 상호 작용을 강조하고 이를 통해서 자기 지시적 행동 변화를 추구한다(이미선, 2010).

따라서 장애인의 재활을 돕기 위해서는 바람직한 행동은 증가시키고 바람직하지 못한 행동을 줄이려는 전문가의 개입이 필요하다고 하였다.

3. 역할이론 관점

역할이론 관점에서는 장애인의 기능을 분석하는 것으로 기능주의 이론에 입각한 생각이다. 즉, 장애인이 왜 장애인처럼 행동하는 가에 대한 질문을 던지고, 그, 해답으로 장애인이 장애를 입고 재활을 위한 치료에 들어가게 되면 장애인이 타인에게 또는 환경에게 의존적인 생각을 지닌다고 본다.

예를 들어, 산업사회에서 서비스업으로의 이동과 급속한 기술의 발달은 고급기술 노동력을 요구하게 되고, 직업능력이나 운동수단의 문제, 낮은 급여직종에서의 종사는 더 이상 시장경제로부터 경제적 지원을 충족시키기 어렵게 만들었다, 따라서 적은 액수의 복지급여라도 이에 이끌리는 사람들이 증가하게 되었고, 그들의 생활에 필요한 급여를 정부에 의존하게 된다는 것이다(정진경, 2004).

즉, 장애인은 장애인 스스로가 병자역할에 충실하려 한다는 것이다. 그 결과로 의존상태가 되고 이 상태가 고착화되면 기능적으로 의존적인 사람이 되어 대처능력이 떨어진다고 보았다.

이와 같은 역할이론에 의할 경우 장애인 스스로 인식을 개선하여, 장애인 스스로 병자 역할에 충실한 의존적인 상태에서 벗어나 자기주도적인 역할을 할 수 있도록 도와야 하는 것이다.

4. 사회환경 관점

사회환경 관점은 환경이론에 의한 것으로 장애인이 장애로 인하여 발생되는 대부분의 문제는 장애 개인의 내적측면에 있는 것이 아니라, 이들이 생활할 수 있는 환경을 제공하여 주지 못한데 있다고 보고 있다. 따라서 장애인이 일반적인 생활을 할 수 있는 여건을 마련하여주기 위해서는 장애인이 속한 사회환경(생활환경) 또는 그러한 환경들과의 부적절한 상호작용을 조정해 주어야 한다.

또한 사회학적 관점에서도 장애인의 사회참여를 유도하고 통합을 이루기 위해서는 개인의 심리적 지원을 통한 개인적 노력과 더불어, 적절한 사회환경 즉, 장애인 개개인의 생활환경에 존재하는 부적절한 환경이나 사회적 편견, 근거 없는 차별 등의 문제가 해결되어야 할 것이다.

이에 전통적인 사회적 모델은 장애를 사회구조적이고 환경적 장벽과 제한관계로만 설명하는 것에서 탈피하여 문화적 표상과 의미, 언어의 문제를 고려해야 한다는 논의들이 계속되고 있다(신유리, 2011).

〈표 2-5〉 분야별 장애인 복지의 관점

분 야	관점 및 주장
의료재활	장애인 환자가 재활에 성공하기 위해서는 전문가가 제시한 치료체계를 잘 순응하고 동조하여야 가능하다. 그 이유는 장애 자체가 문제의 원인이므로 그 장애를 조속히 회복하거나 치료하는 것이 해결책이기 때문이다.
심리재활	장애인 재활에서 중요한 요인은 동기결여문제를 해결하여야하는데, 이 때 재활동기 발휘에 저해되는 장벽을 제거해 주어야 한다. 또한 바람직한 행동의 습득을 위해 노력하여야 한다.
역할이론	장애인은 의존적인 장애상태가 지속되어 자주적인 대처능력이 약화되고, 사회적으로 모든 면에서 책임성을 경감받으려고 한다.
사회환경	장애로 인하여 발생되는 대부분의 문제는 장애 개인의 내적측면에 속한 것이라기보다는 장애인이 속한 사회환경(생활환경) 또는 그러한 환경들과의 부적절한 상호작용에서 기인된 것이다. 장애인의 사회참여와 통합을 위해서는 적절한 사회환경 조성과 장애에 대한 사회의 편견, 근거 없는 차별 등의 문제를 해결하여야 한다.

제3장

신체적 장애

제1절 외부 신체 장애

1. 지체장애

1) 정의

지체장애는 지체부자유의 상태로 질병이나 외상 등으로 몸통과 사지에 영구적인 운동기능 및 감각장애를 갖게 되는 것을 말한다. 장애인복지법 시행령(시행 2020. 1. 1.)에 따른 지체장애인에 포함되는 대상은 다음과 같다.

- 한 팔, 한 다리 또는 몸통의 기능에 영속적인 장애가 있는 사람
- 한 손의 엄지손가락을 지골(指骨 : 손가락뼈) 관절 이상의 부위에서 잃은 사람 또는 한 손의 둘째 손가락을 포함한 두 개 이상의 손가락을 모두 제1지골 관절 이상의 부위에서 잃은 사람
- 한 다리를 가로발목뼈관절(Lisfranc joint) 이상의 부위에서 잃은 사람

- 두 발의 발가락을 모두 잃은 사람
- 한 손의 엄지손가락 기능을 잃은 사람 또는 한 손의 둘째 손가락을 포함한 손가락 두 개 이상의 기능을 잃은 사람
- 왜소증으로 키가 심하게 작거나 척추에 현저한 변형 또는 기형이 있는 사람
- 지체(肢體)에 위 각 목의 어느 하나에 해당하는 장애정도 이상의 장애가 있다고 인정되는 사람

2) 원인

지체장애의 원인은 선천적 원인과 후천적 원인으로 나누어 살펴볼 수 있는데, 선천적 원인은 장애가 출산 전의 유전적 결함 또는 출산 시 바이러스 감염에 의한 것이며, 대표적으로는 유전, 염색체 이상 대사장애, 임신 중 흡연 및 음주, 약물복용, 방사선, 매독, 풍진, 난산, 조산, 혈액형 부조화, 고령임신 등으로 다양하다. 하지만 정확한 선천적 원인을 찾지 못하는 경우도 많으며, 각종 질환에 의한 신경계 손상, 교통사고, 산업재해, 당뇨병, 관절염, 혈액순환장애 등의 사고나 질병에 의한 후천적 원인으로 신체적 결함을 갖게 되는 경우도 있다.

3) 지체장애의 유형

지체장애의 유형은 절단, 관절장애, 기능장애, 변형으로 구분되며, 하위 유형과 세부 내용을 요약하면 〈표 3-1〉과 같다.

(1) 절단

절단은 질병이나 외상 등에 의하여 상지나 하지의 일부분을 잃어버린 상태를 말한다. 상지절단과 하지절단으로 구분할 수 있으며, 상지절단의 경우 일상생활동작에 영향을 주며, 하지절단의 경우 보행에 영향을 주게 된다.

〈표 3-1〉 지체장애의 유형

유 형		설 명
절단	상지절단	상지나 하지의 일부분을 잃어버린 상태
	하지절단	
관절장애	상지관절	관절이상으로 관절운동범위가 제한되거나 극히 감소한 상태, 관절운동범위가 제한되어 있는 관절강직, 전혀 움직일 수 없는 완전강직, 부분적으로 관절운동이 가능한 부분강직
	하지관절	
기능장애	운동신경마비	상·하지 운동신경 마비와 척수손상에 의한 척추장애 또는 완전마비와 불완전 마비로 구분.
	감각신경마비 (척추기능장애)	
변형	다리길이의 단축	다리길이가 단축되거나, 척추가 굽거나, 지나치게 작은 키 등
	허리 굽음	
	왜소증	

(2) 관절장애

관절이 움직일 수 있는 관절운동범위가 제한되거나 극히 감소한 상태를 관절장애라고 한다. 관절장애는 관절운동범위가 제한되어 있는 관절강직, 전혀 움직일 수 없는 완전강직, 부분적으로 관절운동이 가능한 부분강직으로 구분할 수 있다.

(3) 기능장애

기능장애는 운동신경마비와 감각신경마비로 구분되며, 마비의 정도에 따라 완전마비 및 불완전마비로 구분된다.

(4) 변형

변형은 다리길이의 단축, 척추의 만곡[2], 왜소증 등으로 신체의 일부분이 외형적으로 정상과 다른 것을 의미한다.

4) 현황

〈표 3-2〉 지체장애의 장애현황에서 보는 바와 같이, 지체장애인의 4가지 장애형태별로 살펴보면, 관절장애의 경우 68.2%로 가장 많았으

2) 척추가 굽는 현상

며, 다음으로 마비(13.5%), 절단(13.3%), 변형(5.1%)의 순으로 나타났다. 절단과 마비의 경우 여자보다 남자가 많았지만, 관절장애의 경우 남자보다 여자가 많았다.

〈표 3-2〉 지체장애의 장애현황

(단위 : %, 명)

구 분	남 자	여 자	전 체
절 단	19.1	5.8	13.3
마 비	16.2	9.9	13.5
관 절	60.0	78.7	68.2
변 형	4.6	5.6	5.1
계	100.0	100.0	100.0
전국추정수	727,488	565,372	1,292,860

자료 : 보건복지부(2018). "2017년도 장애인실태조사보고서"

2. 뇌병변장애

1) 의의

뇌병변장애는 중추신경계의 손상으로 인한 복합적인 장애이며, 뇌성마비, 질병 또는 사고로 인한 뇌손상, 뇌졸중 등의 기질적 병변으로 인하여 일상생활의 활동과 보행 등의 제한을 받는 것을 말한다.

뇌병변장애인은 장애인복지법 시행령(시행 2020. 1. 1)에서 "뇌성마비, 외상성 뇌손상, 뇌졸중(腦卒中) 등 뇌의 기질적 병변으로 인하여 발생한 신체적 장애로 보행이나 일상생활 동작 등에 상당한 제약을 받는 사람"이라고 규정하고 있다.

2) 동반장애

뇌병변의 주 특성은 중복장애이다. 〈표 3-3〉은 뇌병변의 동반장애를 요약한 것이다. 표에서 보는 바와 같이 언어장애가 42.4%로 가장 많았으며, 지적장애 23.5%, 시각장애 19.1%, 청각장애 13.7%의 순으로 나타났다. 또한 여자보다는 남자의 경우 동반장애를 갖는 비율이 다소 높게 나타났다.

〈표 3-3〉 뇌병변의 동반장애

(단위 : %)

구 분	남 자	여 자	전 체
시각장애	21.9	15.0	19.1
청각장애	17.3	8.3	13.7
언어장애	45.7	37.5	42.4
지적장애	24.3	22.3	23.5
뇌전증장애(경련)	13.2	9.3	11.6
기타	0.3	-	0.2

자료 : 보건복지부(2018). "2017년도 장애인실태조사보고서"

3. 시각장애

1) 의의

시각장애는 눈의 기능에 결함이 발생하여 물체의 존재 및 형태를 인식하기가 어려운 상태로 백내장[3], 녹내장[4], 포도막염[5], 망막바리[6], 베체트병[7] 등의 질환이 있다.

장애인복지법 시행령(시행 2020. 1. 1)에서는 시각장애를 다음과 같이 정의하고 있다.

- 나쁜 눈의 시력(공인된 시력표에 따라 측정된 교정시력을 말한다. 이하 같다.)이 0.02 이하인 사람
- 좋은 눈의 시력이 0.2 이하인 사람
- 두 눈의 시야가 각각 주시점에서 10도 이하로 남은 사람

3) 수정체에 혼탁이 온 상태
4) 안압의 상승으로 시신경이 눌리거나 혈액공급이 원활하지 못한 상태
5) 안구의 검은자로 불리는 각막 안쪽의 갈색 조직(홍체)에 염증이 생기는 것
6) 안구 안쪽의 감각층과 바깥쪽의 색소상피층 사이가 떨어지는 것
7) 안구 혈관에 염증이 생기는 질병

- 두 눈의 시야 2분의 1 이상을 잃은 사람

2) 현황

〈표 3-4〉 시각장애의 현황에서 보듯이 시각장애는 시력장애와 시야결손장애로 구분되며, 시력장애가 전체의 99.1%를 차지하였다. 성별에 따른 큰 차이는 없었으며, 시야결손장애는 0.9%에 불과하였다.

〈표 3-4〉 시각장애의 현황

(단위 : %, 명)

구 분	남 자	여 자	전 체
시력장애	99.2	98.9	99.1
시야결손장애	0.8	1.1	0.9
계	100.0	100.0	100.0
전국추정수	168,483	119,220	287,703

자료 : 보건복지부(2018). "2017년도 장애인실태조사보고서"

4. 청각장애

1) 의의

청각장애는 청력손실에 의한 청력장애와 평형기능의 손실에 의한 평형기능장애로 구분할 수 있으며, 기질적 또는 기능적인 장애로 듣는 기능이 영구적으로 저하되거나 결여된 상태를 말한다.

장애인복지법 시행령(시행 2020. 1. 1)에서는 청각장애인을 다음과 같이 정의하고 있다.

- 두 귀의 청력 손실이 각각 60데시벨(dB) 이상인 사람
- 한 귀의 청력손실이 80데시벨 이상, 다른 귀의 청력 손실이 40데시벨 이상인 사람
- 두 귀에 들리는 보통 말소리의 명료도가 50퍼센트 이하인 사람
- 평형 기능에 상당한 장애가 있는 사람

2) 현황

〈표 3 - 5〉 청각장애의 현황에서 보는 바와 같이 청력장애를 갖고 있는 경우는 약 99.6%이며, 청력장애와 평형기능장애를 함께 가진 비율은 0.4%인 것으로 나타났다. 성별로는 여자가 남자보다 평형기능장애를 가진 비율이 약간 높은 것으로 나타났다.

〈표 3 - 5〉 청각장애의 현황

(단위 : %, 명)

구 분	남 자	여 자	전 체
청력장애	100.0	99.1	99.6
청력장애+평형기능장애	-	0.9	0.4
평형기능장애	-	-	-
계	100.0	100.0	100.0
전국추정수	178,466	138,738	317,204

자료 : 보건복지부(2018). "2017년도 장애인실태조사보고서"

5. 언어장애

1) 의의

언어장애는 음성기능이나 언어기능에 영속적으로 상당한 장애가 있는 것을 말하며, 기질적 언어장애, 기능적 언어장애, 복합적 언어장애로 구분할 수 있다.

기질적 언어장애는 말소리를 내지 못하거나 언어수용이 어려워 발생하는 것을 의미하고, 기능적 언어장애는 신체적 또는 신경계통의 이상이 발견되지 않은 언어장애를 의미한다. 또한 복합적 언어장애는 언어를 습득하는 과정에서 환경의 영향으로 인한 기질적·기능적 언어장애를 포함한 언어장애를 말한다.

언어장애인을 장애인복지법 시행령(시행 2020. 1. 1)에서는 "음성

기능이나 언어 기능에 영속적으로 상당한 장애가 있는 사람"으로 정의하고 있다.

2) 현황

〈표 3 - 6〉 언어장애의 장애현황에서 보는 바와 같이 언어장애인의 장애형태는 언어장애, 실어증이 34.2%로 가장 많았고 그 다음으로 말은 하지만 발음이 이상하여 알아듣기 어려운 조음장애가 28.8%, 말을 전혀 하지 못하는 경우 26.0%, 음성장애 6.6%의 순이었다. 성별 언어장애의 형태를 보면, 남녀 간에 약간의 차이가 있는데, 남자는 조음장애 다음으로 언어장애 및 실어증의 순으로 장애형태가 나타났지만, 여자는 말을 전혀 하지 못한다는 경우가 가장 많았고 다음으로 언어장애, 실어증의 순이었다.

〈표 3 - 6〉 언어장애의 현황

(단위 : %, 명)

구 분	남자	여자	전체
말을 전혀 하지 못한다	18.2	37.7	26.0
조음장애	38.8	13.6	28.8
말더듬	6.7	1.2	4.5
음성장애	3.6	11.0	6.6
언어장애, 실어증	32.7	36.5	34.2
계	100.0	100.0	100.0
전국추정수	58,252	38,422	96,674

자료 : 보건복지부(2018). "2017년도 장애인실태조사보고서"

6. 안면장애

안면장애는 면상반흔,[8] 색소침착,[9] 모발결손, 조직의 비후나 함몰·결손 등 안면 부위의 변형이나 기형으로 사회생활에 상당한 제약이

8) 흉터가 점점 커지는 현상

9) 검버섯과 같이 얼굴에 색소가 침침해져가는 현상

있는 장애를 말한다. 일상생활의 활동에는 지장이 없지만, 사람들의 시선 때문에 사회활동의 불편함을 겪는 것이 안면장애의 특징이다.

장애인복지법 시행령(시행 2020. 1. 1)에서는 안면장애를 "안면부위의 변형이나 기형으로 사회생활에 상당한 제약을 받는 사람"으로 정의하고 있다.

제 2 절 내부기관 장애

1. 신장장애

신장장애는 만성신부전을 의미하는 말로, 만성신장질환으로 인해 신장에 이상이 발생하여 인체의 불순물을 제거하고 체내의 수분을 균형 있게 유지시켜 주는 기능을 할 수 없는 상태의 장애를 말한다.

신장장애는 장애인복지법 시행령(시행 2020. 1. 1)에 따르면 "신장의 기능장애로 인하여 혈액투석이나 복막투석을 지속적으로 받아야 하거나 신장기능의 영속적인 장애로 인하여 일상생활에 상당한 제약을 받는 사람"으로 정의하고 있다.

2. 심장장애

심장장애는 심장판막결손, 심장근육질환 등 심장의 손상이나 혈관의 손상 또는 고혈압 같은 혈압장애 등의 기질적인 심질환으로 인하여 심장기능의 장애 및 호흡곤란 장애가 발생하여 일상생활에 어려움을 겪는 장애를 말한다.

심장장애는 장애인복지법 시행령(시행 2020. 1. 1)에서 "심장의 기능부전으로 인한 호흡곤란 등의 장애로 일상생활에 상당한 제약을 받는 사람"으로 정의하고 있다.

3. 호흡기장애

호흡기장애는 폐 또는 기관지 등 호흡기관의 기능장애로 인하여 일상생활 및 사회활동이 제한되는 장애를 말하며, 폐질환이나 심장질환이 없이 기도폐쇄가 발생하는 것이 있다.

주로 기침과, 객혈, 호흡곤란 가슴통증 등의 증상을 보이며, 천식, 만성기관지염, 늑막염, 결핵, 폐암 등이 대표적인 장애의 유형이다.

호흡기장애는 장애인복지법 시행령(시행 2020. 1. 1)에서 "폐나 기관지 등 호흡기관의 만성적 기능부전으로 인한 호흡기능의 장애로 일상생활에 상당한 제약을 받는 사람"으로 정의하고 있다.

4. 장루 · 요루장애

장루 · 요루장애는 장루 · 요루기능에 장애가 지속되어 일상생활 및 사회활동이 어려운 장애를 말하며, 대장암 또는 자궁암 등으로 인하여 발생한 것이 많다

장루 · 요루장애는 장애인복지법 시행령(시행 2020. 1. 1)에서 "배변기능이나 배뇨기능의 장애로 인하여 장루(腸瘻) 또는 요루(尿瘻)를 시술하여 일상생활에 상당한 제약을 받는 사람"으로 정의하고 있다.

5. 간장애

간장애는 간의 만성적인 기능부전이 지속되어 기본적인 일상생활과 사회활동이 제한되는 장애로 간경화, 만성간염, 간암 등의 유형이 있다.

간장애는 장애인복지법 시행령(시행 2020. 1. 1)에서 "간의 만성적 기능부전과 그에 따른 합병증 등으로 인한 간 기능의 장애로 일상생

활에 상당한 제약을 받는 사람"으로 정의하고 있다.

6. 뇌전증장애

뇌전증장애는 간질로 인한 기능 및 능력장애가 지속되어 일상생활 및 사회활동이 제한되는 장애로 성인간질과 소아청소년간질로 구분할 수 있다. 분명한 원인은 밝혀지지 않았고, 유전으로 추측되며 일반적으로 부분발작은 뇌조직의 손상으로 보고 있다.

뇌전증장애는 장애인복지법 시행령(시행 2020. 1. 1)에서 "뇌전증에 의한 뇌신경세포의 장애로 인하여 일상생활이나 사회생활에 상당한 제약을 받아 다른 사람의 도움이 필요한 사람"으로 정의하고 있다.

제3절 장애유형별 장애발생 현황

1. 장애유형별 장애발생 원인

1) 외부 신체장애

〈표 3-7〉은 외부 신체장애 유형별 장애발생 원인을 도표로 제시한 것이다. 이를 설명하면 아래와 같다.

(1) 지체장애

지체장애는 선천적 원인 1.6%, 출산시 원인 0.2%, 질환에 의한 후천적 원인 48.0%, 사고에 의한 후천적 원인 49.7%, 원인 불명 0.6%로서 대부분 사고나 질환에 의한 원인이었다. 따라서 지체장애에 대한 예방적 노력이 매우 필요할 것으로 보인다.

〈표 3 - 7〉 외부신체장애 유형별 장애발생 원인

(단위 : %, 명)

구 분	선천적 원인	출산시 원인	후천적 원인(질환)	후천적 원인(사고)	원인 불명	계	전국 추정수
지체장애	1.6	0.2	48.0	49.7	0.6	100.0	1,292,860
뇌병변장애	2.7	5.4	81.0	9.9	1.0	100.0	299,482
시각장애	5.0	0.1	54.4	38.0	2.6	100.0	287,703
청각장애	4.5	0.6	80.4	12.0	2.6	100.0	317,204
언어장애	27.2	5.9	39.9	10.5	16.6	100.0	96,674
안면장애	41.3	-	8.5	39.3	10.8	100.0	3,915

자료 : 보건복지부(2018). "2017년도 장애인실태조사보고서"에서 재구성

(2) 뇌병변장애

뇌병변장애는 선천적 원인 2.7%, 출산 시 원인 5.4%, 질환에 의한 후천적 원인 81.0%, 사고에 의한 후천적 원인 9.9%, 원인 불명 1.0%로서 대부분 질환에 의한 후천적 원인이었다. 그러나 그 질환은 유아기에 발생한 것으로 유추할 수 있을 것이다.

(3) 시각장애

시각장애는 선천적 원인 5.0%, 출산 시 원인 0.1%, 질환에 의한 후천적 원인 54.4%, 사고에 의한 후천적 원인 38.0%, 원인 불명 2.6%로서 대부분 질환과 사고에 의한 후천적 원인이었다.

이와 같은 결과는 시각장애가 일반적으로 선천적으로 나타나는 것으로 인식되고 있는 점과 다르다. 따라서 시각장애에 대한 예방적 노력이 필요할 것이다.

(4) 청각장애

청각장애 발생의 주된 원인에 대해서는 후천적 원인이 92.4%로 가장 많았는데, 후천적 원인을 세분화하면 질환이 80.4%, 사고가 12.0%였다. 그리고 선천적 원인에 의한 장애 발생은 4.5%, 출생 시 원인이 0.6%, 원인불명 2.6%로 나타났다. 성별로는 모두 질환에 의한 후천적

원인이 가장 많은 비율을 차지하며, 그 다음 순위는 사고에 의한 원인으로 나타났다. 특히, 여자의 경우, 질환에 의한 후천적 원인이 남자보다 3.4% 가까이 높게 나타났고, 남자는 사고로 인한 청각장애의 비율이 좀더 높았다.

(5) 언어장애

언어장애는 선천적 원인 27.2%, 출산 시 원인 5.9%, 질환에 의한 후천적 원인 39.9%, 사고에 의한 후천적 원인 10.5%, 원인 불명 16.6%로서 선천적인 원인과 후천적인 원인이 혼재되어 있어 예방을 위해서는 선천적인 부분과 후천적인 부분을 모두 고려하여야 할 것이다.

(6) 안면장애

안면장애의 발생원인이 후천적인 경우 구체적으로 보면, 후천적 사고에 의해 발생한 경우가 82.2%로 후천적 질환에 의한 17.8%에 비해 높았다. 이는 2014년 조사에서도 유사하게 나타났다(후천적 질환 39.1%, 후천적 사고 61.0%). 후천적 사고는 화상이 37.3%로 가장 높았으며, 기타 사고 및 외상이 26.3%, 교통사고(보행자) 10.6%, 가정 내 사고 7.9%였으며, 질환은 기타(감염성 질환, 중독성 질환)가 15.1%, 신생물(종양) 질환이 2.7%였다. 성별로는 여자는 화상이 69.6%로 가장 높았고, 남자는 기타 사고 및 외상이 40.4%로 가장 높았다. 2014년 조사에서는 남자는 감염성 질환으로 인한 경우가 44.7%로 가장 높았고, 여자는 화상으로 인한 경우가 69.7%였다.

2) 내부기관장애

〈표 3-8〉은 내부기관장애 유형별 장애발생 원인을 도표로 제시한 것이다. 이를 설명하면 아래와 같다.

〈표 3 - 8〉 내부기관장애 유형별 장애발생 원인

(단위 : %, 명)

구 분	선천적 원인	출산시 원인	후천적 원인(질환)	후천적 원인(사고)	원인 불명	계	전국 추정수
신장장애	1.2	-	97.6	1.2	-	100.0	88,723
심장장애	27.5	-	63.2	-	9.3	100.0	7,027
호흡기장애	-	-	94.9	5.1	-	100.0	14,133
간장애	2.7	-	97.3	-	-	100.0	12,136
장루요루장애	4.0	-	93.5	2.5	-	100.0	18,419
뇌전증장애	9.0	9.0	40.4	18.7	22.9	100.0	22,973

자료 : 보건복지부(2018). "2017년도 장애인실태조사보고서"에서 재구성

(1) 신장장애

신장장애는 선천적 원인 1.2%, 질환에 의한 후천적 원인 97.6%, 사고에 의한 후천적 원인 1.2%로서 대부분 질환에 의한 후천적 원인이었다. 이는 아마도 당뇨병과 같은 질병으로 인한 2차 증상으로 발생한 것으로 이해할 수 있을 것이다.

(2) 심장장애

심장장애의 발생원인은 후천적 질환에 의한 경우가 63.2%로 가장 많았고, 선천적 원인인 경우가 27.5%, 원인 불명이 9.3%로 나타났다. 2014년 결과의 후천적 질환 87.4%, 선천적 원인 8.7%, 후천적 사고 3.9%인 것과 비교하면 선천적 원인에 의한 경우가 높아지고 후천적 질환에 의한 경우가 낮아진 경향이다.

성별로는 남자 중 심장장애가 후천적 질환에 의해 발생한 경우는 67.1%, 선천적 원인이 32.9%였으며, 여자는 후천적 질환에 의한 경우가 59.5%, 선천적 원인 22.3%, 원인불명 18.2%이었다.

(3) 호흡기장애

호흡기장애의 발생원인을 살펴보면 후천적 원인 중 질환으로 인한 원인이 94.9%로 나타났고 이외에 후천적 사고로 인한 경우가 5.1%였다. 2014년에는 후천적 질환에 의한 경우가 96.2%, 후천적 사고에

의한 경우 2.1%, 선천적 원인에 의한 경우 1.7%로 유사하였다.

(4) 간장애

간장애의 원인을 선천적인 원인과 후천적인 원인으로 나누어 본 결과, 대부분이 후천적인 원인에 의해 나타났으며, 질환에 의한 발생이 97.3%로 나타났다. 성별로는 남자는 후천적 질환이 100%로 2014년 결과와 동일하였으며, 여자에서는 후천적 원인 중 질환이 89.8%로 2014년의 91.2%와 유사하였다.

(5) 장루 · 요루장애

장루·요루장애의 장애발생 원인을 살펴보면, 후천적인 인(질환 및 사고)이 96.0%로 높고, 특히 후천적 질환에 의한 경우가 93.5%로 대부분인 것으로 나타났다. 후천적 질환에 의한 경우는 남자 99.0%, 여자 82.4%였다. 2014년 조사결과와 비교할 때 후천적 원인(질환)이 남자 94.6%, 여자 100.0%로 유사한 경향임을 알 수 있다.

(6) 뇌전증장애

뇌전증 장애의 발생 원인으로는 후천적인 원인에 의한 발생이 59.1%로 나타나 2014년 73.7%에 비해 낮았다. 성별로는 남자는 후천적 질환에 의한 경우가 47.5%로 가장 높았고, 여자도 후천적 질환이 32.2%로 가장 높았다. 한편 원인불명도 전체의 22.9%로 나타났다.

2. 장애유형별 장애발생 시기

1) 외부신체장애

〈표 3-9〉는 외부신체장애 유형별 장애발생 시기를 도표로 제시한 것이다. 이를 설명하면 아래와 같다.

〈표 3 - 9〉 외부신체장애 유형별 장애발생 시기

(단위 : %, 명)

구 분	출생전 또는 출생시	돌 이전	돌 이후	계	전국 추정수
지체장애	0.8	1.7	97.5	100.0	1,292,860
뇌병변장애	6.3	1.9	91.8	100.0	299,482
시각장애	1.7	2.9	95.4	100.0	287,703
청각장애	2.2	1.5	96.3	100.0	317,204
언어장애	12.5	7.4	80.1	100.0	96,674
안면장애	32.1	14.2	53.7	100.0	3,915

자료 : 보건복지부(2018). "2017년도 장애인실태조사보고서"에서 재구성

(1) 지체장애

지체장애의 발생 시기는, 대부분 출생 이후에 발생(99.2%)되고 있어 지체장애의 특성상 후천적 원인의 비중이 압도적으로 크다는 점을 알 수 있으며, 이런 경향은 이전의 조사결과와 비교해 큰 차이를 보이지 않는다.

(2) 뇌병변장애

뇌병변장애의 발생 시기는, 뇌성마비와 뇌졸중 등 세부 장애형태에 따라 다르지만 전체적으로 남녀 모두 장애 발생시기가 거의 대부분 출생 이후에 발생(93.7%)되는 것임을 알 수 있다. 즉, 뇌성마비를 제외하고 뇌병변장애의 상당수를 차지하는 뇌졸중의 경우 대부분 후천적 원인이고 이러한 결과는 이전의 실태조사와 거의 유사하다.

(3) 시각장애

시각장애의 발생 시기를 살펴보면 출생 전 또는 출생시 1.7%이며, 돌 이전 2.9%, 돌 이후 95.4%로써 대부분 돌 이후에 시각장애 상태가 발생한 것으로 조사되었다. 시각장애의 장애발생 시기에 있어서 돌 이후 발생한 시기의 비율에 대하여 2014년 95.6%와 비교해 보면, 큰 차이가 없는 것을 알 수 있다. 이처럼 장애 발생이 돌 이후에 높은

것은 우리나라 의료기술의 발달과 가족구성원의 축소로 인해 자녀에 대한 부모의 관심이 높아졌고, 그로 인해 자녀의 질병이나 발달상태 등 미숙을 좀 더 일찍 발견하고 관찰하게 되는 것으로 판단된다. 뿐만 아니라 고령화로 인한 후천적 장애가 많아진 것도 하나의 이유일 수 있다.

(4) 청각장애

청각장애의 장애발생 시기는 출생전 또는 출생시 2.2%, 돌 이전 1.5%, 돌 이후 96.3%로서 대부분 청각장애는 돌 이후에 발생하였다. 이와 같은 이유는 아마도 유아의 언어를 발달시키는 단계에서 부모가 청각문제를 인지한 시점인 것으로 보인다.

(5) 언어장애

언어장애의 장애발생 시기는 출생전 또는 출생시 12.5%, 돌 이전 7.4%, 돌 이후 80.1%로서 대부분 언어장애는 돌 이후에 발생하였다. 이는 언어를 습득하는 단계에서의 발견으로 볼 수 있을 것이다.

(6) 안면장애

안면장애의 장애발생 시기는 출생전 또는 출생시 32.1%, 돌 이전 14.2%, 돌 이후 53.7%로서 돌 이후에 가장 많이 발생하였다. 이는 화상 등과 같은 사고에 의한 안면장애를 의심할 수 있을 것이다.

2) 내부기관장애

〈표 3-10〉은 내부기관장애 유형별 장애발생 시기를 도표로 제시한 것이다. 이를 설명하면 아래와 같다.

(1) 신장장애

신장장애의 장애발생 시기는 돌 이전 0.5%, 돌 이후가 99.5%로서 대부분의 경우 질병에 의한 장애로 볼 수 있을 것이다.

〈표 3 - 10〉 내부기관장애 유형별 장애발생 시기

(단위 : %, 명)

구 분	출생전 또는 출생시	돌 이전	돌 이후	계	전국 추정수
신장장애	-	0.5	99.5	100.0	88,723
심장장애	1.8	20.6	77.6	100.0	7,027
호흡기장애	-	-	100.0	100.0	14,133
간장애	-	2.7	97.3	100.0	12,136
장루요루장애	4.0	-	96.0	100.0	18,419
뇌전증장애	10.7	5.3	83.9	100.0	22,973

자료 : 보건복지부(2018). "2017년도 장애인실태조사보고서"에서 재구성

(2) 심장장애

심장장애의 발생 시기는 출생전 또는 출생시 1.8%, 돌 이전 20.6%, 돌 이후 77.6%로서 대부분의 심장장애는 돌 이후에 발생하였다. 이는 심장장애가 후천적인 질환에 의하여 발생한다는 점을 보여주고 있는 것이다.

(3) 호흡기장애

호흡기장애의 발생 시기는 돌 이후 100%로서 호흡기장애는 후천적인 원인임을 알 수 있다.

(4) 간장애

간장애의 발생 시기는 돌 이전 2.7%, 돌 이후 97.3%로서 대부분의 간장애는 돌 이후에 발생하였다. 이는 간장애도 역시 호흡기장애와 마찬가지로 후천적인 질환에 의하여 발생한다는 점을 보여주고 있는 것이다.

(5) 장루 · 요루장애

장루요루장애의 발생 시기는 출생전 또는 출생시 4.0%, 돌 이후 96.0%로서 장루 · 요루장애는 후천적인 원인이 대부분임을 알 수

있다.

(6) 뇌전증장애

뇌전증장애의 발생 시기는 출생전 또는 출생시 10.7%, 돌 이전 5.3%, 돌 이후 83.9%로서 대부분의 뇌전증장애는 돌 이후에 발생하였다. 그러나 돌 이전에도 그 발병률이 16.0%에 달하였다. 이는 선천적인 요인과 후천적인 요인이 복합되어 있다는 점을 보여주는 결과이다.

제 4 장

정신적 장애

제 1 절 지적장애

1. 정의

장애인복지법시행령에 의하면 지적장애는 “장애인복지법 시행령(2018. 12. 31)에 의하면 지적장애인(知的障碍人)은 정신 발육이 항구적으로 지체되어 지적 능력의 발달이 불충분하거나 불완전하고 자신의 일을 처리하는 것과 사회생활에 적응하는 것이 상당히 곤란한 사람”으로 정의된다.

또한 장애인복지법 시행규칙(시행 2019. 9. 27)에 의하면 지적장애는 “지능지수가 70이하인 사람으로서 교육을 통한 사회적, 직업적 재활이 가능한 사람”이라고 정의하고 있다.

위와 같은 진단을 위해서는 해당 장애인은 의료기관의 정신과 또는 재활의학과 전문의로부터 진단을 받게 되는데 이 때, 장애진단을 하는 의사는 원인 질환 등에 대하여 6개월 이상의 충분한 치료 후에도 장애가 고착되었음을 진단서, 소견서, 진료기록 등으로 확인한다.

지적장애는 간단히 말하여 지능지수(intelligence quotient: IQ)가 낮은 경우라 할 수 있다.[10] 일반적으로 지능지수 기준으로 지적장애를 판별하는 방법은 일반인들의 지능지수 평균을 100으로 두고, 표준편차가 15인 경우 2표준편차 이하 즉, 일반인의 평균치 100보다 30점이 낮은 지능지수 70을 넘지 않은 경우를 진단기준으로 한다.

그러나 비록 지능지수가 70을 넘지 않는다고 할지라도 생활기능 등의 측면에서 별다른 문제가 없을 경우에는 지적장애로 보지 않는다.

지적장애 진단 및 사정은 기능장애가 나타날 수 있는 다양한 영역을 살펴보고 또 아동의 지적 기능을 평가하기 위해 실시한다. 그러나 현재 개발되어 있는 검사방법들은 대부분 단어나 언어이해를 요구하여 대부분의 지적장애인이 이에 응답하기에는 너무 어렵다. 그래서 지적기능에 대한 올바른 평가를 내리기란 쉽지 않다.

직접 행동을 관찰하는 방법은 사회화 문제와 부적절한 행동의 내용을 구분하는데 유용하다. 또 직접적인 관찰에 의한 방법일 경우에는 진단뿐만 아니라 향후 처방에도 매우 도움이 되므로 직접적인 관찰은 매우 중요한 방법이다.

지적장애는 인지기능 수준에 따라 그 예후가 밀접하게 관련이 있다. 그리고 이 인지기능수준은 아동기, 청년기에도 변하지 않고 지속적으로 남아있다.

보통, 지적장애의 경우는 거의 변하지 않으며, 인지기능의 발달이 더 빈약한 경향이 있다. 그러나 경미한 지적장애는 좀 더 좋은 예후를 나타내는 경향이 있다. 부연하면, 다운증후군, 프래절 X의 경우는 다른 형태의 지적장애 보다 좀더 천천히 지적능력이 발전하는 경향이 있다.

지적장애인은 나이가 들면서 적절한 행동법이 점진적으로 성장한다. 그러나 도리어 퇴행하는 경우도 가끔 나타나기도 한다.

10) 다른 추가 준거도 있다. 예를 들어 적응행동 생활기능 등이 그러하다.

2. 특징

지적장애인의 인지는 일반인과 다름이 없다 다만 지적 능력이 떨어지는 것이다. 〈표 4-1〉 지적장애인의 특성을 요약한 것이다. 이를 설명하면 아래와 같다.

〈표 4-1〉 지적장애인의 특성

분 야	특 성
자발성	아동기에는 다양한 시도를 하고 자발적인 모습을 보이기도 하지만 이후 거듭된 실패의 결과로 성인이 되면 수동적인 특징을 보인다.
표현	의지할 대상을 찾으며 위축된 모습을 보인다. 자신을 해하려 하거나 원하는 것을 하지 못하게 할 때 공격성을 보이기도 하고 충동적일 수 있다.
의사소통	의사소통기술이 부족하여 답답해하다가 문제를 제대로 해결하지 못한다.
권리	권리나 기회를 포착하기 어려워 권리를 박탈당하거나 희생당할 수 있다.
주의력	오랫동안 주의를 기울이기 어렵고, 작은 방해요소에도 쉽게 주의력이 흐트러질 수 있다.
애정	타인에 대한 절대적인 애정을 보이거나 반감을 보여 이분법적 사고를 할 수 있다.
신체조건	장애로 인한 신체조건으로 인하여 운동에 대하여 두려움을 보일 수 있으며 운동기술이 제대로 발달되지 못할 수 있다.

지적장애인의 특징은 아동기에는 다양한 시도를 하고 자발적인 모습을 보이기도 하지만 이후 거듭된 실패의 결과로 성인이 되면 수동적인 특징을 보인다. 결국, 절대적인 의지를 할 수 있는 대상을 찾으며 언제나 위축된 모습을 보인다. 그러나 일시적으로 자신의 분노에 대한 표출을 하게 되는데 자신에 대하여 해하거나 원하는 것을 하지 못하게 할 때 공격성을 보이기도 하고 충동적일 수 있다.

또한 의사소통 기능이 부족하기 때문에 언어로 의사소통하는 대신 파괴적이고 공격적으로 행동할 가능성이 있다.

다른 사람에 의해 재산을 빼앗기거나 학대 등에 노출되기 쉽다. 그리고 주의력이 떨어져서 긴 시간동안 주의를 기울이기 어렵고, 작은 방해요소에도 쉽게 주의력이 흐트러질 수 있다. 애정측면에서는 타인에 대한 절대적인 애정을 보기거나 반감을 보여 이분법적 사고를 할 수 있다. 타인에 대한 자신의 기분 상태를 여과 없이 표현함으로서 타인을 당황하게 하거나 성추행 등으로 오해 받을 수 있다. 또한 지적장애인은 동반된 장애로 인한 신체조건으로 인하여 운동하는데 두려움을 보일 수 있으며 운동기술이 제대로 발달되지 못할 수 있다.

3. 출현율

지적장애 출현율은 약 2-3%이다(Scott, 1994). 그리고 그들 중 80%는 경도에 해당하고 12%는 중등도, 7%는 중도, 그리고 1% 정도가 최중도에 해당한다. 이들 중 25-50%정도는 중대한 품행, 정서 또는 전반적인 발달문제를 보이며, 12-15%는 시각손상을 가지고 있고, 8-20%는 청각 손상을 보이며, 15-30%는 간질을, 그리고 10만명 당 20명이 심각한 도전적 행동을 보인다(British Psychological Society, 1994).

4. 원인

지적장애의 주된 원인은 생물학적 요인과 환경 요인이다. 특히, 임신 중 생물학적 요인은 두뇌의 발달에 영향을 미친다.

1) 생물학적 요인

(1) 기형

기형은 염색체 이상이나 유전적 장애를 의미하며, 〈표 4-2〉와 같이 프래절X 증후군, 프라더-윌리 증후군, 다운증후군으로 나누어 볼 수 있다.

〈표 4-2〉 기형에 의한 지적장애유형

유 형	설 명
프래절X증후군[11]	이는 염색체 이상에 의한 것으로 남아의 경우 지능 저하, 큰 고환, 긴 얼굴, 튀어나온 턱, 크고 뚜렷한 귀 등 특징적인 얼굴을 보이며, 여아는 대개 다양한 지능저하만을 보이는 질환이다.
프라더윌리 증후군[12]	15번 염색체에 유전자 이상이 발생하고, 이로 인해 시상하부[13] 기능에 장애가 발생하는 질환으로, 연령과 개인에 따라 나타나는 증상은 다르다. 이는 저 신장, 성기 발육부진, 비만 그리고 학습장애를 특징으로 하는 질환이다.
다운증후군[14]	가장 흔한 염색체 질환으로서, 21번 염색체가 정상인보다 1개 많은 3개가 존재하여 정신 지체, 신체 기형, 전신 기능 이상, 성장 장애 등을 일으키는 질환이다.

프래절X 증후군은 염색체 이상에 의한 것으로 남아의 경우 지능 저하, 큰 고환, 긴 얼굴, 튀어나온 턱, 크고 뚜렷한 귀 등 특징적인 얼굴을 보이며, 여아는 대개 다양한 지능저하만을 보이는 질환이다.

프라더-윌리 증후군은 15번 염색체에 유전자 이상이 발생하고, 이로 인해 시상하부 기능에 장애가 발생하는 질환으로, 연령과 개인에 따라 나타나는 증상은 다르다. 이는 저 신장, 성기 발육부진, 비만 그리고 학습장애를 특징으로 하는 질환이다. 특히 프라더 윌리 증후군의 경우 먹는 것에 대한 자기 통제가 쉽지 않아 비만을 유발하게 된다.

다운 증후군은 가장 흔한 염색체 질환으로서, 21번 염색체가 일반인보다 1개 많은 3개가 존재하여 정신 지체, 신체 기형, 전신 기능 이상, 성장 장애 등을 일으키는 질환이다.

신체 전반에 걸쳐 이상이 나타나며 특징적인 얼굴 모습을 관찰할 수 있고, 지능이 낮다. 출생 전에 기형이 발생하고, 출생 후에도 여러 장기의 기능 이상이 나타나는 질환으로서 일반인에 비하여 수명이 짧

11) Fragile X syndrome: 취약 X 증후군.
12) Prader-Willi syndrome.
13) 시상의 아래쪽에서 뇌하수체로 이어지는 부분이다.
14) Down syndrome.

다고 하나 과학의 발달로 반드시 그렇지는 않다.

(2) 신진대사

신진대사의 문제도 지적장애를 초래할 수 있는데, 이는 페닐케톤뇨증[15]과 리이만-픽 병[16] 등이 이에 해당한다.

(3) 기타

산소결핍, 두뇌손상, 중독(납 중독 등) 등도 지적장애를 유발한다. 우연한 사고로 유아나 아동이 다치게 되면 아동은 인지발달과 관련하여 매우 불행한 결과를 초래할 수도 있다.

2) 환경요인

환경요인 역시 지적장애에 많은 영향을 미치는데, 부모의 인지기능 결함, 빈약한 교육경력, 자녀를 양육하는 데 일관성이 없는 낮은 사회경제적 수준 등이 이에 해당한다.

제 2 절 자폐성장애

1. 정의

장애인복지법 시행령(2018. 12. 31)에 의하면, 자폐성 장애는 소아기 자폐성장애, 비전형적 자폐성장애에 따른 언어·신체표현·자기조절·사회적응 기능 및 능력의 장애로 인하여 일상생활이나 사회생활에 상당한 제약을 받아 다른 사람의 도움이 필요한 사람으로 정의

15) 지능장애, 담갈색 모발, 피부 색소 결핍 등이 초래되는 상염색체성 열성 유전성 질환, 이는 단백질을 분해시키지 못하는 장애로서 조기에 발견하여 치료하면 치료가 가능하다. 이를 게을리 하면 지적장애 등의 장애를 유발한다.
16) 간, 비장, 폐, 골수, 뇌 등에 해가 되는 양의 지질이 축적되는 유전성 대사 질환.

하고 있다.

그런데 〈표 4-3〉에 의하면 ICD-10(International Classification of Diseases, 10th Version)라는 용어가 있는데 이는 국제장애분류 제10버전을 의미한다. 이 버전에 의한 자폐성장애진단기준은 〈표 4-5〉 ICD-10에 의한 자폐성장애 분류와 같다.

〈표 4-3〉 ICD-10에 의한 자폐성장애 분류

분류번호	장애명	설 명
F84	소아기 자폐성장애	(a) 3세 이전에 발달이상이나 손상이 명백히 나타나고, (b) 아래 사항 중 세 가지 부문에서 이상기능이 있는 경우 - 사회적 상호작용 문제 - 의사소통문제 - 이상행동(제한적이고, 의미 없으며, 상동증적인 행동) * 이외에도 자해, 공격, 기질적 짜증, 수면 및 섭식 문제, 공포 등을 보일 수 있다.
F84.1	비전형 자폐성장애	소아기 자폐와 달리 발생 연령이나 진단준거 세 가지 모두 충족하지 못하는 전반성발달장애. 3세 이후에 발달이상과 손상이 발생한 경우에 해당하며, 다른 영역에서는 이상을 보임에도 불구하고 세가지 특성(사회적상호작용, 의사소통, 이상행동)을 충족시키지 못하는 경우에 해당. 비전형자폐성장애는 심각하게 지체된 사람, 심각한 언어반복을 보이는 발달장애인등이 해당.
F84.2	레트증후군	현재까지는 여아에게서 발견되며, 초기에는 정상적인 발달을 보이다가 생후 24개월부터 7세사이에 발병한다. 두뇌성장이 퇴행하면서 언어, 손사용, 균형유지등에 이상을 보인다. 유목적적인 손사용, 쓰기등에서 손상을 보이고, 과호흡증후군(hyperventilation)증상을 보인다. 몸통운동과 실행증(실失행行증症)(Trunk ataxia and apraxia)이 4세경에 나타나 빈번하게 무의식적으로 몸에 경련이 일어나는(choreoathetoid: 무도성무정위)운동이 일어난다. 심각한 정신적인 지체를 보인다.
F84.3	기타소아기 붕괴성장애	정상적인 발달을 하다가 장애 발병으로 수개월이 지나면 이전에 획득했던 기술을 잃게 되는 전반적발달장애이다. 이는 전형적으로 반복적인 의미 없고 반복적인 운동의 행태로 환경에 대한 관심을 잃고, 사회적 상호작용과 의사소통에서 마치 자폐성 장애인과 같이 나타난다. 일부 이 장애인은 두뇌질환으로 인하여 나타날 수 있는데 그 진단은 행동 측정으로 하게 된다.
F84.4	지적장애로 인한 문제와 의미없는	이는 질병 타당도가 불확실한 장애정의에 의한 장애이다. 이는 중증 지적장애(지능지수 35 이하)인 아동이 과잉행동, 부주의, 의미 없는 반복행동을 보일 때 진단한다.

분류 번호	장애명	설 명
	행동으로 인한 과잉행동 장애	이들은 지능지수 정상범주에 있는 사람과 달리 각성제 약물이 듣지 않는 경향이 있고, 각성제 투여시 심각한 부작용을 보인다. 청소년의 경우, 과잉행동이 저활동으로 바뀌는 경향이 있는데 이는 정상지능 과잉행동 아동에게서는 나타나지 않는 현상이다. 이 장애는 특정 또는 전반적 발달지체와 관련이 있다. 낮은 지능으로 인한 기능 양상과 두뇌손상으로 인한 행동원인은 밝혀지지 않았다.
F84.5	아스퍼거 증후군	질병 진단의 타당도를 담보 받지 못한 장애로서, 자폐성 장애에서 보이는 사회적 상호작용에서 문제를 보이는 형태이다. 이들은 관심이나 행동에서 제한적이고 의미 없는 관심, 행동모습을 보인다. 이들이 자폐성 장애와 다른 점은 언어나 인지발달에서는 전반적인 지체나 지연이 없다는 점이다. 이 장애는 운동에서 어색함을 보이는 특징이 있다. 이들 이상한 행동은 청소년기와 성인기에 들어서도 지속되는 경향이 있다. 이들은 성인기 초에 정신 분열적인 에피소드를 가끔 보이기도 한다.

1) 소아기 자폐성장애

소아기 자폐성 장애는 3세 이전에 발달이상이나 손상이 명백히 나타나고, 사회적 상호작용 문제, 의사소통문제, 이상행동(제한적이고, 의미 없으며, 상동증적인 행동)을 명백히 보이는 경우이다.

이외에도 소아기 자폐성 장애아는 자해, 공격, 기질적 짜증, 수면 및 섭식 문제, 공포 등을 보일 수 있다.

2) 비전형 자폐성장애

비전형 자폐성 장애는 소아기 자폐와 달리 발생 연령이나 진단준거 세 가지 모두 충족하지 못하는 전반적발달장애이다. 즉, 3세 이후에 발달이상과 손상이 발생하지만, 다른 영역에서는 이상을 보임에도 불구하고 소아기 자폐성장애아가 보이는 세 가지 특성(사회적 상호작용, 의사소통, 이상행동)을 모두 충족시키지 못하는 경우가 이에 해당한다.

비전형자폐성장애는 보통 심각하게 지체된 사람, 심각한 언어반복을 보이는 발달장애인등이 해당한다.

3) 레트증후군

레트증후군은 현재까지는 여아에게서만 발견되며, 초기에는 정상적인 발달을 보이다가 생후 24개월부터 7세 사이에 발병한다. 두뇌성장이 퇴행하면서 언어, 손사용, 균형유지 등에 이상을 보이는데 유목적적인 손사용, 쓰기 등에서 손상을 보이고, 과호흡증후군(hyper-ventilation)증상도 보인다.

몸통운동과 실행증(失行症)(Trunk ataxia and apraxia)이 4세경에 나타나 빈번하게 무의식적으로 몸에 경련이 일어나는 증상(choreoathetoid; 무도성무정위)이 일어난다. 또한 심각한 정신적인 지체를 보인다.

4) 기타 소아기 붕괴성 장애

소아기 붕괴성 장애는 정상적인 발달을 하다가 장애발병이 일어나고, 수개월이 지나면 이전에 획득했던 기술을 잃게 되어 전반적발달장애 모습을 보인다. 이는 전형적으로 반복적이고 의미 없으며 반복적인 운동 행태를 보이며, 환경에 대한 관심을 잃고, 사회적 상호작용과 의사소통에서 마치 자폐성 장애인과 같은 보습을 보인다.

일부 소아기 붕괴성 장애인은 두뇌질환으로 인하여 나타날 수 있는데 그 진단은 행동 측정으로 하게 된다.

5) 지적장애로 인한 문제와 의미 없는 행동으로 인한 과잉행동장애

이는 질병 타당도가 불확실한 장애이다. 중증 지적장애(지능지수 35 이하)인 아동이 과잉행동, 부주의, 의미 없는 반복행동을 보일 때 진단한다. 이들은 지능지수가 정상범주에 있는 사람과 달리 각성제 약물이 듣지 않는 경향이 있고, 각성제 투여 시 심각한 부작용을 보인다.

청소년의 경우, 과잉행동이 저활동으로 바뀌는 경향이 있는데 이는 정상지능 과잉행동 아동에게서는 나타나지 않는 현상이다. 이 장애는 특정 또는 전반적발달지체와 관련이 있다. 낮은 지능으로 인한 기능

양상과 두뇌손상으로 인한 행동원인은 밝혀지지 않았다.

6) 아스퍼거 증후군

아스퍼거 증후군은 질병 진단상 타당성을 입증 받지는 못하였는데, 자폐성 장애에서 보이는 사회적 상호작용에서 문제를 보이는 형태이다. 이들은 관심이나 행동에서 제한적이고 의미 없는 관심, 행동모습을 보인다.

이들이 자폐성 장애와 다른 점은 언어나 인지발달에서 전반적인 지체나 지연이 없다는 점이다. 그러나 이 장애는 운동에서 어색함을 보이는 특징이 있다. 이들의 이상한 행동은 청소년기와 성인기까지 지속되는 경향이 있고 성인기 초에 정신 분열적인 에피소드를 가끔 보이기도 한다.

2. 특징

대부분의 자폐소아는 전형적으로 세 가지 결함 특징을 가지고 있다(Volkmar, Klin and Cohen, 1997). 이를 유명한 Lorna Wing의 이름을 따서 Wing의 3요인(triad)이라고 부른다. 이는 사회발달, 언어발달, 행동이다.

자폐소아에게서 처음으로 나타나는 사회행동 이상은 눈맞춤 없음, 사회적 정서적 제스처 사용 없음, 사회적 상호작용 부족, 부모를 안전기지로 사용하는 능력이 없는 것과 같은 애착문제, 공감(empathy)부족, 타인과 함께 즐기거나 자긍심을 갖는 것과 같은 정적 정서 공유에 대한 무관심 등이 해당한다.

자폐소아는 일반적으로 언어발달이 지체되며, 언어 사용시 대명사 바꾸어 사용하기(pronominal reversal), 반향어(echolalia), 신조어(neologism), 그리고 특이한 말 표현(idiosyncrasies) 등과 같은 여러 가지 화용상(pragmatic) 이상을 보인다.

대명사 바꾸어 사용하기(pronominal reversal)의 경우 아동은 대명사 너(you) 대신에 나(I)를 사용한다. 반향어(echolalia)의 경우, 아동은 말한 사람이 말한 것과 같은 억양으로 같은 말을 따라 한다.

자폐소아의 경우 대부분 대화주제를 확대하지 않으며 언어사용에 있어 창조성을 보이지 못한다. 자폐소아의 행동은 고정관념에 사로잡힌 반복패턴을 보인다. 그리고 자폐아동은 관심이 제한된 관심 범주 내에 한정되어 있다. 또한 습관을 강하게 유지하고자 하며, 동질성을 고집하고 변화에 저항한다. 상상놀이나 가장놀이 등은 사실상 존재하지 않는다.

이와 같은 사회적, 언어적, 행동적인 결함 외에도, 자폐성장애 소아들은 여러 가지 다양한 관련 특성, 특히, 애정, 인지, 신체 등이 치료를 받을 만한 수준으로 문제를 보인다. 〈표 4-4〉는 이를 요약한 것이다.

〈표 4-4〉 자폐성장애의 특징

분 류	특 징
대인관계 조정	타인과의 공감부족, 사회적 상호작용의 원리 이해 부족, 사회 상호작용에서 의견교환부족, 애정적인 상호관계 구성능력 손상
언어	언어 발달 지체, 사회적인 대화 부족, 대화에서 창조적인 언어 사용부족, 대명사를 바꾸어 말함, 반향어, 신조어 만들기(neologism), 언어를 색다르게 사용함(idiosyncratic use)
행동	상상놀이 부재, 타성에 젖은 행동 패턴, 진부한 습관 및 의식, 변화에 저항
애정	부적절한 정서표현, 변화에 대한 강한 거부 정서반응, 아동의 경우 두려움과 공포(phobias)가 일반적임
인지	75% 이상이 IQ 70이하임, 시공간 IQ는 구어 IQ 보다 높음 능력섬 존재(잘하는 부분이 한정적으로 존재), 사회문제 해결에 어려움 겪음
신체조건	청소년기 후반에 33% 정도가 간질, 아동의 경우 유뇨증과 유분증이 보통임, 소수가 자해 행동을 보임(머리 치기 또는 물어 뜯기)

자폐소아의 애정과 정서표현은 일반적으로 사회상황에 부적절하게 표현한다. 예를 들면, 대부분의 자폐소아는 농담을 이해하지 못한다.

또 변화에 대한 저항으로 인하여 짜증이나 부정적인 정서 모습을 보인다. 또 대부분의 자폐아동은 두려움과 공포심을 가지고 있다.

인지 측면에서 자폐아동의 75% 이상이 IQ70 이하이고 비구어나 성과(成果) 점수가 구어 IQ보다 보다 높다. 일부 자폐성장애 아동들은 능력의 섬을 가지고 있는데 예를 들면, 귀를 통하여 여러 음을 분별하거나 여러 가지 내용을 잘 기억한다. 그러나 대부분은 자폐 아동의 뚜렷한 결함은 사회적 또는 대인관계 문제를 해결하는 능력을 가지고 있지 못하다.

신체 발달 측면에서 자폐성장애 아동의 1/3이 청소년기 후반기에 간질을 보이며, 대다수는 아동기에 유뇨증 및 유분증과 같은 배설문제를 보인다. 또한 일부 아동은 자해에 의한 신체 문제를 유발시키는 데 이런 행동은 머리를 치거나 물어뜯는 행동이 해당한다.

3. 출현율

자폐성장애는 Leo Kanner가 1943년에 최초로 설명하였는데, 전반적발달장애의 전형적인 예이다. 이 장애의 출현율은 1만 명당 2-5명이다. 남녀의 자폐성장애 비율은 3 또는 4 : 1로 남자가 3-4배 높다. 이러한 성별 간 차이는 자폐성장애에만 해당되는 것이 아니고, 자폐성장애 이외의 많은 발달장애들이 남아에게서 더 많이 발생된다.

그러나 자폐성장애는 정확한 진단을 내리지 못하는 자폐행동을 보이는 아동이 일만 명당 15명 내지 20명으로 나타난다. 또 자폐성장애의 발병률은 나라에 따라 현저한 차이를 보이고 있는데, 어느 나라는 일만 명당 2명, 어느 나라는 일만 명당 16명에 달한다고 한다.

우리나라의 경우는 부모들이 자폐 아동에 대한 이해의 부족과 사회의 이해 부족으로 인해 심리적 부담으로 자녀가 장애아동이라는 것을 밝히지 않으려는 경향으로 인하여 아직까지 정확한 통계 수치는 알 수 없다.

자폐아동의 경우 IQ가 50 이상이고 구어 IQ가 50 이상인 경우 이것은 예후에 좋은 보호요인이 된다. 5세에 나이에 적절한 언어 발달을 하게 될 경우도 좋은 예후의 징조이다.

4. 원인

자폐성장애 원인에 관련한 이론은 3개 부류. 즉, 정신 역동 이론(psychogenic), 생물학적 이론(biogenic), 그리고 인지이론(cognitive) 등으로 구분할 수 있다.

정신이론은 심리사회적 과정이 자폐원인의 중심이 되고, 생물학적 이론은 자폐성장애 발병의 기초가 생물학적 원인에 있다고 보는 것이며, 인지이론은 자폐증의 주원인은 알 수 없는 것이나 특정 인지 결함의 관점에서 증상의 패턴을 설명한다. 이들 세 가지 부류에 대한 주요 이론을 설명하면 아래와 같다. 〈표 4-5〉는 이를 요약한 것이다.

〈표 4-5〉 자폐성장애의 원인

원인이론	설 명
정신역동이론	자폐성장애는 냉담하고, 비정서적이며, 부적절한 양육으로 인한 아동의 반응이라고 하지만 적절한 지지를 받지 못하고 있음.
생물학적 이론	유전요인, 자궁 환경요인, 주산기 문제, 신경해부학적 요인, 심리사회적 요인, 또는 이들 간의 조합으로 설명
인지이론	자폐성장애 증상을 유발하는 이유를 인지 역기능으로 설명

1) 정신역동이론

자폐성장애 원인에 관한 초기 이론들은 부적절한 양육에 의한 정서적 어려움을 보이는 사회적 특성, 언어적 특성, 그리고 행동적 특성 등을 원인으로 두어 왔다. 예를 들어, Bettleheim(1967)은 자폐성장애는 냉담하고, 비정서적이며, 부적절한 양육으로 인한 아동의 반응이라고 주장하였다. 반향어, 동일성 고수, 진부한 의식고수 등과 같은 자폐성장애 중 문제 특성 일부를 아동의 욕구를 부모가 채워주지 못하여 아동이 이에 대한 적대의 표현을 하는 것으로 본 것이다.

그러나 자폐성장애의 원인을 부모의 질과 가족 간 상호작용으로 들고 있는 정신역동이론에 관련한 보다 세밀한 연구결과 자폐 아동 가족에서 그러한 이상성을 보이지 않아 지지를 받지 못하고 있다(예; Koegel et al., 1983).

이와 같이 자폐성장애에 대한 정신역동이론의 증거가 부족함에도 불구하고, 아직도 인기를 얻고 있다. 이는 매우 불행한 일이다. 왜냐하면, 증명되지 않은 사실임에도 불구하고 아동장애의 원인이 부모의 부적절한 양육방법에 기인한다는 죄책감을 갖게 되기 때문이다.

최근 연구는 대부분 자폐성장애에 대하여 신경학적 원인을 들고 있으며, 주요 치료 상 특징이 정서 요인이라기보다는 인지 요인에 있다는 점을 지적하고 있다(Bailey et al., 1996). 더구나 행동 연구에서는 자폐아 처방에 있어 간접적인 정신 방법보다는 직접적인 행동 기법의 중요성을 강조하고 있다(Smith, 1993; Bregman and Gerdtz, 1997).

2) 생물학적 이론

자폐성장애 관련 생물학적 이론에서는 유전요인, 자궁 환경요인, 주산기 문제, 신경해부학적 요인, 심리사회적 요인, 또는 이들 간의 조합 요인들에 대한 설명을 하고자한다(Bailey et al., 1996). 쌍생아를 통한 연구결과 유전자가 관련이 있을 것이라는 증거가 있다. 또 주산기 문제로 인한 자폐요인이 높은데 이는 연구에 따르면 산모연령, 약물사용, 미숙아 등이 이에 해당한다(Tsai, 1987).

그러나 유전에 의한 정확한 생물학적 특징이나 주산기 감염 문제로 인한 생물학적 특징 등에 대한 연구에도 불구하고 아직도 그 원인은 불분명하다(Bailey et al., 1996).

3) 인지이론

자폐성장애에 관련하여 인지이론에서는 이 장애의 특징이 되는 치료상 특징 및 증상에 대한 설명을 인지결함에 중점을 두고 있다. 이 이론은 자폐성장애 증상을 유발하는 것으로 보는 인지 역기능 크기에 따라 협의 또는 광의로 분류할 수 있다(Bailey et al., 1996). 여기에서는 사회인지에서의 결핍을 자폐성장애의 중심원인으로 본다. 이들에 대한 각각의 증거도 가지고 있다.

(1) 정보처리

Hermelin과 O'Connor(1970)는 자폐아동의 정보처리(encoding, sequencing, abstraction)에 어려움을 가지고 있으며 이로 인하여 언어에 지체를 보인다고 하였다.

Sigman(1995)은 사회이해 결핍이 자폐아가 대인관계에서 보여주는 어려움의 근본원인이라는 증거를 재차 살펴보았다. 예를 들어, 자폐아동은 사회적인 추론하기, 추론적으로 바라보기 및 지적하기 등과 같은 사물공유(joint attention)가 필요한 활동에 관여하지 않는다.

Hobson(1993)은 자폐아동은 일반아동과 다르게 얼굴표정 정보를 처리하여, 다른 사람이 보여준 감정에 적절하게 반응하지 못한다는 점을 밝혀냈다.

(2) 마음이론

Baron-Cohen(1995)은 자폐아동은 '마음이론(a theory of mind)'이 없어 상상놀이를 가능하게 하여주는 능력인 인지표현을 구성할 수 없다고 하였다. 이 이론은 자폐아동이 비밀을 유지하거나 다른 사람의 주의를 사물에 끌기(pro-declarative pointing)와 같은 타인의 정신상태를 보여주는 사회적 행동에서 결함을 보이지만, 타인으로부터 사물을 얻어내기(pro - imperative pointing)등과 같은 암기학습(rote learning)에 관련한 사회적 행동에서는 결함이 없다는 점을 강조한다.

(3) 중앙응집성

중앙응집성이론에서는 자폐아동의 경우 부분에 집중하는 경향을 보여 정보투입 관리에 어려움을 보인다고 한다.

일부학자는 자폐성장애의 근본원인은 중앙응집성(central coherence)에 대한 강한 충동 때문이라고 하였다.

자폐아동은 정보를 전체적인 상황으로보다는 정보 조각들로 처리한다. 이들은 정보처리 투입관리 접근방식이 하향식 접근(top-down approach)이 아니라 상향식 접근(bottom-up)방식이라는 것이다.

(4) 실행기능

실행기능이론(executive function theory)에서는 자폐아동의 주요 결함이 문제해결기술에 있다고 한다. Firith와 Ozonoff(1994)는 실행기능 결함이 자폐아동에게 있다고 하였다.

실행기능은 외부상황에 대한 비 관여 능력, 원치 않는 반응하지 않기, 계획하기, 인지적인 계획 설정하기와 과제수행하기, 성과 통제 및 교정활동을 위한 피드백 사용하기, 인지 계획을 유연하게 변동시키기 등이 해당한다.

제 3 절 정신장애

1. 정의

정신장애인(精神障碍人)에 대한 정의는 장애인복지법 시행령(2018. 12. 31)에 의하면 "지속적인 정신분열병, 분열형 정동장애(情動障碍 : 여러 현실 상황에서 부적절한 정서 반응을 보이는 장애), 양극성 정동장애 및 반복성 우울장애에 따른 감정조절·행동·사고 기능 및 능력의 장애로 인하여 일상생활이나 사회생활에 상당한 제약을 받아 다른 사람의 도움이 필요한 사람"을 의미한다.

2. 유형 및 특징

정신장애의 하위 유형으로서는 정신분열병, 분열형 정동장애, 양극성 정동장애, 반복성 우울장애 등이 있다. 〈표 4-6〉은 이들 하위 유형에 대하여 간단히 요약한 것이다. 이들에 대하여 설명하면 아래와 같다.

〈표 4-6〉 정신장애의 하위 유형

하위유형	특 징
정신분열	망상과 같이 비현실적인 믿음에 강하게 집착하는 경향을 보이고, 환각과 같이 실제 상황과 다른 비현실적인 지각경험을 보인다. 이들의 특성은 비논리적이고 혼란된 언어, 몸이 강하게 경직되는 상태를 나타내는 기이한 자세나 행동, 감정의 분기, 의욕상실, 빈약한 사고 등의 증상을 보인다.
분열형 정동장애	분열형 정동장애는 정신분열과 정동장애가 같이 나타나는 형태이다. 여기서 정동장애는 우울증을 의미한다. 정신분열의 약 30%정도는 이 분열형 정동장애를 보인다. 우울증과 정신분열이 병합된 경우와 조증과 정신분열이 병합된 경우가 있다.
양극성 정동장애	양극성 정동장애는 기분이 양극으로 나타나는 증상으로 어떤 경우에는 지나치게 아주 기분이 좋아 활발하게 되지만(조병), 어떤 경우에는 기분이 저하되어 우울해지는 모습을 보인다(우울증). 이 과정이 반복되는 것을 양극성 정동장애라고 한다. 그러나 조병만 보이는 경우도 양극성 정동장애라고 한다. 즉, 조증과 울증이 반복되는 증상을 양극성 정동장애라고 한다.
반복성 우울장애	반복성 우울장애는 우울증상이 반복되어 여러 가지 정신적, 신체적 기능을 저하시키는 증상을 반복성 우울장애라고 한다. 즉, 우울증이 보다 심화된 증상이다.

1) 정신분열

정신분열은 망상과 같이 비현실적인 믿음에 강하게 집착하는 경향을 보이고, 환각과 같이 실제 상황과 다른 비현실적인 지각경험을 보이는 증상이다.

이들의 생각이나 행동은 비논리적이고 언어표현이 이상하여, 몸이 강하게 경직되는 상태를 보인다. 그리고 기이한 자세나 행동, 감정의 분기, 의욕상실, 빈약한 사고사고 등의 증상을 보인다.

정신분열 장애는 입원하여 치료를 받기도 하나 약물에 의하여 일상적으로 생활하기도 한다. 정신분열 장애인을 지원하는 방법은 일을 단순하게 하고 정신장애인의 판단에 의하여 일이든 행동이든, 말을 할 수 있도록 인내심 있게 배려한다. 그리고 정신장애인의 경우 개인위생관리를 소홀이 할 수 있으므로 이를 원만히 할 수 있도록 돕는다.

2) 분열형 정동장애

분열형 정동장애는 정신분열과 정동장애 즉, 우울증이 병합되어 나타나는 장애로서 여기서 정동이란 우울을 의미한다. 정신분열의 약 30% 정도는 우울증을 보이며 우울증과 정신분열이 병합된 경우와 조증과 정신분열이 병합된 경우가 있다.

분열형 정동장애인을 돕는 방법은 정신분열 장애인을 돕는 방법과 유사하며, 특히 우울증이 나타나거나 조증이 나타날 경우에는 이후에 설명할 양극성 정동장애인이나 반복성 우울장애인을 지원하는 방법을 사용한다.

3) 양극성 정동장애

양극성 정동장애는 기분이 양극으로 나타나는 증상으로 어떤 경우에는 지나치게 아주 기분이 좋아 활발하게 되지만(조병), 어떤 경우에는 기분이 저하되어 우울해지는 모습을 보인다(우울증). 이 과정이 반복되는 것을 양극성 정동장애라고 한다. 그러나 조병만 보이는 경우도 양극성 정동장애라고 한다. 즉, 조증과 울증이 반복되는 증상을 양극성 정동장애라고 한다.

양극성 정동장애인을 돕는 방법은 장애인의 기분을 안정시키는 것이 중요하다. 언쟁과 같은 흥분상황이 발생하면 기분도 같이 상승하게 되는 문제가 발생할 수 있기 때문이다.

외형상 아무런 문제가 없어 보이기 때문에 장애로 인한 문제임을 알면서도 장애인과 생활하기가 어려울 수도 있어. 장애인의 인지방식을 바꿀 수 있도록 유사한 장애를 겪고 있는 사람들과 어울리게 함으로서 스스로 터득하도록 돕는다.

4) 반복성 우울장애

반복성 우울장애는 우울증상이 반복되어 여러 가지 정신적, 신체적 기능을 저하시키는 증상을 반복성 우울장애라고 한다. 즉, 우울증이 보다 심화된 증상이다. 반복성 우울장애인에게는 무엇보다 자율성이 중요하다. 지시나 권유보다는 스스로 하고 싶은 일을 하도록 환경을 조성하여주는 것이 좋다.

또 이들은 자살 충동을 느껴 실제로 자살을 시도할 수 있게 때문에 이들의 행동을 면밀히 관찰하여 자살시도를 막아야 한다. 또 스스로 자신이 문제 있음을 인지하여 병원을 찾거나 치료를 받기 위한 노력을 하는 자발성이 매우 중요하다.

3. 원인

정신장애의 원인은 내부요인, 환경요인, 심리요인 등으로 구분하여 설명할 수 있다. 〈표 4-7〉은 정신장애의 원인을 요약한 것이다.

〈표 4-7〉 정신장애의 원인

원 인	설 명
내부요인	주로 유전요인을 의미하며, 유전인자의 손상으로 정신분열을 유발할 수 있다.
환경요인	생활환경 속에서 얻게 되는 것을 의미하며, 알코올 중독, 과로, 마약중독, 약물중독, 성병, 외상, 뇌종양, 감염, 저산소, 영양부족 등으로 정신장애를 유발할 수 있다.
심리요인	내부요인과 환경요인과도 관련이 깊으며, 정신적 충격, 불안, 번민, 스트레스, 대인관계, 고독감 등으로 정신질환이 촉발될 수 있다.

1) 내부요인

내부요인은 생물학적 이론에 입각하여 보는 것으로 대부분은 유전적 요인을 의미한다. 즉, 정신장애가족력이 있는 경우 내부적으로 정신장애에 취약한 유전적 요인을 지니고 있어, 촉발요인을 맞게 되면 이에 취약하게 된다.

따라서 유전요인이 취약하다 하여 반드시 정신장애가 되는 것은 아니지만, 정신장애로 발전될 가능성이 높아지므로 각별한 유의가 필요하다. 또한, 신경전달물질 이상으로 보는 견해도 있는데 이와 같은 의학적 접근으로 약물이 개발되고 효과를 보고 있다.

2) 환경요인

환경요인은 정신장애인이 어떤 경로를 통하여 생물학적 이상을 보였는가에 대한 접근인데 이는 주로 생활환경 속에서 얻게 되는 알코올 중독, 과로, 마약 중독, 약물중독, 성병, 외상, 뇌종양, 감염, 저산소, 영양부족 등이 정신장애를 유발할 수 있다고 본다.

3) 심리요인

심리요인은 내부요인과 환경요인과도 관련이 깊으며, 이미 내재되어 있던 정신장애 유전인자가 정신적 충격, 불안, 번민, 스트레스, 대인관계, 고독감 등으로 촉발되어 정신장애로 발전된다는 것이다.

제4절 장애 장애유형별 장애발생 현황

본 절에서는 우리나라의 지적장애, 자폐성장애, 정신장애별 발생원인과 발생시기에 대하여 설명하고자 한다. 장애별 원인에 대해서는 앞서 설명하였고, 여기에서는 원인구분을 선천적 원인, 출산시원인, 질환에 의한 후천적원인, 사고에 의한 후천적 원인, 원인불명 등으로 구분하여 설명하고자한다.

그리고 장애발생 시기는 출생전 또는 출생시, 돌 이전, 돌 이후로 구분하였다. 이들 통계치는 보건복지부가 실시한 2017년도 장애인실태조사보고서를 중심으로 작성되었다.

1. 장애발생 원인

〈표 4-8〉은 정신장애의 유형별 발생원인을 요약한 것이다. 이를 설명하면 아래와 같다.

〈표 4-8〉 장애유형별 장애발생 원인

(단위 : %, 명)

구 분	선천적 원인	출산시 원인	후천적 원인(질환)	후천적 원인(사고)	원인 불명	계	전국 추정수
지적장애	31.8	6.9	6.4	7.9	47.0	100.0	218,373
자폐성장애	39.9	11.2	3.6	-	45.3	100.0	23,775
정신장애	0.8	-	83.5	11.9	3.8	100.0	108,029

자료 : 보건복지부(2018). "2017년도 장애인실태조사보고서"에서 재구성

1) 지적장애

지적장애의 원인은 선천적 원인 31.8%, 출산시원인 6.9%, 질환에 의한 후천적원인 6.4%, 사고에 의한 후천적 원인 7.9%, 원인불명, 47.0%로서 원인불명과 선천적 원인이 가장 많았다. 그런데 원인 불명의 경우도 선천적인 원인에 해당할 것이므로 지적장애의 경우는 대부분 선천적인 원인에 의한 것이라고 볼 수 있다.

그러나, 질환 사고에 의한 후천적인 원인이 14.3%로 나타나 이 역시 중요한 의미를 갖는다. 왜냐하면, 사고 질환 등으로 인한 두뇌손상으로 지적장애에 이른 지적장애인이 14.3%라는 점은 지적장애 예방을 위한 노력이 선천적인 부분뿐만 아니라 후천적인 부분에도 반드시

필요하다는 것을 보여준 것이기 때문이다.

2) 자폐성장애

자폐성장애의 원인은 선천적 원인 39.9%, 질환에 의한 후천적원인 3.6%, 원인불명, 45.3%로서 이 역시 지적장애와 마찬가지로 원인불명과 선천적 원인이 가장 많았다. 그런데 원인 불명의 경우도 선천적인 원인에 해당할 것이므로 자폐성장애의 경우도 대부분 선천적인 원인에 의하는 것이라고 볼 수 있다. 그러나 질환에 의한 후천적인 원인도 3.6%로 나타나고 있다. 연구에 의하면, 자폐성 장애는 선천적 원인이라는 것이 일반적인 것을 고려해보면, 비전형자폐성 장애가 후천적인 원인에 해당하는 것으로 짐작해 볼 수 있다.

3) 정신장애

정신장애의 원인은 선천적 원인 0.8%, 질환에 의한 후천적원인 83.5%, 사고에 의한 후천적원인 11.9% 원인불명, 3.8%로서 거의 후천적 원인에 의한 장애로 볼 수 있다.

따라서, 후천적 원인에 의한 정신장애의 예방과 치료에 대한 관심이 더욱 필요할 것이다.

2. 장애발생 시기

〈표 4-9〉는 정신장애의 유형별 장애발생시기를 요약한 것이다. 이를 설명하면 아래와 같다.

1) 지적장애

지적장애의 발생시기는 출생전 또는 출생시 10.6%, 돌 이전 6.6%, 돌 이후 82.8%로 나타났다. 즉, 지적장애인의 경우 지적장애의 발견은 일부를 제외하고는 돌 이후에 이루어지고 있음을 알 수 있다. 여기서 일부라 함은 다운증후군과 같이 쉽게 발견할 수 있는 경우를 의미한다.

〈표 4-9〉 장애유형별 장애발생 시기

(단위 : %, 명)

구 분	출생전 또는 출생시	돌 이전	돌 이후	계	전국 추정수
지적장애	10.6	6..6	82.8	100.0	218,373
자폐성장애	3.3	2.6	94.2	100.0	23,775
정신장애	-	1.1	98.9	100.0	108,029

자료 : 보건복지부(2018). "2017년도 장애인실태조사보고서"에서 재구성

2) 자폐성장애

자폐성 장애의 발생시기는 출생전 또는 출생시 3.3%, 돌 이전 2.6%, 돌 이후 94.2%로 나타났다. 즉, 자폐성 장애인의 경우 자폐장애의 발견은 지적장애와 마찬가지로 일부를 제외하고는 돌 이후에 이루어지고 있음을 알 수 있다. 여기서 일부는 아마도 뇌병변, 다운증후군과 같이 다른 장애를 동반하고 있어 쉽게 발견할 수 있는 경우일 것으로 보인다.

3) 정신장애

정신 장애의 발생시기는 돌 이전 1.1%, 돌 이후 98.9%로 나타났다. 즉, 정신장애의 경우 발견은 거의 전부가 돌 이후 즉, 후천적인 원인이라는 것이다.

제5장

장애인복지의 변천과정

제 1 절 1960년대 이전

1. 조선말기-일제강점기

우리나라 장애인복지 최초서비스는 고종 1년인 1894년 선교사 부인 홀(Hall)여사가 평양 자택에서 시각장애인을 보호하고 교육한 것이다. 이후 1897년 선교사인 모훼(Moffer)도 평양에 남자 시각장애인 교육시설을 마련하였다.

일제 강점기인 1911년에는 조선총독부가 제생원(濟生院)이라는 명칭으로 시각장애인교육시설을 접수하여 "맹아부"를 만들고 여기에서 시각장애인의 초등교육과 직업교육을 실시하였다.

1944년 조선총독부에서는 '조선 구호령'을 제정하여 장애인이나 노약자에게 생활부조를 실시하였다. 그러나 이 제도는 형식적인 제도였으며, 정권을 유지하기 위한 수단 이었다.

2. 광복-1960년대

광복 이후 미군정청은 산하 부서로 보건후생부를 두고 있었는데 이곳에서는 위 제생원을 국립맹학교로 개칭하였다. 이것이 우리나라 특수학교의 시작이다.

1948년 이문형은 지적장애인수용시설인 '중앙각심학원'을 서울 구로동에 설립하였고(승인은 1949년), 이문형은 중앙각심학원생과 같이 소위 장애인 운동을 펼쳤는데 당시 이문형과 그 시설원들이 주장한 내용은 "나도 사람이다"였다. 이 중앙각심학원은 이후 국립재활원이 되었다. 국립재활원 연혁을 보면 1949. 05. 06 중앙각심학원 설립, 1960. 08. 12. 국립각심학원으로 명칭 변경, 1986. 08. 18 국립각심학원 폐지, 국립재활원 신설이라고 밝히고 있다.

〈표 5-1〉 우리나라 조선 말기부터 1960년대까지의 장애인복지

연 도	명칭(법률)	설 명
1894	시각장애인 보호	Hall 여사
1897	시각장애인 교육시설	모훼(Moffer)
1948	중앙각심학원	이문형, "나도 사람이다"
1950	군사원호법	전쟁전후 군인의 처우
1951	경찰원호법	전쟁전후 경찰의 청후
1953	연금지급	군인·경찰에 연금지급
1961	군사원호대상자고용법	군인·경찰의 고용증진을 위한 법률
1963	산재보험법	산업재해로 인한 보험제도 도입

1950년 한국전쟁으로 인한 상이군인, 상이경찰관에 대한 처우의 필요성으로 인하여 정부에서는 1950년 '군사원호법', 1951년 '경찰원호법'을 제정하여 원호대상자나 국가유공자를 위한 연금지급을 1953년부터 실시하였으며, 직업훈련과 다양한 사업을 전개하였다. 또한 1961년에는 군사원호대상자 고용법을 제정하였고, 1963년에는 산재보험법을 제정하였다.

〈표 5-1〉은 우리나라 조선 말기부터 1960년대까지의 장애인복지를 요약한 것이다.

제 2 절 1970년대

우리나라의 1970년대는 장애인에 있어 별다른 성과를 얻지 못한 시기였다. 산업화 사회로 인한 생산성의 중시로 인하여 장애인은 주된 사회적 관심사가 되지 못하였다.

그러나 국제적으로 보면 1976년 UN총회에서는 1981년을 세계 장애인의 해로 선정하기로 하고, 장애인에 대한 국가적 관심을 요구하였다. 그 결과 우리나라는 1977년 특수교육진흥법을 제정하였는데, 특수교육 대상자에 해당하는 사람을 시각장애, 청각장애, 정신장애, 지체부자유자, 정서장애, 기타 심신장애자 등으로 하였다. 이 법은 특수교육 대상자를 정하여 특수교육을 한다는 의미보다, 국가 및 지방자치단체가 특수교육진흥을 위한 시책을 강구하도록 하고, 특히 특수교육대상자의 교육에 대한 권리를 인정하는 법률이었다.

또한 1978년 6월 정부는 '심신장애자종합대책'을 발표하였는데 여기에는 장애인의 직업훈련과 시설설치, 영양공급조치 등에 대한 규정을 담았다. 즉, 보호시설에 수용중인 장애아동에게 장애 정도와 적성에 따라 직업훈련을 실시하도록 하고, 세계 장애인의 해인 1981년까지 물리치료실, 작업치료실, 언어치료실, 직업훈련시설을 설치하도록 하였다. 또한 장애아동의 영양을 위하여 급식을 위한 지급물자 개선, 목발과 보청기 등의 보장구를 지급하기로 하였다.

그리고 1979년 장애인 실태를 조사하여 보건사회부 내 장애인 보호제도 수립 위한 전담기구 및 국립각심학원(국립재활원)에 연구 및 훈련기관을 설치하였다. 〈표 5-2〉는 우리나라 1970년대 장애인복지를 요약한 표이다.

〈표 5-2〉 우리나라 1970년대 장애인복지

연 도	명칭(법률)	설 명
1976	유엔총회	1981년을 세계장애인의 날로 제정
1977	특수교육진흥법	-특수교육대상자 법제화 -특수교육대상자의 교육원보장(차별금지) -국가 및 지방자치단체의 노력 요구
1978	심신장애자 종합대책	장애인의 직업훈련 장애인시설 장애인의 영양공급
1979	장애인실태조사	장애인 보호제도 수립을 위한 전담기구설치 (보건사회부 내) 연구 및 훈련기관 설치(국립각심학원 → 국립재활원)

제 3 절 1980년대

1980년대는 우리나라 장애인 복지가 한 단계 발전한 시기로 볼 수 있다. 시대적, 정치적으로는 암흑기였으나 역으로 장애인의 경우는 많은 발전을 이룬 시기, 또 인프라 확충을 위해 노력한 시기로 평가될 수 있다.

1981년 '심신장애자복지법'이 제정되었는데 이 법은 우리나라 최초 장애인복지 관련 법률로 평가 받고 있다. 또 1981년은 세계장애인의 해로서 재활증진대회, 전국장애인 체육대회, 장애인 기능경진대회 등을 개최하였다.

1983년에는 장애인용품 수입관세를 감면하는 제도를 시행하였으며, 맹인심부름 센터를 운영하였다. 그리고 1984년에 서울장애인올림픽대회 유치 및 장애인 편의시설 의무화(건축법 시행령)제도를 시행하였고, 1985년부터 1987년까지는 장애인복지시설 현대화 사업 3개년 계획을 수립하였으며(장애인 상담 지도사업은 4개년 계획으로 88년까지임), 1988년에는 장애인 올림픽을 개최하면서 재단법인 한국장애인복지체육회를 설립하여 체육회 기금으로 장애인체육선수들에 대한 연금지급제도를 마련하였다. 또한 1988년에는 대통령령으로 '장애자복지대책위원회'를 구성하고, 1989년에는 이 위원회에서 11개 부문에 걸친 장애인복지 대책안을 제출하였다. 그 내용은 심신장애자 복지법과 장애인 취업을 위한 의무고용제 결의, 장애인취업을 위한 법령 정비, 장애수당제도, 각종 세금 및 요금 이용료감면 제도 등을 건의하는 내용이었다. 이에 따라, 1989년 '심신장애자복지법'을 전면 개정하여 '장애인복지법'이 제정되어 지체부자유자를 지체장애인으로, 정신박약을 정신지체로 명칭을 변경하고 장애인복지에 대한 국가와 공공의 책임을 분명히 하였다. 〈표 5-3〉은 우리나라 1980년대 장애인복지를 요약한 표이다.

〈표 5-3〉 우리나라 1980년대 장애인복지

연 도	명칭(법률)	설 명
1981	심신장애자복지법	사실상 우리나라 최초의 장애인 복지관련 법률
	세계장애인의 해	재활증진대회, 전국장애인체육대회, 장애인기능경기대회 개최
1983	장애인품 관세감면	장애인용 수입 물품에 대한 관세 감면
1984	장애인편의시설의무화(건축법시행령)	1988 서울장애인올림픽 유치 및 장애인 편의시설의무화 제도화
	맹인심부름센터운영	한국맹인복지협회
1985-1988	3개년계획수립 장애인상담사업 시범실시	장애인복지시설현대화사업3개년계획수립 장애인상담지도사업 시범실시(서울관악구, 충북 청원군)
1988	재단법인한국장애인복지체육회	장애인 선수들에 대한 연금제도화
	장애자복지대책위원회	대통령 산하 장애자복지계획수립 위원회
1989	장애자복지대책위원회 건의	신장애자 복지법과 장애인 취업을 위한 의무고용제 결의, 장애인취업을 위한 법령 정비, 장애수당제도, 각종 세금 및 요금 이용료감면 제도 등 건의
	장애인복지법 제정	'심신장애자복지법'을 전면 개정하여 '장애인복지법' 제정 지체부자유자 → 지체장애인 정신박약 → 정신지체로 장애인에 대한 국가와 공공의 책임 명문화 장애인의 날을 법정기념일로 규정(4월 20일)

제 4 절 1990년대

우리나라의 1990년대는 장애인들의 직업안정과 사회적 참여를 위한 전반적인 노력을 한 시기이다.

1990년에는 장애인 고용촉진 등에 관한 법률을 제정하였는데 이는 장애인들의 직업 안정과 사회적 참여의 신장을 위한 법률이었다. 즉, 국영기업체와 300인 이상의 민간기업체는 고용인의 2% 이상, 국가 및 지방단체는 소속 공무원 정원의 2% 이상 장애인을 고용하도록 권장하는 규정이었다. 또한 1990년에는 장애인 승용차 LPG 연료사용을 허용하였다.

1992년 UN에서는 매년 12월 3일을 '세계장애인의 날'로 지정하였으며, 저소득장애인가구자녀 중학생을 대상으로 교육비지원 및 자립자금을 지원하였다. 그리고 재가장애인순회재활서비스를 설치·운영하였다.

또한 1994년에는 장애인편의시설 및 설비의 설치기준에 관한 규칙을 제정·공포하였으며, 국립재활원을 확대 개편하여 병원부를 설치하였다.

1995년에는 장애인고용촉진 등에 관한 법률을 개정하여 국가 및 지방자치단체가 국민의 장애인고용에 대한 이해를 높이기 위한 교육, 홍보 및 고용촉진운동을 전개할 책임을 명시하고 장애인 고용 및 재활시설에 도움을 준 사업주에게 우대조치와 장애인 고용부담금 감면제도를 도입하였다. 이 해에는 KBS 사랑의 소리방송이라는 장애인 방송국을 개국하였고, 청각장애인에게 운전면허를 허용하였다.

1996년에는 총리를 위원장으로 하는 장애인 복지 대책위원회를 설치하였다.

1997년부터 2001년까지 특수교육발전 5개년 계획을 수립하였으며,

같은 해 장애범위를 기존의 지체, 시각, 언어, 청각, 정신지체 외 선천성 대사이상 신생아까지 확대하였다.

1997년 장애인, 노인, 임산부 등의 편의 증진 보장에 관한 법률이 제정되었는데 이는 1995년 제정·시행된 '장애인 편의시설의 설치기준에 관한 규칙'의 문제를 개선하고 이 법으로 장애인 편의시설 개념이 교통약자 개념으로 바뀌게 되었다. 이 해에는 장애인 공동생활가정을 설치 운영할 수 있도록 하였다.

1997년 같은 해에 장애인복지발전 5개년계획 최종안 결정되었으며, 1998년에는 장애인인권헌장이 제정·공포되었고, 1999년에는 장애인복지법을 전면 개정하여 2000년부터 시행하였다.

〈표 5-4〉는 우리나라 1990년대 장애인복지를 요약한 것이다.

〈표 5-4〉 우리나라 1990년대 장애인복지

연 도	명칭(법률)	설 명
1990	장애인 고용촉진 등에 관한 법률 제정	장애인의 직업 안정과 사회적 참여의 신장을 위한 법률 국영 및 300인 이상의 민간기업체에서 장애인을 2% 이상 의무고용
1992	세계 장애인의 날	UN에서 매년 12월 3일을 '세계장애인의 날'로 지정
1992	재가서비스	재가장애인 순회재활서비스를 설치, 운영
1994	국립 재활원 확대	병원부 설치
1994	장애인편의시설 및 설비의 설치기준에 관한 규칙 제정·공포	장애인편의시설 및 설비의 설치기준 마련
1995	장애인고용촉진 등에 관한 법률을 개정	국가 및 지방자치단체가 국민의 장애인고용에 대한 이해를 높이기 위한 교육, 홍보 및 고용촉진운동을 전개할 책임 명시 장애인 고용 및 재활시설에 도움을 준 사업주에게 우대조치와 장애인고용부담금감면제도 도입
1995	청각장애인 운전면허 허용	청각장애인에게 운전면허를 받도록 허용하였음
1995	장애인방속국 개국	KBS 사랑의 소리 방송
1996	장애인복지 대책위원회	총리를 위원장으로 장애인복지 대책위원회 설치
1977-2001	특수교육발전5개년계획 수립	1997-2001년까지 특수교육발전 5개년 계획을 수립

연 도	명칭(법률)	설 명
1997	장애의 범위 확대	기존의 지체, 시각, 언어, 청각, 정신지체 외 선천성 대사이상 신생아까지 확대
	장애인 공동생활가정	장애인공동생활가정 설치 운영
	장애인, 노인, 임산부 등의 편의 증진 보장에 관한 법률이 제정	'장애인편의시설의 설치기준에 관한 규칙'의 문제를 개선 장애인 편의시설 개념이 교통약자 개념으로 바뀌게 됨
	5개년계획 결정	장애인복지 발전 5개년계획 최종안 결정 복지·고용부분을 강화하여 OECD 회원국에 걸맞는 장애인복지 수준을 달성하기 위한 연차별 계획 수립 및 시행 (장애발생 예방, 생활안정지원, 사회참여확대 및 편의시설 확충, 장애범주 확대, 특수교육 강화)
1998	장애인인권헌장	장애인인권헌장이 제정, 공포
1999	장애인복지법 전면개정	장애인복지법을 전면 개정하여 2000년부터 시행 장애범주 확대(2차), 장애인복지조정위원회 설치, 정보접근권 명시, 징애인 우선 주택분양 및 비용지원, 장애인보조견 명시, 장애인수당제 실시

제 5 절 2000년대 이후

2000년에는 편의시설확충을 위한 국가종합 5개년 계획(2000-2004)을 수립하여 시행하였다.

또한 「장애인생산품우선구매제도」 관련고시를 제정하여 시행하였으며, 장애인의 전화요금할인대상을 기존의 세대주 중심에서 장애인 명의로 변경하였다.

그리고 보장구 부가가치세 영세율 적용 품목을 기존 의수족, 휠체어, 보청기, 보조기, 지체장애인용 지팡이 및 목발에서 시각장애인용흰지팡이, 청각장애인용인공달팽이관시스템, 성인용보행기, 욕창예방용품, 인공후두, 장애인용 기저귀까지 확대하였다.

또 장애인고용촉진 및 직업재활법을 개정하여 중증장애인의 고용촉진 · 직업재활을 강조하고 국가 · 지자체의 고용을 강제하였으며, 직업재활과정을 직업지도 · 직업적응훈련 · 직업능력 개발훈련 · 취업알선 · 취업 · 취업 후 적응지도로 규정하였다.

2003년에 시행된 제2차 장애인복지발전 5개년 계획(2003~2007)은 정부 부처의 참여를 확대하고 재정 소요액 추정 및 연차별 투자 계획, 제도 개선 계획, 생애 단계별 계획 마련 등으로 구체성을 강화하였다는 측면에서 의의가 있다.

"장애인이 대등한 시민으로 참여하는 통합적 사회실현"을 비전으로, ① 생애주기별 특화된 복지서비스 개발 · 제공 ② 통합교육 확대 ③ 안정적 장애인 고용 실현 ④ 디지털 복지사회 구현 ⑤ 장애인 이동편의체계 구축이라는 정책 목표를 설정하였다. 5개 부처가 참여하여 복지, 특수교육, 고용, 정보화, 이동편의, 사회적 인식 개선, 추진체계 등의 7대 분야에서 43개 영역, 103개 세부 과제를 선정하여 추진하였다.

제2차 계획의 시행 결과, 2단계 장애 범주 확대(5개 유형), 장애수당 지원 대상 및 급여액 확대, 활동지원서비스 시범사업 실시, 장애인 의무고용 사업체 범위 확대 및 표준사업장 도입, 장애아 무상보육료 지원, 문화바우처 도입, 유엔장애인권리협약 서명, 「교통약자의 이동편의 증진법」 제정, 「장애인차별금지 및 권리구제 등에 관한 법률」 제정 등의 성과를 거두었다. 그러나 제도의 양적 확대에도 불구하고 장애인 복지가 시혜적이고 공급자 중심의 관점에서 추진되었다는 한계를 보였다. 즉, 수요자 중심의 정책 개발과 효율적 시스템 구축의 미흡, 유엔장애인권리협약 가입 등 장애인 권리 기반 정책 요구에 대응하는 정책의 개발이 부족하다는 점과 계획의 각 과제 간 우선순위가 미설정된 점 등이 문제로 제기되었다.

2003년에는 장애인생산품 판매시설을 기존 10개소에서 16개소로 확대하고 장애범주를 확대하여 안면변형, 장루, 간, 간질, 호흡기장애 등 5종을 추가하여 현재의 15종으로 하였다.

장애인 복지법을 개정하여 국민기초생활보장법상의 생계 급여수급자인 장애인에게 장애수당을 지급하도록 하였다.

또한 장애인 · 노인 · 임산부 등의 편의증진보장에 관한 법률을 개정하여 개정 편의증진심의회 설치, 장애인전용주차구역 관리 강화, 편의시설 설치 촉진기금 폐지 등을 규정하였다.

2004년에는 장애인복지법을 개정하여 장애인복지실무위원회 및 지방장애인복지위원회를 신설하였다.

또한 장애인 · 노인 · 임산부 등의 편의증진보장에 관한 법률을 다시 개정하여 편의시설 설치대상 시설 확대, 아파트의 장애인전용 주차구역 설치 의무화 등을 규정하였다.

그리고 장애인복지법시행령개정 하여 장애수당을 지급하기로 결정한 달부터 장애수당을 지급하고, 급여의 지급방법을 타 복지 급여와 일치하도록 하였다. 또 장애인복지법시행령을 개정하여 장애인 생산품 우선구매 품목 및 우선 구매비율을 확대하였다.

2005년에는 제2차 편의증진 국가종합 5개년 계획을 수립하고, 장애인 · 노인 · 임산부등의 편의증진 보장에 관한 법률 시행령 일부를 개정하여 편의시설 설치 시설을 확대하였다. 즉, 의원 · 치과의원 · 한의원 · 이용원 · 미용원 · 교도소 · 구치소 등에 경사로, 장애인 화장실 등의 편의시설을 설치하도록 하고, 아파트에는 장애인 전용주차구역 설치를 의무화 하였다. 또한 장애인기업 활동촉진법도 제정하였다.

2006년에는 장애수당, 장애아동 부양수당 등 인상, 장애학생 의무교육실시 및 이동권 보장 등을 포함한 범정부적인 장애인 지원 등 종합대책을 발표하였으며, 장애인 활동지원 지원사업을 시행하여 장애인복지법상 등록1급 장애인 중 만 6세 이상 만 65세 미만으로 인정조사표상 일정점수(220점) 이상인자에 대해 활동지원서비스를 제공하게 되었다.

또한, 장애인차별금지 및 권리 구제등에 관한 법률을 제정 · 공포하여 장애인 차별방지를 위한 근거가 마련되었으며, 장애인복지법을 개정하였다.

2008년 제3차 장애인복지발전 5개년계획(2008~2012)은 이전 계획에 비해 범위가 범정부 차원으로 확대되어 '장애인복지'에서 '장애인정책' 전반으로 확대되었으며, 우선순위에 따라 중점 추진 과제를 선정하고 추진 과제별로 성과 목표를 설정하였다는 데 의의가 있다.

"장애인의 권리에 기반한 참여 확대와 통합사회 구현"을 비전으로, ① 장애인복지서비스의 선진화 구현 ② 생애주기별 교육 지원 체계 구축 및 문화활동 확대 ③ 장애인이 일할 수 있는 사회 실현 ④ 장애 통합적 접근으로의 사회참여 확대와 장애인 권익 증진을 정책 목표로 설정하였다. 12개 부처가 참여하여 복지, 교육문화, 경제활동, 사회참여의 4대 분야에서 58개 세부 추진 과제를 선정하였다.

제3차 계획의 시행으로 장애인연금 도입, 발달장애인 지원 계획 수립, 장애인 의무고용률 상향 조정, 장애 아동 의무교육 확대, 문화바우처사업 확대, 장애인 생활체육 지원 강화, 여성장애인 어울림센터 지정·운영 그리고 「장애인활동 지원에 관한 법률」 제정, 「장애아동 복지지원법」 제정, 「장애인·고령자 등 주거약자 지원에 관한 법률」 제정, 유엔장애인권리협약 비준 및 발효 등의 성과를 거두었다. 이를 통해 장애인정책 분야별 법·제도의 기본 틀을 갖추게 되었으나 부처간 유기적 연계 부족, 장애인연금제도 도입 등에 따른 생활 안정 지원 이외 고용, 문화 등 다양한 정책 분야의 충족도 미흡, 성과 지표의 미개량화에 따른 추진 실적 평가의 어려움 등이 문제로 제기되었다.

2009년에는 장애아동 재활치료서비스를 전국에 확대실시 하였으며, 2011년에는 중증장애인 생산품 우선구매 제도를 확대 시행하여 우선구매를 품목별 비율에서 품목 제한없이 총구매액의 1%로 정하였다.

2011년에는 장애인복지법시행규칙을 일부 개정하여 장애인자동차표지발급대상을 확대하고 특수학교, 장애전담어린이집, 장애인콜택시를 추가하였다. 2013년에는 활동지원급여신청자격을 기존의 1급에서 2급까지 확대하였으며 장애인재활치료시설을 신고제로 하였다.

2013년 제4차 장애인정책종합계획(2013~2017)은 우리나라 주도의

'제3차 아태장애인 10년(인천전략)'을 성공적으로 이행하기 위해 추진 과제를 반영하고 실효성을 확보하기 위해 성과 목표에 연차별 추진 계획을 설정하였다는 데 의의가 있다. "장애인과 비장애인이 더불어 행복한 사회"를 비전으로, ① 장애인 복지·건강서비스 확대 ② 장애인 생애주기별 교육 강화 및 문화·체육 향유확대 ③ 장애인 경제 자립 기반 강화 ④ 장애인의 사회참여 및 권익 증진을 정책 목표로 설정하였다. 제4차 계획은 장애인에 한정된 기존의 정책적 관점을 비장애인으로까지 확대하여 장애인만을 위한 정책이 아니라 비장애인과 장애인이 더불어 사는 사회임을 인식시키고 이를 통해 진정한 사회참여를 이루도록 하는 것을 목표로 하였다. 12개 부처가 참여하여 복지·건강, 교육·문화, 경제활동, 사회참여·권익 증진의 4대 분야에 서 19대 중점 과제, 71개 세부 과제를 선정하여 추진하였다.

제4차 계획의 시행으로 장애인정책 예산의 지속적 확대, 장애등급제 폐지 및 맞춤형 서비스 지원 체계 시범사업 실시, 활동지원서비스 수급 자격 확대, 장애아동 발달재활서비스 및 장애아 가족 양육 지원 서비스 지원 대상 확대, 장애인연금 확대 및 인상, 장애인권익옹호기관 설치와 함께 「장애인·노인 등을 위한 보조기기 지원 및 활용촉진에 관한 법률」, 「한국수화언어법」 및 「점자법」, 「발달장애인 권리보장 및 지원에 관한 법률」, 「장애인 건강권 및 의료접근성 보장에 관한 법률」 제정 등의 성과를 거두었다. 그리고 특수학교(급) 확대 및 고등교육 지원 확충, 문화·예술·체육활동 지원 확대, 장애인 의무고용률 상향 조정 및 복지일자리 확대, 진술조력인제도 도입 등이 이루어졌다. 그러나 부처별 추진 정책의 유기적 연계, 초기 단계인 발달장애인 지원 서비스의 지속적인 대책 마련, 특수교육의 질적 개선, 장애인 고용 활성화를 위한 공공·민간 및 부처간 협력과 고용 유지, 재난 대비 안전 교육 등의 필요성이 제시되었다.

또한 2014년 5월 20일에는 발달장애인 권리보장 및 지원에 관한 법률이 통과되어 2015년부터 발효하게 됨으로서 지적장애인과 자폐성

장애인의 복지서비스가 한층 증가할 것으로 기대된다.

제5차 장애인정책종합계획(2018~2022)의 추진 방향은 정부의 국정 철학인 "모두가 누리는 포용적 복지국가"의 실현을 위해 장애인과 비장애인 간 격차 없이 자립 생활을 할 수 있는 장애인정책을 범정부 차원에서 수립·추진하는 것이다. 이에 "장애인의 자립 생활이 이루어지는 포용사회(Inclusive Society)"를 비전으로 복지·건강, 교육·문화·체육, 경제활동, 권익 및 안전, 사회참여 등 5대 분야에서 22개 중점 과제, 70개 세부 과제를 선정하였다. 궁극적인 목적은 장애인이 지역사회의 일원으로서 독립적인 생활을 할 수 있도록 하는 것이며, 향후 5년간 장애인의 자립 생활 실현을 위한 계획을 추진하는 것으로 볼 수 있다.

〈표 5-5〉는 우리나라 2000년대 이후 장애인복지를 요약한 것이다.

〈표 5-5〉 우리나라 2000년대 이후 장애인복지

연 도	명칭(법률)	설 명
2000	국가종합5개년계획	편의시설확충을 위한 국가종합 5개년 계획(2000-2004)을 수립. 시행
	장애인생산품 우선구매제도 고시. 시행	장애인생산품우선구매제도를 제정하여 시행
	장애인고용촉진 및 직업재활법개정 및 공포	중증장애인 고용촉진·직업재활강조, 국가·지자체의 고용강제, 직업재활과정을 직업지도·직업적응훈련·직업능력 개발훈련·취업알선·취업·취업후적응지도
	보장구 부가가치세 영세율 적용범위 확대	보장구 부가가치세 영세율 적용 품목을 기존 의수족, 휠체어, 보청기, 보조기, 지체장애인용 지팡이 및 목발에서 시각장애인용 흰지팡이, 청각장애인용달팽이관시스템, 성인용보행기, 욕창예방용품, 인공후두, 장애인용 기저귀까지 확대
2003	장애인생산품 시설 확대	기존 10개소에서 16개소로 확대하고
	장애범주확대	안면변형, 장루, 간, 간질, 호흡기장애 등 5종을 추가하여 현재 15종
	장애인 복지법 개정	국민기초생활보장법상의 생계 급여수급자인 장애인에게 장애수당 지급
	장애인·노인·임산부등의 편의증진보장에 관한 법률 개정	편의증진심의회설치, 장애인전용주차장 설치 의무화

연 도	명칭(법률)	설 명
2005	장애인복지법개정	장애인복지실무위원회 및 지방장애인복지위원회 신설
	장애인 · 노인 · 임산부등의 편의증진보장에 관한 법률 개정	편의시설 설치대상 시설 확대, 아파트의장애인전용 주차구역 설치 의무화 등 규정
	장애인복지법시행령을 개정	장애인 생산품 우선구매 품목 및 우선 구매비율을 확대
	5개년계획수립	제2차 편의증진국가종합 5개년계획을 수립
	장애인 · 노인 · 임산부등의 편의증진 보장에 관한법률 시행령 개정	의원 · 치과의원· 한의원· 이용원· 미용원· 교도소· 구치소등에 경사로, 장애인 화장실 등의 편의시설을 설치하도록 하고, 아파트에는 장애인 전용주차구역 설치 의무화
	장애인기업활동 촉진법 제정	장애인기업 활동 지원
2006	장애인지원종합대책 수립	장애수당. 장애아동 부양수당 등 인상, 장애학생의무교육실시 및 이동권보장등
	장애인 활동지원지원사업 시행	장애인복지법상등록1급 장애인 중 만 6세 이상만 65세미만으로 인정조사표상 일정점수(220점) 이상인 자에 대해 활동지원서비스 제공.
	장애인차별금지및권리구제등에관한법률제정공포	장애인 차별방지를 위한 근거가 마련
2009	재활치료서비스 확대	장애아동 재활치료 서비스를 전국에 확대실시
2011	중증장애인 생산품 우선구매제도 확대	우선구매를 품목별 비율에서 품목 제한없이 총 구매액의 1%로 정함
	장애인복지법시행규칙개정	장애인자동차표지발급대상을 확대하고 특수학교, 장애전담어린이집, 장애인콜택시를 추가.
2013	활동지원급여신청자격확대	기존의 장애 1급에서 2급까지 확대
2014	발달장애인 권리보장및 지원에 관한 법률 제정	지적장애인과 자폐성장애인의 복지서비스 행상 기대
2015	장애인 · 노인 등을 위한 보조기기 지원 및 활용촉진에 관한 법률 제정	장애인 등을 위한 보조기기의 지원과 활용촉진에 관한 사항을 규정
	장애인 건강권 및 의료접근성 보장에 관한 법률' 제정	장애인 건강증진, 의료서비스 접근성 보장을 위해 장애인건강주치의, 장애인건강검진기관 지정 제도 도입 등에 관한 사항 규정
2016	한국수화언어법	수어 및 점자의 보급 · 발전 · 교육 및 수어통역 지원 등에 관한 사항 규정
	점자법	
2017	장애인복지법 및 장애인활동지원법 등 개정	장애등급제 폐지 및 장애인 건강관리 지원기반 마련

제 6 장

장애인 관련법률

제 1 절 장애인복지법

1. 장애인복지법의 목적

장애인복지법의 목적은 장애인복지법 제1조에서 설명하고 있는데 "장애인의 인간다운 삶과 권리보장을 위한 국가와 지방자치단체 등의 책임을 명백히 하고, 장애발생 예방과 장애인의 의료·교육·직업재활·생활환경개선 등에 관한 사업을 정하여 장애인복지대책을 종합적으로 추진하며, 장애인의 자립생활·보호 및 수당지급 등에 관하여 필요한 사항을 정하여 장애인의 생활안정에 기여하는 등 장애인의 복지와 사회활동 참여증진을 통하여 사회통합에 이바지함을 목적으로 한다".

즉, 장애인복지법의 목적은 장애인의 인간다운 삶을 보장하는데 국가와 지방자치단체가 책임을 지고, 여러 가지 복지대책을 마련함으로서 사회통합을 이룩하고자 하는 것이다.

2. 장애인복지법의 이념

1) 장애인복지의 기본이념

장애인복지의 기본이념은 장애인복지법 제3조에 규정하고 있는데 "장애인의 완전한 사회참여와 평등을 통하여 사회통합을 이루는 데에 있다". 따라서 장애인 복지법이 정한 궁극적인 방향은 사회통합인 것이다.

2) 장애인의 권리

장애인의 권리는 장애인복지법 제4조에 규정하고 있다. 이 규정에 따르면 장애인의 권리는 사회활동에 참여할 권리, 장애인 당사자의 의견을 존중 받을 권리, 중증장애인의 보호 받을 권리, 여성장애인의 권익 보호 권리, 차별금지 권리 등이 있다. 〈표 6-1〉은 장애인복지법에 의한 장애인의 권리를 요약한 것이다. 이에 대하여 설명하면 아래와 같다.

(1) 사회활동에 참여할 권리

사회활동에 참여할 권리는 장애인복지법 제4조 1항부터 3항까지 규정하고 있는데, 이는 "장애인은 인간으로서 존엄과 가치를 존중받으며, 그에 걸맞은 대우를 받는다(제4조 제1항). 장애인은 국가·사회의 구성원으로서 정치·경제·사회·문화, 그 밖의 모든 분야의 활동에 참여할 권리를 가진다(제4조 제2항). 장애인은 장애인 관련 정책결정 과정에 우선적으로 참여할 권리가 있다(제4조 제3항)" 라고 규정하고 있다.

(2) 장애인의 의견을 존중 받을 권리

장애인의 의견을 존중 받을 권리에 대해서는 장애인 복지법 제5조에 규정하고 있는데 이는 "국가 및 지방자치단체는 장애인 정책의 결정과 그 실시에 있어서 장애인 및 장애인의 부모, 배우자, 그 밖에 장애인을 보호하는 자의 의견을 수렴하여야 한다. 이 경우 당사자의 의견수렴을 위한 참여를 보장하여야 한다"라고 규정하고 있다.

〈표 6-1〉 장애인복지법상의 장애인의 권리

장애인의 권리	법 조항	설 명
사회활동에 참여할 권리	장애인복지법 제4조 1항- 3항	인간으로서 존엄과 가치 정치·경제·사회·문화, 기타 모든 분야의 활동에 참여할 권리 장애인 관련 정책결정과정에 우선적으로 참여할 권리
장애인의 의견을 존중 받을 권리	장애인 복지법 제5조	장애인 정책의 결정과 그 실시에 장애인 및 장애인의 부모, 배우자, 그 밖에 장애인을 보호하는 자 의견 수렴
중증장애인의 보호받을 권리	장애인 복지법 제6조	중증장애인이 필요한 보호 등을 평생 받을 수 있도록 알맞은 정책 강구
여성장애인 권익보호 권리	장애인복지법 제7조	여성장애인의 권익보호, 사회참여확대를 위해 기초학습과 직업교육 등 필요한 시책 강구
차별금지 권리	장애인 복지법 제8조 1항과 2항	정치·경제·사회·문화 생활의 모든 영역에서 차별금지 비하·모욕 금지 부당한 영리행위 금지

(3) 중증장애인의 보호받을 권리

중증장애인의 보호받을 권리에 대해서는 장애인복지법 제6조에 규정하고 있는데, 이는 "국가와 지방자치단체는 장애 정도가 심하여 자립하기가 매우 곤란한 장애인(이하 "중증장애인"이라 한다)이 필요한 보호 등을 평생받을 수 있도록 알맞은 정책을 강구하여야 한다"라고 규정하고 있다. 중증장애인이란 장애의 정도가 심한 장애인을 의미한다.

(4) 여성장애인의 권익보호 권리

여성장애인 권익보호 권리에 대해서는 장애인복지법 제7조에 규정하고 있는데 이는 "국가와 지방자치단체는 여성장애인의 권익을 보호하고 사회참여를 확대하기 위하여 기초학습과 직업교육 등 필요한 시책을 강구하여야 한다"라고 규정하고 있다.

(5) 차별금지 권리

차별금지 권리는 장애인복지법 제8조 1항과 2항에서 규정하고 있는데 이는 "누구든지 장애를 이유로 정치·경제·사회·문화 생활의 모든 영역에서 차별을 받지 아니하고, 누구든지 장애를 이유로 정치·경제·사회·문화 생활의 모든 영역에서 장애인을 차별하여서는 아니 된다(제1항)", "누구든지 장애인을 비하·모욕하거나 장애인을 이용하여 부당한 영리행위를 하여서는 아니 되며, 장애인의 장애를 이해하기 위하여 노력하여야 한다(제2항)"로 규정하고 있다.

3. 장애인에 대한 국가·사회적 책임

1) 국가·지방자치단체의 책임

장애인복지법 제9조에서는 국가와 지방자치단체의 책임을 규정하고 있는데 이는, "국가와 지방자치단체는 장애 발생을 예방하고, 장애의 조기 발견에 대한 국민의 관심을 높이며, 장애인의 자립을 지원하고, 보호가 필요한 장애인을 보호하여 장애인의 복지를 향상시킬 책임을 진다(제1항)", "국가와 지방자치단체는 여성 장애인의 권익을 보호하기 위하여 정책을 강구하여야 한다(제2항)", "국가와 지방자치단체는 장애인복지정책을 장애인과 그 보호자에게 적극적으로 홍보하여야 하며, 국민이 장애인을 올바르게 이해하도록 하는 데에 필요한 정책을 강구하여야 한다(제3항)"로 규정하고 있다.

2) 국민의 책임

장애인복지법 제10조에서는 장애인에 대한 국민의 책임에 대하여 규정하고 있는데 이는, "모든 국민은 장애 발생의 예방과 장애의 조기 발견을 위하여 노력하여야 하며, 장애인의 인격을 존중하고 사회통합의 이념에 기초하여 장애인의 복지향상에 협력하여야 한다"라고 규정하고 있다.

즉, 장애예방, 조기발견, 인격존중, 복지향상노력을 강조하고 있다.

4. 장애인정책의 종합계획 및 체계

1) 장애인복지 정책의 종합계획

장애인복지법 제10조에 의하면, “보건복지부장관은 장애인의 권익과 복지증진을 위하여 관계 중앙행정기관의 장과 협의하여 5년마다 장애인정책종합계획을 수립·시행하여야 한다”라고 의무조항으로 규정하고 있고, 장애인 정책 종합계획에서는 다음과 같은 사항을 담아야한다(제10조의 2).

- 장애인의 복지에 관한 사항
- 장애인의 교육문화에 관한 사항
- 장애인의 경제활동에 관한 사항
- 장애인의 사회참여에 관한 사항
- 그 밖에 장애인의 권익과 복지증진을 위하여 필요한 사항

이 법에 따르면, 장애인 복지 전반 및 개인, 교육문화, 경제활동, 사회참여, 권익 및 복지증진 모두를 망라하고 있다.

2) 장애인복지 체계

장애인복지담당은 장애인복지 체계를 법률로 정한 것으로서 이는 가장 상위기구부터 장애인 정책조정위원회, 장애인 정책책임관, 지방장애인복지위원회, 장애인복지상담원 등이 있다. 이를 설명하면 아래와 같다.

(1) 장애인정책조정위원회

장애인 정책조정위원회는 총리 산하의 위원회로서 장애인을 위한

종합정책을 수립하고 관계 부처 간의 의견을 조정하며 그 정책의 이행을 감독・평가하기 위한 기구이다.

(2) 장애인정책책임관

장애인 정책 책임관은 장애인복지법 제12조에 규정하고 있는데 이는, "중앙행정기관의 장은 해당 기관의 장애인정책을 효율적으로 수립・시행하기 위하여 소속공무원 중에서 장애인정책책임관을 지정할 수 있다"라고 규정하고 있다.

(3) 지방장애인복지위원회

지방장애인복지위원회는 지방자치단체에 두는 것으로서 장애인복지 사업을 기획・조사・실시하는 데 필요한 사항을 심의하기 위해 지방자치단체에 지방장애인복지위원회를 두는 것이다.

(4) 장애인복지상담원

장애인복지상담원은 복지 현장에서 장애인의 복지 향상을 위한 상담・지원 등의 업무를 담당하는 사람을 의미하는데 이들 장애인복지상담원은 시・군・구에 배치하며, 이들은 업무 수행 시 개인의 인격을 존중하게 하며, 업무 상 알게 된 개인의 신상 정보는 비밀을 유지하여야 한다.

5. 국가와 지방자치단체의 책무

장애인복지법에서는 국가와 지방자치단체의 책무를 15가지로 지정하여 규정하고 있는데, 이들을 살펴보면 아래와 같다. 〈표 6-2〉는 장애인복지법상의 국가와 지방자치단체의 책무를 요약한 것이다.

〈표 6-2〉 장애인복지법상의 국가와 지방자치단체의 책무

책 무	조 항	설 명
장애발생의 예방	제17조	-장애의 발생 원인과 예방에 관한 조사 연구 -모자보건사업의 강화 -조기 발견과 조기 치료 -교통사고·산업재해·약물중독 및 환경오염 등에 의한 장애예방을 위한 조치강구
의료와 재활치료	제18조	-기능치료와 심리치료 등 재활의료 제공 -장애인보조기구 제공 등 필요한 정책 강구
사회적응훈련	제19조	-사회적응 훈련을 실시
교육	제20조	-장애인이 교육받을 수 있도록 교육 내용과 방법 개선 -장애인의 교육에 관한 조사·연구 -전문 진로교육을 실시 제도 강구 -장애를 이유로 입학 지원을 거부 금지 -입학과 수학(修學)등에 편의제공
직업 및 고용지원	제21조	-직업 지도, 직업능력 평가, 직업 적응훈련, 직업훈련, 취업 알선, 고용 및 취업 후 지도 -적합한 직종과 재활사업에 관한 조사·연구 촉진
정보접근권 보장	제22조	-전기통신·방송시설 등을 개선 -청각장애인을 위한 수화 또는 폐쇄자막과 시각장애인을 위한 화면해설 또는 자막해설 등 방영 -점자도서와 음성도서 등 보급
편의시설 제공	제23조	-공공시설과 교통수단 보장 -수화통역·안내보조 등 인적서비스 제공
장애에 대한 사회적 인식개선	제25조	-장애인에 대한 인식개선을 위한 교육 및 공익광고 등 홍보사업 실시 -「초·중등교육법」에 따른 학교에서 사용하는 교과용 도서에 장애인에 대한 인식개선을 위한 내용 포함
선거권 행사를 위한 편의제공	제26조	-장애인이 선거권을 행사하는 데에 불편함이 없도록 편의시설·설비 설치 -선거권 행사 홍보, -선거용 보조기구를 개발·보급
안전대책 강구	제24조	-시각·청각 장애인과 이동이 불편한 장애인을 위하여 피난용 통로를 확보 -점자·음성·문자 안내판을 설치 -긴급 통보체계를 마련
주택보급	제27조	-공공주택 우선 분양 또는 임대 -주택 구입자금·임차자금 또는 개·보수비용의 지원 -장애인의 일상생활에 적합한 주택의 보급·개선 시책강구
문화환경 정비 등	제28조	-관련 시설 및 설비, 그 밖의 환경을 정비 -문화생활과 체육활동 등 지원

복지연구 등의 진흥	제29조	-장애인정책개발 등을 위하여 필요한 정책 강구 -재단법인 한국장애인개발원을 설립
경제적 부담의 경감	제30조	-세제상의 조치, 공공시설 이용료 감면, 그 밖에 필요한 정책 강구 -장애인과 장애인을 보호하기 위하여 동행하는 자의 운임 등을 감면
장애인복지 전문인력의 양성	제71조	-의지·보조기 기가, 언어재활사, 수화통역사, 점역(點譯)·교정사 등 장애인복지 전문인력, 그 밖에 장애인복지에 관한 업무에 종사하는 자 양성·훈련

1) 장애발생의 예방

장애발생의 예방에 대해서는 장애인복지법 제17조에 규정하고 있는데 이는, "국가와 지방자치단체는 장애의 발생 원인과 예방에 관한 조사 연구를 촉진하여야 하며, 모자보건사업의 강화, 장애의 원인이 되는 질병의 조기 발견과 조기 치료, 그 밖에 필요한 정책을 강구하여야 하며, 교통사고·산업재해·약물중독 및 환경오염 등에 의한 장애발생을 예방하기 위하여 필요한 조치를 강구하여야 한다"라고 규정하고 있다.

2) 의료와 재활치료

의료와 재활치료에 대해서는 장애인복지법 제18조에 규정하고 있는데 이는, "국가와 지방자치단체는 장애인이 생활기능을 익히거나 되찾을 수 있도록 필요한 기능치료와 심리치료 등 재활의료를 제공하고 장애인의 장애를 보완할 수 있는 장애인보조기구를 제공하는 등 필요한 정책을 강구하여야 한다"라고 규정하고 있다.

3) 사회적응훈련

사회적응훈련에 대해서는 장애인복지법 제19조에 규정하고 있는데 이는, "국가와 지방자치단체는 장애인이 재활치료를 마치고 일상생활이나 사회생활을 원활히 할 수 있도록 사회적응 훈련을 실시하여야 한다"라고 규정하고 있다.

4) 교육

교육에 대해서는 장애인복지법 제20조에 규정하고 있는데 이는, "국가와 지방자치단체는 사회통합의 이념에 따라 장애인이 연령·능력·장애의 종류 및 정도에 따라 충분히 교육받을 수 있도록 교육 내용과 방법을 개선하는 등 필요한 정책을 강구하여야 하며, 장애인의 교육에 관한 조사·연구를 촉진하여야 한다.

또한 장애인에게 전문 진로교육을 실시하는 제도를 강구하여야 하며, 각급 학교의 장은 교육을 필요로 하는 장애인이 그 학교에 입학하려는 경우 장애를 이유로 입학 지원을 거부하거나 입학시험 합격자의 입학을 거부하는 등의 불리한 조치를 하여서는 아니 된다. 모든 교육기관은 교육 대상인 장애인의 입학과 수학(修學) 등에 편리하도록 장애의 종류와 정도에 맞추어 시설을 정비하거나 그 밖에 필요한 조치를 강구하여야 한다"라고 규정하고 있다.

5) 직업 및 고용 지원

직업 및 고용지원에 대해서는 장애인복지법 제21조에 규정하고 있는데 이는, "국가와 지방자치단체는 장애인이 적성과 능력에 맞는 직업에 종사할 수 있도록 직업 지도, 직업능력 평가, 직업 적응훈련, 직업훈련, 취업 알선, 고용 및 취업 후 지도 등 필요한 정책을 강구하여야 하며, 장애인 직업재활훈련이 원활히 이루어질 수 있도록 장애인에게 적합한 직종과 재활사업에 관한 조사·연구를 촉진하여야 한다"라고 규정하고 있다.

6) 정보 접근권 보장

정보접근권 보장에 대해서는 장애인복지법 제22조에 규정하고 있는데 이는, "국가와 지방자치단체는 장애인이 정보에 원활하게 접근하고 자신의 의사를 표시할 수 있도록 전기통신·방송시설 등을 개선하기 위하여 노력하여야 하며, 방송국의 장 등 민간 사업자에게 뉴스와 국가적 주요 사항의 중계 등 대통령령으로 정하는 방송 프로그램에 청각장애인을 위한 수화 또는 폐쇄자막과 시각장애인을 위한 화면해설 또는 자막해설 등을 방영하도록 요청하여야 한다.

또한 국가적인 행사, 그 밖의 교육·집회 등 대통령령으로 정하는 행사를 개최하는 경우에는 청각장애인을 위한 수화통역 및 시각장애인을 위한 점자 또는 점자·음성변환용 코드가 삽입된 자료 등을 제공하여야 하며 민간이 주최하는 행사의 경우에는 수화통역과 점자 또는 점자·음성변환용 코드가 삽입된 자료 등을 제공하도록 요청할 수 있다. 요청을 받은 방송국의 장 등 민간 사업자와 민간 행사 주최자는 정당한 사유가 없으면 그 요청에 따라야 한다. 국가와 지방자치단체는 시각장애인이 정보에 쉽게 접근할 수 있도록 점자도서와 음성도서 등을 보급하기 위하여 노력하여야 하며, 장애인의 특성을 고려하여 정보통신망 및 정보통신기기의 접근·이용에 필요한 지원 및 도구의 개발·보급 등 필요한 시책을 강구하여야 한다"라고 규정하고 있다.

7) 편의시설 제공

편의시설 제공에 대해서는 장애인복지법 제23조에 규정하고 있는데 이는, "국가와 지방자치단체는 장애인이 공공시설과 교통수단 등을 안전하고 편리하게 이용할 수 있도록 편의시설의 설치와 운영에 필요한 정책을 강구하여야 하며, 공공시설 등 이용편의를 위하여 수화통역·안내보조 등 인적서비스 제공에 관하여 필요한 시책을 강구하여야 한다"라고 규정하고 있다.

8) 안전대책 강구

안전대책 강구에 대해서는 장애인복지법 제24조에 규정하고 있는데 이는, "국가와 지방자치단체는 추락사고 등 장애로 인하여 일어날 수 있는 안전사고와 비상재해 등에 대비하여 시각·청각 장애인과 이동이 불편한 장애인을 위하여 피난용 통로를 확보하고, 점자·음성·문자 안내판을 설치하며, 긴급 통보체계를 마련하는 등 장애인의 특성을 배려한 안전대책 등 필요한 조치를 강구하여야 한다"라고 규정하고 있다.

9) 장애에 대한 사회적 인식개선

장애에 대한 사회적 인식개선에 대해서는 장애인복지법 제25조에 규정하고 있는데 이는, "국가와 지방단체는 학생, 공무원, 근로자, 그 밖의 일반국민 등을 대상으로 장애인에 대한 인식개선을 위한 교육 및 공익광고 등 홍보사업을 실시하여야 하며, 국가는 「초·중등교육법」에 따른 학교에서 사용하는 교과용 도서에 장애인에 대한 인식개선을 위한 내용이 포함되도록 하여야 한다"라고 규정하고 있다.

10) 선거권 행사를 위한 편의제공

선거권 행사를 위한 편의제공에 대해서는 장애인복지법 제26조에 규정하고 있는데 이는, "국가와 지방자치단체는 장애인이 선거권을 행사하는 데에 불편함이 없도록 편의시설·설비를 설치하고, 선거권 행사에 관하여 홍보하며, 선거용 보조기구를 개발·보급하는 등 필요한 조치를 강구하여야 한다"라고 규정하고 있다.

11) 주택 보급

주택보급에 대해서는 장애인복지법 제27조에 규정하고 있는데 이는, "국가와 지방자치단체는 공공주택 등 주택을 건설할 경우에는 장애인에게 장애 정도를 고려하여 우선 분양 또는 임대할 수 있도록 노력하여야 하며, 주택의 구입자금·임차자금 또는 개·보수비용의 지원 등 장애인의 일상생활에 적합한 주택의 보급·개선에 필요한 시책을 강구하여야 한다"라고 규정하고 있다.

12) 문화환경 정비 등

문화환경 정비 등에 대해서는 장애인복지법 제28조에 규정하고 있는데 이는, "국가와 지방자치단체는 장애인의 문화생활과 체육활동을 늘리기 위하여 관련 시설 및 설비, 그 밖의 환경을 정비하고 문화생활과 체육활동 등을 지원하도록 노력하여야 한다"라고 규정하고 있다.

13) 복지 연구 등의 진흥

복지연구 등의 진흥에 대해서는 장애인복지법 第29조에 규정하고 있는데 이는, "국가와 지방자치단체는 장애인복지의 종합적이고 체계적인 조사·연구·평가 및 장애인 체육활동 등 장애인정책개발 등을 위하여 필요한 정책을 강구하여야 하며, 장애인 관련 조사·연구 수행 및 정책개발·복지진흥·재활체육진흥 등을 위하여 재단법인 한국장애인개발원을 설립한다. 이 때 개발원의 사업과 활동은 정관으로 정한다. 국가와 지방자치단체는 개발원 운영에 필요한 비용을 보조할 수 있으며, 「조세특례제한법」에서 정하는 바에 따라 조세를 감면하고 개발원에 기부된 재산에는 소득계산의 특례를 적용한다"라고 규정하고 있다.

14) 경제적 부담의 경감

경제적 부담의 경감에 대해서는 장애인복지법 第30조에 규정하고 있는데 이는, "국가와 지방자치단체, 「공공기관의 운영에 관한 법률」 제4조에 따른 공공기관, 「지방공기업법」에 따른 지방공사 또는 지방공단은 장애인과 장애인을 부양하는 자의 경제적 부담을 줄이고 장애인의 자립을 촉진하기 위하여 세제상의 조치, 공공시설 이용료 감면, 그 밖에 필요한 정책을 강구하여야 하며, 장애인과 장애인을 부양하는 자의 경제적 부담을 줄이고 장애인의 자립을 돕기 위하여 장애인과 장애인을 보호하기 위하여 동행하는 자의 운임 등을 감면하는 정책을 강구하여야 한다"라고 규정하고 있다.

15) 장애인복지 전문인력의 양성

장애인복지 전문인력의 양성에 대해서는 장애인복지법 제71조에 규정하고 있는데 이는, "국가와 지방자치단체 그 밖의 공공단체는 의지 · 보조기 기사, 언어재활사, 수화통역사, 점역(點譯) · 교정사 등 장애인복지 전문인력, 그 밖에 장애인복지에 관한 업무에 종사하는 자를 양성 · 훈련하는 데에 노력해야 한다"라고 규정하고 있다.

6. 장애인을 위한 복지서비스

장애인복지법에 의한 장애인을 위한 복지서비스는 장애인복지법 제34조부터 제43조까지 규정되어 있다. 이는 재활상담을 비롯한 여러 가지가 있다. 이를 설명하면 아래와 같다. 〈표 6-3〉은 이를 요약한 것이다.

〈표 6-3〉 장애인복지법에 의한 복지서비스

서비스	조 항	설 명
재활상담	제34조	-검진 및 재활상담 -주거편의 · 상담 · 치료 · 훈련 등 서비스를 받는 시설이나 의료기관 방문 상담 실시
재활 및 자립지원 서비스 제공	제35조	-장애 유형 · 장애 정도별로 재활 및 자립지원 서비스 제공
의료비 지급	제36조	-의료비의 부담이 어려운 장애인에게 의료비용 지급
산후조리도우미 지원	제37조	-여성장애인의 산전 · 산후 조리 도우미 지원
자녀교육비 지원	제38조	-장애인이 부양하는 자녀 또는 장애인 자녀의 교육비 지급
장애인이 사용하는 자동차 등에 대한 지원	제39조	-자동차 조세감면 -장애인사용자동차표지 발급
장애인보조견의 훈련, 보급지원등	제40조	-장애인보조견훈련, 보급지원
자금 대여등	제41조	-사업비 및 사업을 준비하기 위한 자금 대여
생업 지원	제42조	-공공시설 내 매점이나 자동판매기, 담배소매인, 우표류 판매업, 우선권 부여
자립훈련비지급	제43조	-장애인의 자립훈련비 지급
장애수당	제49조	-장애수당 지급
장애아동수당과 보호수당	제50조	-장애아동수당 지급 -장애인의 보호자에게 보호수당 지급

1) 재활상담

재활상담은 장애인복지법 제34조에 규정하고 있는데 이 내용은 장애인에 대한 검진 및 재활상담을 하고, 필요한 경우, 장애인복지상담원을 해당 장애인의 가정 또는 장애인이 주거편의 · 상담 · 치료 · 훈련 등의 서비스를 받는 시설이나 의료기관을 방문하여 상담하는 일을 하게 된다.

2) 재활 및 자립지원 서비스 제공

재활 및 자립지원서비스 제공은 장애인복지법 제35조에 규정되어 있는데 내용을 정리하여 보면 장애인의 일상생활 지원과 사회활동 참여 증진을 위하여 장애 유형 · 장애 정도별로 재활 및 자립지원 서비스를 제공한다는 것이다.

3) 의료비 지급

의료비지급은 장애인복지법 제36조에 규정되어 있는데 그 내용은 장애인복지실시기관은 의료비의 부담이 어려운 장애인의 상황에 따른 의료비용을 지급할 수 있다는 것이다.

4) 산후조리도우미 지원

산후조리도우미 지원은 장애인복지법 제37조에 규정되어 있는데 그 내용은 임산부인 여성장애인과 신생아의 건강관리를 위하여 경제적 부담능력 에 따라 여성장애인의 가정을 방문하여 산전 · 산후 조리를 돕는 도우미(이하 "산후조리도우미"라 한다)를 지원할 수 있다는 것이다.

5) 자녀교육비 지원

자녀교육비지원은 장애인복지법 제38조에 규정되어 있는데 그 내용은 장애인복지실시기관은 장애인의 경제적 부담능력 등을 고려하여 장애인이 부양하는 자녀 또는 장애인인 자녀의 교육비를 지급할 수 있다는 것이다.

6) 장애인이 사용하는 자동차 등에 대한 지원

장애인이 사용하는 자동차 등에 대한 지원은 장애인복지법 제39조에 규정되어 있는데 그 내용은 장애인이 이동의 불편함이 없이 자동차를 편리하게 사용할 수 있도록 하고, 조세감면 등의 정책을 통하여 경제적 부담을 줄이기 위한 지원을 한다. 이를 위하여 시장·군수·구청장은 장애인이 이용하는 자동차임을 알아볼 수 있도록 장애인사용자동차표지를 발급하여야 한다는 것이다.

7) 장애인보조견의 훈련·보급지원 등

장애인보조견의 훈련·보급지원 등은 장애인복지법 제40조에 규정되어 있는데 그 내용은 국가와 지방자치단체는 장애인의 복지향상을 위하여 장애인을 보조할 장애인 보조견의 훈련·보급을 지원하는 방안을 강구하여야 한다고 정하고 있다.

8) 자금 대여 등

자금대여등은 장애인복지법 제41조에 규정되어 있는데 그 내용은 장애인이 사업을 시작하거나, 필요한 지식과 기능을 익히는 것 등을 지원하기 위하여 자금을 대여할 수 있다는 것이다.

9) 생업 지원

생업 지원은 장애인복지법 제42조에 규정되어 있는데 그 내용은 공공시설 내 매점이나 자동판매기 설치의 허가·위탁할 때, 그리고 담배소매인으로 지정 신청을 할 때, 또는 우표류 판매업 계약을 신청할 때 장애인에게 우선권을 주며, 허가·위탁 또는 지정 등을 받은 자는 특별한 사유가 없으면 직접 그 사업을 하여야 한다는 것이다.

10) 자립훈련비 지급

자립훈련비지급은 장애인복지법 제43조에 규정되어 있는데 그 내용은 장애인복지실시기관은 장애인복지시설에서 주거편의, 상담, 치료, 훈련 등을 받도록 하거나 위탁한 장애인에 대하여 그 시설에서 훈련을 효과적으로 받는데 필요하다고 인정되면 자립훈련비를 지급할 수 있으며, 특별한 사정이 있으면 훈련비 지급을 대신하여 물건으로 지급할 수 있다는 것이다.

11) 장애수당

장애수당은 장애인복지법 제49조에 규정되어 있는데 그 내용은 장애인의 장애 정도와 경제적 수준을 고려하여 장애수당을 지급할 수 있다는 것이다.

12) 장애아동수당과 보호수당

장애아동수단과 보조수당은 장애인복지법 제50조에 규정되어 있는데 그 내용은 장애아동에게 보호자의 경제적 생활수준과 장애아동의 장애 정도를 고려하여 장애아동수당을 지급할 수 있으며, 장애인의 보호자에게 보호수당을 지급할 수 있다는 것이다.

7. 자립생활의 지원

1) 자립생활 지원

장애인복지법 제53조에서는 장애인의 자립생활에 대하여 규정하고 있는 데 이는 "국가와 지방자치단체는 중증장애인의 자기결정에 의한 자립생활을 위하여 활동지원사의 파견 등 활동지원서비스 또는 장애인 보조기구의 제공, 그 밖의 각종 편의 및 정보제공 등 필요한 시책을 강구하여야 한다"라고 규정하고 있다.

2) 중증장애인자립생활지원센터

중증장애인 자립지원센터는 장애인복지법제 54조에 규정하고 있는데 이는, "국가와 지방자치단체는 중증장애인의 자립생활을 실현하기 위하여 중증장애인자립생활지원센터를 통하여 필요한 각종 지원서비스를 제공한다". 그리고 이에 대한 구체적 내용은 보건복지부령에 따른다고 규정하고 있다.

3) 활동지원급여의 지원

활동지원급여의 지원은 장애인복지법 제55조에 규정하고 있는데 이는 "국가와 지방자치단체는 중증장애인이 일상생활 또는 사회생활을 원활히 할 수 있도록 활동지원급여를 지원할 수 있다. 국가 및 지방자치단체는 임신 등으로 인하여 이동이 불편한 여성장애인에게 임신 및 출산과 관련한 진료 등을 위하여 경제적 부담능력 등을 감안하여 활동지원사의 파견 등 활동지원서비스를 지원할 수 있다"라고 규정되어 있다.

4) 장애동료 간 상담

장애동료 간 상담에 대해서는 장애인복지법 제56조에 규정되어 있는데 이는 "국가와 지방자치단체는 장애인이 장애를 극복하는 데 도움이 되도록 장애동료 간 상호대화나 상담의 기회를 제공하도록 노력하여야 한다"라고 규정하고 이에 따른 구체적인 사업 등에 관하여는 보건복지부령에 따른다고 규정하고 있다.

8. 장애인복지시설의 유형

장애인 복지시설의 유형은 장애인복지법 제58조에 규정되어 있는데 이를 요약하면 〈표 6-4〉와 같다. 장애인 거주시설은 장애인이 가정이 아닌 시설에서 거주하는 형태를 의미하고, 장애인지역사회재활시설은 장애인을 전문적으로 치료, 재활하거나 일상생활을 지원하는 시설을 의미한다. 그리고 장애인직업재활시설은 일반 직업생활이 아니라 장애인만을 위한 시설로서 직업훈련이나 직업생활을 하는 시설로서 보호작업장이 이에 해당한다. 장애인 의료재활시설은 의료재활서비스를 받는 시설을 의미한다.

〈표 6-4〉 장애인 복지시설의 유형

유 형	내 용
장애인 거주시설	거주공간을 활용하여 일반가정에서 생활하기 어려운 장애인에게 일정 기간 동안 거주·요양·지원 등의 서비스를 제공하는 동시에 지역사회생활을 지원하는 시설
장애인 지역사회재활시설	장애인을 전문적으로 상담·치료·훈련하거나 장애인의 일상생활, 여가활동 및 사회참여활동 등을 지원하는 시설
장애인직업재활시설	일반 작업환경에서는 일하기 어려운 장애인이 특별히 준비된 작업환경에서 직업훈련을 받거나 직업 생활을 할 수 있도록 하는 시설
장애인의료재활시설	장애인을 입원 또는 통원하게 하여 상담, 진단·판정, 치료 등 의료재활서비스를 제공하는 시설

제 2 절 장애인차별금지 및 권리구제등에 관한 법률

장애인차별금지 및 권리구제에 관한 법률은 흔히 장애인차별금지법으로 불린다, 또한 약어로 장차법이라고도 한다. 여기서는 장애인차별금지법이란 명칭을 사용할 것인데 법률상 오해가 없기 바란다.

1. 장애인차별금지법의 목적

장애인차별금지법의 목적은 장애인차별금지법 제1조에 밝히고 있는 이는 "모든 생활영역에서 장애를 이유로 한 차별을 금지하고 장애를 이유로 차별받은 사람의 권익을 효과적으로 구제함으로써 장애인의 완전한 사회참여와 평등권 실현을 통하여 인간으로서의 존엄과 가치를 구현함을 목적으로 한다"고 규정하고 있다.

2. 차별행위

장애인 차별금지에 있어 어떤 행동이 차별 행동인가에 대한 정의는 장애인 차별금지법 제4조에서 규정하고 있다. 이를 살펴보면 아래와 같다.

- 장애인을 장애를 사유로 정당한 사유 없이 제한·배제·분리·거부 등에 의하여 불리하게 대하는 경우
- 장애인에 대하여 형식상으로는 제한·배제·분리·거부 등에 의하여 불리하게 대하지 아니하지만 정당한 사유 없이 장애를 고려하지 아니하는 기준을 적용함으로써 장애인에게 불리한 결과를

초래하는 경우

- 정당한 사유 없이 장애인에 대하여 정당한 편의 제공을 거부하는 경우
- 정당한 사유 없이 장애인에 대한 제한·배제·분리·거부 등 불리한 대우를 표시·조장하는 광고를 직접 행하거나 그러한 광고를 허용·조장하는 경우. 이 경우 광고는 통상적으로 불리한 대우를 조장하는 광고효과가 있는 것으로 인정되는 행위를 포함한다.
- 장애인을 돕기 위한 목적에서 장애인을 대리·동행하는 자(장애아동의 보호자 또는 후견인, 그 밖에 장애인을 돕기 위한 자임이 통상적으로 인정되는 자를 포함한다. 이하 "장애인 관련자"라 한다)에 대하여 제1호부터 제4호까지의 행위를 하는 경우. 이 경우 장애인 관련자의 장애인에 대한 행위 또한 이 법에서 금지하는 차별행위 여부의 판단대상이 된다.
- 보조견 또는 장애인보조기구 등의 정당한 사용을 방해하거나 보조견 및 장애인보조기구 등을 대상으로 제4호에 따라 금지된 행위를 하는 경우

여기에서 "정당한 편의"라 함은 장애인이 장애가 없는 사람과 동등하게 같은 활동에 참여할 수 있도록 장애인의 성별, 장애의 유형 및 정도, 특성 등을 고려한 편의시설·설비·도구·서비스 등 인적·물적 제반 수단과 조치를 말한다.

그러나 장애인차별금지법 제4조 3항에서는 위 차별행위에도 불구하고 차별로 보지 아니하는 경우를 규정으로 정하고 있다 이는 아래와 같다.

- 금지된 차별행위를 하지 않음에 있어서 과도한 부담이나 현저히 곤란한 사정 등이 있는 경우

- 금지된 차별행위가 특정 직무나 사업 수행의 성질상 불가피한 경우(이 경우 특정 직무나 사업 수행의 성질은 교육 등의 서비스에도 적용되는 것으로 본다).
- 장애인의 실질적 평등권을 실현하고 장애인에 대한 차별을 시정하기 위하여 이 법 또는 다른 법령 등에서 취하는 적극적 조치

3. 고용에서의 차별금지

1) 의의

장애인차별금지법 제10조에 의하면 사용자는 모집·채용, 임금 및 복리후생, 교육·배치·승진·전보, 정년·퇴직·해고에 있어 장애인을 차별하여서는 아니 되며, 노동조합은 장애인 근로자의 조합 가입을 거부하거나 조합원의 권리 및 활동에 차별을 두어서는 아니 된다고 규정하고 있다.

2) 정당한 편의제공 의무

장애인차별금지법 제11조에 의하면 사용자는 장애인이 해당 직무를 수행함에 있어서 장애인 아닌 사람과 동등한 근로조건에서 일할 수 있도록 정당한 편의를 제공하여야 한다. 여기서 정당한 편의제공 내용은 아래와 같다.

- 시설·장비의 설치 또는 개조
- 재활, 기능평가, 치료 등을 위한 근무시간의 변경 또는 조정
- 훈련 제공 또는 훈련에 있어 편의 제공
- 지도 매뉴얼 또는 참고자료의 변경
- 시험 또는 평가과정의 개선
- 화면낭독·확대 프로그램, 무지점자단말기, 확대 독서기, 인쇄물음성변환출력기 등 장애인보조기구의 설치·운영과 낭독자, 수화

통역자 등의 보조인 배치

또한 사용자는 정당한 사유 없이 장애를 이유로 장애인의 의사에 반하여 다른 직무에 배치하여서는 아니 된다.

3) 의학적 검사의 금지

장애인차별금지법 제12조에 의하면 사용자는 채용 이후에 직무의 본질상 요구되거나 직무배치 등을 위하여 필요한 경우를 제외하고는 채용 이전에 장애인 여부를 조사하기 위한 의학적 검사를 실시하여서는 아니 된다.

만일 사전에 의학적 검사를 실시할 경우 그 비용은 원칙적으로 사용자가 부담하고 이 때 취득한 장애인의 건강상태나 장애 또는 과거 장애경력 등에 관한 개인정보를 누설하여서는 아니 된다고 규정하고 있다.

4. 교육에서의 차별금지

1) 의의

장애인차별금지법 제13조에서는 교육에서의 차별금지를 규정하고 있는데 이를 살펴보면 교육책임자는 장애인의 입학 지원 및 입학을 거부할 수 없고, 전학을 강요할 수 없으며, 「영유아보육법」에 따른 어린이집, 「유아교육법」및 「초·중등교육법」에 따른 각급 학교는 장애인이 당해 교육기관으로 전학하는 것을 거절하여서는 아니 된다.

또한 교육책임자는 당해 교육기관에 재학 중인 장애인 및 그 보호자가 이후 언급할 정당한 편의 제공을 요청할 때 정당한 사유 없이 이를 거절하여서는 아니 된다.

그리고 교육책임자는 특정 수업이나 실험·실습, 현장견학, 수학여행 등 학습을 포함한 모든 교내외 활동에서 장애를 이유로 장애인의 참여를 제한, 배제, 거부하여서는 아니 되며 취업 및 진로교육, 정보제공에 있어서 장애인의 능력과 특성에 맞는 진로교육 및 정보를 제공하여야 한다.

교육책임자 및 교직원은 교육기관에 재학 중인 장애인 및 장애인 관련자, 특수교육교원, 특수교육보조원, 장애인 관련 업무 담당자를 모욕하거나 비하하여서는 아니 되며 교육책임자는 장애인의 입학 지원 시 장애인 아닌 지원자와 달리 추가 서류, 별도의 양식에 의한 지원 서류 등을 요구하거나, 장애인의 특성을 고려한 교육시행을 목적으로 함이 명백한 경우를 제외하고는 장애인만을 대상으로 한 별도의 면접이나 신체검사, 추가시험 등을 요구하여서는 아니 된다.

2) 정당한 편의제공 의무

장애인차별금지법 제14조에 의하면 교육책임자는 당해 교육기관에 재학 중인 장애인의 교육활동에 불이익이 없도록 다음 사항을 적극적으로 강구하고 제공하여야 한다. 이는 장애인의 정당한 편의제공 요구사항이다.

- 장애인의 통학 및 교육기관 내에서의 이동 및 접근에 불이익이 없도록 하기 위한 각종 이동용 보장구의 대여 및 수리
- 장애인 및 장애인 관련자가 필요로 하는 경우 교육보조인력의 배치
- 장애로 인한 학습 참여의 불이익을 해소하기 위한 확대 독서기, 보청기기, 높낮이 조절용 책상, 각종 보완·대체 의사소통 도구 등의 대여 및 보조견의 배치나 휠체어의 접근을 위한 여유 공간 확보
- 시·청각 장애인의 교육에 필요한 수화통역, 문자통역(속기), 점자자료, 자막, 큰 문자자료, 화면낭독·확대프로그램, 보청기기, 무지점자단말기, 인쇄물음성변환출력기를 포함한 각종 장애인보조기구 등 의사소통 수단
- 교육과정을 적용함에 있어서 학습진단을 통한 적절한 교육 및 평

가방법의 제공

- 그 밖에 장애인의 교육활동에 불이익이 없도록 하는 데 필요한 사항으로서 대통령령으로 정하는 사항

5. 재화와 용역의 제공에 있어서의 차별금지

1) 의의

장애인차별금지법 제15조에서는 재화와 용역의 제공에 있어서 장애인 차별금지에 대해 규정하고 있다. 이 규정에 따르면 재화·용역 등의 제공자는 장애인에 대하여 장애를 이유로 장애인 아닌 사람에게 제공하는 것과 실질적으로 동등하지 않은 수준의 편익을 가져다주는 물건, 서비스, 이익, 편의 등을 제공하여서는 아니 된다. 또 장애인이 해당 재화·용역 등을 이용함으로써 이익을 얻을 기회를 박탈하여서는 아니 된다.

2) 토지 및 건물의 매매·임대 등에 있어서의 차별금지

장애인차별금지법 제16조에서는 토지 및 건물의 매매·임대 등에 있어서의 차별금지를 규정하고 있는데 이에 따르면, 토지 및 건물의 소유·관리자는 당해 토지 및 건물의 매매, 임대, 입주, 사용 등에 있어서 정당한 사유 없이 장애인을 제한·분리·배제·거부하여서는 아니 된다.

3) 금융상품 및 서비스 제공에 있어서의 차별금지

장애인차별금지법 제17조에서는 금융상품 및 서비스 제공에 있어서의 차별금지를 규정하고 있는데 이 법에 따르면 금융상품 및 서비스의 제공자는 금전대출, 신용카드 발급, 보험가입 등 각종 금융상품과 서비스의 제공에 있어서 정당한 사유 없이 장애인을 제한·배제·분리·거부하여서는 아니 된다.

4) 시설물 접근 · 이용의 차별금지

장애인차별금지법 제18조에서는 시설물 접근·이용의 차별금지를 법으로 정하고 있는데 이에 따르면 시설물의 소유·관리자는 장애인이 당해 시설물을 접근·이용하거나 비상시 대피함에 있어서 장애인을 제한·배제·분리·거부하여서는 아니 된다.

또 시설물의 소유·관리자는 보조견 및 장애인보조기구 등을 시설물에 들여오거나 시설물에서 사용하는 것을 제한·배제·분리·거부하여서는 아니 된다.

그리고 시설물의 소유·관리자는 장애인이 당해 시설물을 접근·이용하거나 비상시 대피함에 있어서 피난 및 대피시설의 설치 등 정당한 편의의 제공을 정당한 사유 없이 거부하여서는 아니 된다.

5) 기타 차별금지

(1) 이동 및 교통 수단에서의 차별금지

장애인차별금지법 제19조에서는 이동 및 교통수단 등에서의 차별금지를 정하고 있는데 교통약자의 이동편의증진법에 따라 교통사업자및 교통행정기관은 이동 및 교통수단 등을 접근·이용함에 있어서 장애인을 제한·배제·분리·거부하여서는 아니 되며, 교통사업자 및 교통행정기관은 이동 및 교통수단 등의 이용에 있어서 보조견 및 장애인보조기구 등의 동승 또는 반입 및 사용을 거부하여서는 아니 된다.

그리고 교통사업자 및 교통행정기관은 이동 및 교통수단 등의 이용에 있어서 장애인 및 장애인 관련자에게 장애 또는 장애인이 동행·동반한 보조견 또는 장애인보조기구 등을 이유로 장애인 아닌 사람보다 불리한 요금 제도를 적용하여서는 아니 된다.

또한, 교통사업자 및 교통행정기관은 장애인이 이동 및 교통수단 등을 장애인 아닌 사람과 동등하게 이용하여 안전하고 편리하게 보행 및 이동을 할 수 있도록 하는 데 필요한 정당한 편의를 제공하여야 하며, 교통행정기관은 교통사업자가 장애인에 대하여 이 법에 정한 차별행위를 행하지 아니하도록 홍보, 교육, 지원, 감독하여야 한다.

한편 국가 및 지방자치단체는 운전면허시험의 신청, 응시, 합격의 모든 과정에서 정당한 사유 없이 장애인을 제한·배제·분리·거부하여서는 아니 되며 국가 및 지방자치단체는 장애인이 운전면허시험의 모든 과정을 장애인 아닌 사람과 동등하게 거칠 수 있도록 정당한 편의를 제공하여야 한다.

(2) 정보접근에서의 차별금지

장애인차별금지법 제20조에서는 정보접근에서의 차별금지를 정하고 있는데 그 내용은 개인·법인·공공기관은 장애인이 전자정보와 비전자정보를 이용하고 그에 접근함에 있어서 장애를 이유로 차별행위를 하여서는 아니 된다. 그리고 장애인 관련자로서 수화통역, 점역, 점자교정, 낭독, 대필, 안내 등을 위하여 장애인을 대리·동행하는 등 장애인의 의사소통을 지원하는 자에 대하여는 누구든지 정당한 사유 없이 이들의 활동을 강제·방해하거나 부당한 처우를 하여서는 아니 된다.

(3) 문화·예술·체육활동에서의 차별금지

장애인차별금지법 제24조와 제25조에서는 문화·예술·체육활동에서의 차별금지를 정하고 있는데 이를 보면 국가와 지방자치단체 및 문화·예술사업자는 장애인이 문화·예술활동에 참여함에 있어서 장애인의 의사에 반하여 특정한 행동을 강요하여서는 아니 되며, 장애인이 문화·예술활동에 참여할 수 있도록 정당한 편의를 제공하여야 한다.

또한 장애인이 문화·예술시설을 이용하고 문화·예술활동에 적극적으로 참여할 수 있도록 필요한 시책을 강구하여야 하고 체육활동을 주최·주관하는 기관이나 단체, 체육활동을 목적으로 하는 체육시설의 소유·관리자는 체육활동의 참여를 원하는 장애인을 장애를 이유로 제한·배제·분리·거부하여서는 아니 된다.

국가 및 지방자치단체는 자신이 운영 또는 지원하는 체육프로그램이 장애인의 성별, 장애의 유형 및 정도, 특성 등을 고려하여 운영될 수 있도록 하고 장애인의 참여를 위하여 필요한 정당한 편의를 제공하여야 하며, 장애인이 체육활동에 참여할 수 있도록 필요한 시책을 강구하여야 한다.

6. 사법 · 행정절차 및 서비스와 참정권

1) 의의

장애인차별금지법 제26조에 의하면 공공기관 등은 장애인이 생명, 신체 또는 재산권 보호를 포함한 자신의 권리를 보호 · 보장받기 위하여 필요한 사법 · 행정절차 및 서비스 제공에 있어 장애인을 차별하여서는 아니 된다고 정하고 있고, 공공기관 및 그 소속원은 직무를 수행하거나 권한을 행사함에 있어서 허가, 신고, 인가 등에 있어 장애인을 정당한 사유 없이 장애를 이유로 제한 · 배제 · 분리 · 거부하는 차별행위와 공공사업 수혜자의 선정기준을 정함에 있어서 정당한 사유 없이 장애인을 제한 · 배제 · 분리 · 거부하거나 장애를 고려하지 아니한 기준을 적용함으로써 장애인에게 불리한 결과를 초래하는 차별행위를 하여서는 아니된다고 정하고 있다.

또한 공공기관 및 그 소속원은 사법 · 행정절차 및 서비스를 장애인이 장애인 아닌 사람과 실질적으로 동등한 수준으로 이용할 수 있도록 제공하여야 하며, 이를 위하여 정당한 편의를 제공하여야 하며, 장애인이 사법 · 행정절차 및 서비스에 참여하기 위하여 장애인 스스로 인식하고 작성할 수 있는 서식의 제작 및 제공 등 정당한 편의 제공을 요구할 경우 이를 거부하거나 임의로 집행함으로써 장애인에게 불이익을 주어서는 아니 된다.

한편 참정권과 관련하여 장애인차별금지법 제27조에서는 국가 및 지방자치단체와 공직선거후보자 및 정당은 장애인이 선거권, 피선거권, 청원권 등을 포함한 참정권을 행사함에 있어서 차별하여서는 안 되고,

장애인의 참정권을 보장하기 위하여 필요한 시설 및 설비, 참정권 행사에 관한 홍보 및 정보 전달, 장애의 유형 및 정도에 적합한 기표방법 등 선거용 보조기구의 개발 및 보급, 보조원의 배치 등 정당한 편의를 제공하여야 하며, 공직선거후보자 및 정당은 장애인에게 후보자 및 정당에 관한 정보를 장애인 아닌 사람과 동등한 정도의 수준으로 전달하여야 한다고 정하고 있다.

7. 모 · 부성권, 성 등

장애인차별금지법 제28조에서는 모 · 부성권 등에 대하여 법으로 정하고 있는데 이를 보면 누구든지 장애인의 임신, 출산, 양육 등 모 · 부성권에 있어 장애를 이유로 제한 · 배제 · 분리 · 거부하여서는 안 되고, 입양기관은 장애인이 입양하고자 할 때 장애를 이유로 입양할 수 있는 자격을 제한하여서는 아니 된다.

그리고 교육책임자 및 「영유아보육법」에 따른 어린이집 및 그 보육교직원와 「아동복지법」에 따른 아동복지시설 및 그 종사자 등은 부모가 장애인이라는 이유로 그 자녀를 구분하거나 불이익을 주어서는 아니 된다.

또한 국가 및 지방자치단체에서 직접 운영하거나 그로부터 위탁 혹은 지원을 받아 운영하는 기관은 장애인의 피임 및 임신 · 출산 · 양육 등에 있어서의 실질적인 평등을 보장하기 위하여 관계 법령으로 정하는 바에 따라 장애유형 및 정도에 적합한 정보 · 활동지원 서비스 등의 제공 및 보조기기 · 도구 등의 개발 등 필요한 지원책을 마련하여야 하며, 임신 · 출산 · 양육 등의 서비스 제공과 관련하여 이 법에서 정한 차별행위를 하지 아니하도록 홍보 · 교육 · 지원 · 감독하여야 한다.

한편 장애인차별금지법 제29조에서는 장애인의 성에 대한 권리를 언급하고 있는데 모든 장애인의 성에 관한 권리는 존중되어야 하며,

장애인은 이를 주체적으로 표현하고 향유할 수 있는 성적 자기결정권을 가진다.

가족·가정 및 복지시설 등의 구성원은 장애인에 대하여 장애를 이유로 성생활을 향유할 공간 및 기타 도구의 사용을 제한하는 등 장애인이 성생활을 향유할 기회를 제한하거나 박탈하여서는 아니 된다.

국가 및 지방자치단체는 장애인이 성을 향유할 권리를 보장하기 위하여 관계 법령에서 정하는 바에 따라 필요한 지원책을 강구하고, 장애를 이유로 한 성에 대한 편견·관습, 그 밖의 모든 차별적 관행을 없애기 위한 홍보·교육을 하여야 한다고 정하고 있다.

8. 가족 · 가정 · 복지시설, 건강권 등

1) 의의

장애인차별금지법 제30조에서는 가족, 가정, 복지시설, 건강권 등에 대하여 규정하고 있는데 이를 보면 가족·가정 및 복지시설 등의 구성원은 장애인의 의사에 반하여 과중한 역할을 강요하거나 장애를 이유로 정당한 사유 없이 의사결정과정에서 장애인을 배제하여서는 안되고, 정당한 사유 없이 장애인의 의사에 반하여 장애인의 외모 또는 신체를 공개하여서는 안 되며, 장애를 이유로 장애인의 취학 또는 진학 등 교육을 받을 권리와 재산권 행사, 사회활동 참여, 이동 및 거주의 자유를 제한·박탈·구속하거나 권리 등의 행사로부터 배제하여서는 아니 된다.

가족·가정의 구성원인 자 또는 구성원이었던 자는 자녀 양육권과 친권의 지정 및 면접교섭권에 있어 장애인에게 장애를 이유로 불리한 합의를 강요하거나 그 권리를 제한·박탈하여서는 아니 된다.

그리고 복지시설 등의 장은 장애인의 시설 입소를 조건으로 친권포기각서를 요구하거나 시설에서의 생활 중 가족 등의 면접권 및 외부와의 소통권을 제한하여서는 아니 된다.

2) 건강권에서의 차별금지

장애인차별금지법 제31조에서는 건강권에서의 차별금지를 규정하고 있는데 여기에서는 의료기관 등 및 의료인 등은 장애인에 대한 의료행위에 있어서 장애인을 제한·배제·분리·거부하여서는 안 되고, 장애인의 의료행위와 의학연구 등에 있어 장애인의 성별, 장애의 유형 및 정도, 특성 등을 적극적으로 고려하여야 하며, 의료행위에 있어서는 장애인의 성별 등에 적합한 의료 정보 등의 필요한 사항을 장애인 등에게 제공하여야 한다.

그리고 공공기관은 건강과 관련한 교육 과정을 시행함에 있어서 필요하다고 판단될 경우 장애인의 성별 등을 반영하는 내용을 포함하여야 하며, 국가 및 지방자치단체는 선천적·후천적 장애 발생의 예방 및 치료 등을 위하여 필요한 시책을 추진하여야 하며, 보건·의료 시책의 결정과 집행과정에서 장애인의 성별 등을 고려하여야 한다.

3) 괴롭힘 등의 금지

장애인차별금지법 제 32조에서는 괴롭힘 등의 금지를 법으로 규정하고 있는데 여기에서는 장애인은 성별, 연령, 장애의 유형 및 정도, 특성 등에 상관없이 모든 폭력으로부터 자유로울 권리를 가진다.

괴롭힘 등의 피해를 당한 장애인은 상담 및 치료, 법률구조, 그 밖에 적절한 조치를 받을 권리를 가지며, 괴롭힘 등의 피해를 신고하였다는 이유로 불이익한 처우를 받아서는 안 되며, 누구든지 장애를 이유로 학교, 시설, 직장, 지역사회 등에서 장애인 또는 장애인 관련자에게 집단따돌림을 가하거나 모욕감을 주거나 비하를 유발하는 언어적 표현이나 행동을 하여서는 아니 된다.

장애를 이유로 사적인 공간, 가정, 시설, 직장, 지역사회 등에서 장애인 또는 장애인 관련자에게 유기, 학대, 금전적 착취를 하여서는 안 되고, 장애인의 성적 자기결정권을 침해하거나 수치심을 자극하는 언어표현, 희롱, 장애 상태를 이용한 추행 및 강간 등을 행하여서는 안 되며, 국가 및 지방자치단체는 장애인에 대한 괴롭힘 등을 근절하기 위한 인식개선 및 괴롭힘 등 방지 교육을 실시하고 적절한 시책을 강구하여야 한다고 정하고 있다.

9. 장애여성 및 장애아동 등

1) 장애여성에 대한 차별금지

장애인차별금지법 제33조, 제34조에서는 장애여성에 대한 차별금지를 규정하고 있는 데 이를 보면, 국가 및 지방자치단체는 장애를 가진 여성임을 이유로 모든 생활 영역에서 차별을 하여서는 아니 된다. 누구든지 장애여성에 대하여 임신·출산·양육·가사 등에 있어서 장애를 이유로 그 역할을 강제 또는 박탈하여서는 아니 된다. 사용자는 남성근로자 또는 장애인이 아닌 여성근로자에 비하여 장애여성 근로자를 불리하게 대우하여서는 아니 되며, 직장보육서비스 이용 등에 있어서 다음과 같은 정당한 편의제공을 거부하여서는 아니 된다.

- 장애의 유형 및 정도에 따른 원활한 수유 지원
- 자녀상태를 확인할 수 있도록 하는 소통방식의 지원
- 그 밖에 직장보육서비스 이용 등에 필요한 사항

교육기관, 사업장, 복지시설 등의 성폭력 예방교육 책임자는 성폭력 예방교육을 실시함에 있어서 장애여성에 대한 성인식 및 성폭력 예방에 관한 내용을 포함시켜야 하며, 그 내용이 장애여성을 왜곡하여서는 아니 된다.

교육기관 및 직업훈련을 주관하는 기관은 장애여성에 대하여 차별을 하여서는 아니 된다. 다만, 행위가 장애여성의 특성을 고려하여 적절한 교육 및 훈련을 제공함을 목적으로 함이 명백한 경우에는 이를 차별로 보지 아니한다. 그 차별내용은 아래와 같다.

- 학습활동의 기회 제한 및 활동의 내용을 구분하는 경우
- 취업교육 및 진로선택의 범위 등을 제한하는 경우
- 교육과 관련한 계획 및 정보제공 범위를 제한하는 경우
- 그 밖에 교육에 있어서 정당한 사유 없이 장애여성을 불리하게 대우하는 경우

장애여성에 대한 차별금지를 위한 국가 및 지방자치단체의 의무에 관련하여 국가 및 지방자치단체는 장애여성에 대한 차별요인이 제거될 수 있도록 인식개선 및 지원, 정책 및 제도를 마련하는 등 적극적 조치를 강구하여야 하고, 통계 및 조사연구 등에 있어서도 장애여성을 고려하여야 한다. 그리고 정책의 결정과 집행과정에 있어서 장애여성임을 이유로 참여의 기회를 제한하거나 배제하여서는 아니 된다.

2) 장애아동에 대한 차별금지

장애인차별금지법 제35조에서는 장애아동에 대한 차별금지를 정하고 있다. 그 내용을 보면 누구든지 장애를 가진 아동임을 이유로 모든 생활 영역에서 차별을 하여서는 아니 되며 장애아동에 대하여 교육, 훈련, 건강보호서비스, 재활서비스, 취업준비, 레크리에이션 등을 제공받을 기회를 박탈하여서는 아니 된다.

또한 누구든지 장애아동을 의무교육으로부터 배제하여서는 아니 되며, 장애를 이유로 장애아동에 대한 유기, 학대, 착취, 감금, 폭행 등의 부당한 대우를 하여서는 아니 되며, 장애아동의 인권을 무시하고 강제로 시설 수용 및 무리한 재활 치료 또는 훈련을 시켜서는 아니 된다.

한편 장애아동에 대한 차별금지를 위한 국가 및 지방자치단체의 의무를 제36조에 정하고 있는데 그 내용을 보면 국가 및 지방자치단체는 장애아동이 장애를 이유로 한 어떠한 종류의 차별도 없이 다른 아

동과 동등한 권리와 자유를 누릴 수 있도록 필요한 조치를 다하여야 하고, 장애아동의 성별, 장애의 유형 및 정도, 특성에 알맞은 서비스를 조기에 제공할 수 있도록 조치하여야 하며, 이를 위하여 장애아동을 보호하는 친권자 및 양육책임자에 대한 지원책을 마련하여야 한다.

3) 정신적 장애를 가진 사람에 대한 차별금지 등

장애인차별금지법 제37조에서는 정신적 장애를 가진 사람에 대한 차별금지 등을 규정하고 있는데 이를 살펴보면 누구든지 정신적 장애를 가진 사람의 특정 정서나 인지적 장애 특성을 부당하게 이용하여 불이익을 주어서는 아니 되며, 국가와 지방자치단체는 정신적 장애를 가진 사람의 인권침해를 예방하기 위하여 교육, 홍보 등 필요한 법적·정책적 조치를 강구하여야 한다고 규정하고 있다.

10. 장애인차별금지법의 의미

장애인차별금지법은 장애인 인권단체가 이루어낸 결과물이라 해도 과언이 아니다. 장애인 차별금지법을 2001년에 제안한 이후 약 7년만인 2007년에 비로소 국회를 통과하였다.

장애인은 선천적·후천적으로 발생한 신체적·정신적 장애로 일상생활의 활동이나 사회활동 등에 상당한 제약을 받는 사람이다. 2018년 장애인의 등록현황을 살펴보면, 현재 국내 장애인은 약 260만 명으로 전체인구의 약 5%에 해당한다. 2000년 이후, 2005년, 2010년 장애인의 수는 갈수록 증가하고 있지만 사회적 약자로서 생존권, 노동권, 교육권, 공공시설 및 건축물의 이용권, 이동권, 정보통신의 접근권, 여성장애인 및 모성권, 참정권 등 다양한 분야에 걸쳐 편견과 차별을 받으며 이방인으로서 살아가고 있다.

이러한 편견과 차별을 해소하고자 장애인복지법, 장애인등에대한특수교육법, 직업재활법, 편의증진법 등이 제정·시행되었지만 실효성을 거두지 못하였다.

이에 장애인 차별의 구체적 기준이 되는 개별법 제정이 요구되었으며, 장애인복지 차원을 넘어 장애인의 인권을 보장받는 법률이 필요하게 되었다. 그 결과가 바로 장애인차별금지법인 것이다.

따라서 「장애인차별금지법」의 체계는 「장애인차별금지법」이 전체 장애인 관련법들과의 관계에서 모순이 없이 합목적적 일관성을 갖는 관계를 갖는 상태이다(위계출, 2012).

제 3 절 발달장애인 권리보장 및 지원에 관한 법률

발달장애인 권리보장 및 지원에 관한 법률은 2014. 5. 20에 제정(시행. 2015. 11. 21.)되었다. 흔히 이 법률을 발달장애인법이라 칭하고 있다. 따라서 본 서에서는 이 법을 발달장애인법으로 명명하기로 한다.

1. 발달장애인법의 목적

발달장애인법의 목적은 발달장애인법 제1조에 의하면 발달장애인 즉, 지적장애인과 자폐성장애인의 의사를 최대한 존중하여 그들의 생애주기에 따른 특성 및 복지 욕구에 적합한 지원과 권리옹호 등이 체계적이고 효과적으로 제공될 수 있도록 필요한 사항을 규정함으로써 발달장애인의 사회참여를 촉진하고, 권리를 보호하며, 인간다운 삶을 영위하는 데 이바지하고자 제정된 법률이다.

2. 발달장애인법의 주요 내용

1) 발달장애인을 위한 기관(시설)의 설치 및 운영

발달장애인을 위한 서비스 지원과 체계적 업무 수행을 위하여 다음의 기관(시설)을 설치·운영할 수 있도록 하고 있다. 이를 설명하면 아래와 같다.

(1) 발달장애인지원센터

발달장애인지원센터는 발달장애인법 제33조에 의한 기관으로서 보건복지부장관은 발달장애인에 대한 통합적 지원체계를 마련하기 위하여 중앙발달장애인지원센터를 설치하여야 한다. 그리고 시·도지사는 발달장애인의 권리보호 활동, 당사자와 그 가족에 대한 상담 등을 담당하는 지역발달장애인지원센터를 특별시·광역시·특별자치시·도·특별자치도에 설치하여야 한다. 이 경우 시·도지사는 필요성을 고려하여 지역발달장애인지원센터를 시·군·구에 설치할 수 있다.

이 때, 시·도지사는 지역발달장애인지원센터를 시·군·구에 설치하는 경우 둘 이상의 시·군·구를 통합하여 하나의 지역발달장애인지원센터를 설치·운영할 수 있다. 이 경우 시·도지사는 지역발달장애인지원센터의 설치·운영에 필요한 비용을 관할 구역의 발달장애인 수 등을 고려하여 시장·군수·구청장에게 공동으로 부담하게 할 수 있다.

한편 중앙발달장애인지원센터과 지역발달장애인 지원센터의 업무 내용은 〈표 6-5〉와 같다.

(2) 행동발달증진센터

행동발달증진센터는 발달장애인법 제24조에 의한 기관으로서 국가와 지방자치단체는 자해·공격 등 행동문제로 인하여 일상생활에 곤란을 겪는 발달장애인을 전문적으로 지원하기 위하여 대통령령으로 정하는 바에 따라 행동발달증진센터를 설치 · 운영할 수 있다.

〈표 6-5〉 발달장애인지원센터의 업무

중앙발달장애인지원센터	지역발달장애인지원센터
- 발달장애인에 대한 연구수행 지원 - 발달장애인이 이용 가능한 복지정보 데이터베이스 구축 및 정보 제공 - 발달장애인 가족 및 관련 서비스 종사자에 대한 지침 · 편람 마련 및 교육지원 - 발달장애인에 대한 인식개선 홍보 - 발달장애인 지원 프로그램 개발 - 지역발달장애인지원센터의 지원 - 제9조제3항에 따른 후견인 후보자의 추천 - 발달장애인 권리침해의 모니터링 및 권리구제의 지원 - 그 밖에 보건복지부장관이 필요하다고 인정하는 사항	- 발달장애인에 대한 개인별지원계획의 수립 - 발달장애인을 위한 복지지원 정보의 제공 및 연계 - 발달장애인 가족 및 관련 서비스 종사자에 대한 교육지원 - 발달장애인에게 서비스를 제공하는 기관에 대한 정보의 축적 및 관리 - 발달장애 조기 발견과 발달장애인에 대한 인식개선을 위한 지역사회 홍보 - 발달장애인 및 그 가족에 대한 상담지원 - 제2조제2호라목에 따른 보호자에 대한 감독 - 제9조에 따라 선임된 후견인에 대한 감독지원 및 후견업무의 지원 - 제16조 및 제17조에 따른 현장조사 및 보호조치 등 발달장애인의 권리구제 지원 - 그 밖에 보건복지부장관이 필요하다고 인정하는 사항

(3) 발달장애인거점병원

발달장애인거점병원은 발달장애인법 제24조에 의한 기관으로서 보건복지부장관은 발달장애의 원인규명과 치료 및 행동문제 등의 완화를 위한 연구 및 의료 지원체계를 구축하여야 한다. 이를 위하여 국가와 지방자치단체는 발달장애인의 특성과 요구에 맞는 체계적이고 효율적인 의료지원을 위하여 발달장애인 거점병원을 지정할 수 있다.

(4) 직업훈련 및 직업재활시설

직업훈련 및 직업재활시설은 발달장애인법 제25조에 의한 시설로서 국가와 지방자치단체는 발달장애인이 자신의 능력을 최대한 활용하여 직업생활을 영위할 수 있도록 필요한 조치를 강구하여야 한다. 이를 위하여 보건복지부장관은 장애의 정도가 심한 발달장애인의 능력과 특성에 적합한 직업훈련을 지원하기 위하여 발달장애인에 특화된 직업훈련을 하는 직업재활시설을 설치·운영할 수 있다.

(5) 발달장애인 평생교육시설

발달장애인평생교육시설은 발달장애인법 제26조에 의한 시설로서 국가와 지방자치단체는 발달장애인에게 교육기본법에 따른 평생교육의 기회가 충분히 부여될 수 있도록 특별자치시·특별자치도·시·군·구별로 「평생교육법」상 평생교육기관을 지정하여 발달장애인을 위한 교육과정을 적절하게 운영하도록 조치하여야 한다.

또한, 국가와 지방자치단체는 지정된 평생교육기관에 대하여 예산의 범위에서 발달장애인을 위한 교육과정의 운영에 필요한 경비의 전부 또는 일부를 지원할 수 있다.

3. 서비스 내용

1) 개인별지원계획 수립 및 지원

발달장애인법 제19조, 제20조에 의하면 발달장애인 개인의 특성과 요구를 고려하여 복지서비스의 내용, 방법 등이 포함된 개인별지원계획을 수립하여야 하며, 필요시 서비스 내용의 수정 및 변경이 가능하다.

또한, 지역발달장애인지원센터를 통한 원스톱 서비스 지원을 개인별지원계획에 따라 서비스 신청부터 서비스 제공기관을 연계할 때까지 한 곳에서 통합적으로 관리를 받을 수 있다.

2) 발달장애인을 위한 복지지원 및 서비스

발달장애인 권리보장 및 지원에 관한 법률 제18조에서는 타 법령에 의한 서비스를 지정하여 제시하고 있는 데 이를 요약하면 〈표 6-6〉

발달장애인을 위한 복지지원 및 서비스와 같다.

〈표 6-6〉 발달장애인을 위한 복지지원 및 서비스

복지지원 및 서비스	법 령
활동지원급여	「장애인복지법」 제55조 및 「장애인활동지원에 관한 법률」
발달재활서비스지원	「장애아동 복지지원법」 제21조
가족지원	「장애아동 복지지원법」제25조
돌봄 및 일시적 휴식지원서비스지원	「장애아동 복지지원법」제24조
지역사회 전환 서비스지원	「장애아동 복지지원법」제25조
문화·예술 등 복지지원	「장애아동 복지지원법」제26조
조기진단 및 개입	발달장애인법 제23조
재활 및 발달 지원	발달장애인법 제24조
고용 및 직업훈련 지원	발달장애인법 제25조
평생교육지원	발달장애인법 제26조
문화·예술·여가·체육 활동 등 지원	발달장애인법 제27조
소득보장	발달장애인법 제28조
거주시설. 주간활동. 돌봄지원	발달장애인법 29조
보호자에 대한 정보제공과 교육	발달장애인법 제30조
보호자에 대한 상담지원	발달장애인법 제31조
휴식지원	발달장애인법 제32조

위 서비스 중 발달장애인법에서 규정하고 있는 법령을 중심으로 설명하면 아래와 같다.

(1) 조기진단 및 개입

조기진단 및 개입은 발달장애인법 제23조에 규정하고 있는데 이는, 국가와 지방자치단체는 발달장애인의 장애를 조기에 발견하기 위하여 검사도구의 개발, 영유아를 둔 부모에 대한 정보제공 및 홍보 등 필요한 정책을 적극적으로 강구하여야 하며 이 때, 보건복지부장관은 발달장애가 의심되는 영유아에 대하여 발달장애 정밀진단 비용을 지원할 수 있다.

(2) 재활 및 발달 지원

재활 및 발달지원은 발달장애인법 제24조에 규정하고 있는데 이는, 국가와 지방자치단체는 발달장애인이 자신의 장애에도 불구하고 잠재적인 능력을 최대한 계발할 수 있도록 발달장애인에게 적절한 재활치료와 발달재활서비스 등을 제공하도록 노력하여야 한다. 그리고 보건복지부장관은 발달장애의 원인규명과 치료 및 행동문제 등의 완화를 위한 연구 및 의료 지원체계를 구축하여야 한다.

또한, 국가와 지방자치단체는 발달장애인의 특성과 요구에 맞는 체계적이고 효율적인 의료지원을 위하여 발달장애인 거점병원을 지정하고, 국가와 지방자치단체는 자해·공격 등 행동문제로 인하여 일상생활에 곤란을 겪는 발달장애인을 전문적으로 지원하기 위하여 대통령령으로 정하는 바에 따라 행동발달증진센터를 설치·운영할 수 있다.

(3) 고용 및 직업훈련

고용 및 직업훈련은 발달장애인법 제25조에 규정하고 있는데 이는 앞서 고용 및 직업재활시설에서 설명하였다.

(4) 평생교육지원

평생교육지원은 발달장애인법 제26조에 규정하고 있는데 이에 대해서는 앞서 설명하였다.

(5) 문화·예술·여가·체육 활동 등 지원

문화·예술·여가·체육 활동 등 지원은 발달장애인법 제27조에 규정하였는데 이는 국가와 지방자치단체는 발달장애인이 영화, 전시관, 박물관 및 국가·지방자치단체 등이 개최하는 각종 행사 등을 관람·참여·향유할 수 있도록 발달장애인을 지원할 수 있고, 발달장애인의 문화·예술·여가·체육 활동을 장려하기 위하여 발달장애인의 특성과 흥미에 적합한 방식으로 설계된 시설, 놀이기구, 프로그램 및 그 밖의 장비 등을 지원할 수 있다.

또한 국가와 지방자치단체는 발달장애인의 생활체육을 활성화시키기 위하여 생활체육 행사 및 생활체육 관련 단체를 지원할 수 있다.

(6) 소득보장

소득보장은 발달장애인법 제28조에서 정하고 있는데 이는 국가와 지방자치단체는 발달장애인의 특수한 어려움을 고려하여 발달장애인이 적정한 생활수준을 유지할 수 있도록 장애인 연금제도 등 관련 장애인 복지제도의 개선을 위하여 노력하여야 한다고 정하고 있다.

(7) 거주시설 · 주간활동 · 돌봄지원

거주시설 · 주간활동 · 돌봄지원은 발달장애인법 제29조에서 정하고 있는데 이는, 국가와 지방자치단체는 발달장애인의 특성에 맞는 거주시설 지원을 위하여 필요한 시책을 강구하여야 하고, 발달장애인의 낮시간 활동 및 지역사회 참여를 효과적으로 제공할 수 있는 주간활동 지원을 위하여 노력하여야 한다.

또한, 국가와 지방자치단체는 발달장애인과 그 가족의 특성과 요구에 따른 돌봄 지원을 제공하기 위하여 노력하여야 한다.

(8) 보호자에 대한 정보제공과 교육

보호자에 대한 정보제공과 교육은 발달장애인법 제30조에 정하고 있는데 이는, 국가와 지방자치단체는 발달장애인의 보호자가 발달장애인을 적절하게 보호 및 양육하는 데 필요한 정보를 제공하거나 관련 교육을 할 수 있다고 정하고 있다.

(9) 보호자에 대한 상담지원

보호자에 대한 상담지원은 발달장애인법 제31조에 규정하고 있는데 이는, 국가와 지방자치단체는 발달장애인과 동거하는 보호자에게 전문적인 심리상담 서비스를 제공할 수 있다고 정하고 있다.

(10) 휴식지원 등

휴식지원 등은 발달장애인법 제32조에 정하고 있는데 이는, 국가와 지방자치단체는 발달장애인 가족의 일상적인 양육부담을 경감하고 보호자의 정상적인 사회활동을 돕기 위하여 돌봄 및 일시적 휴식 지원 서비스를 제공할 수 있으며, 발달장애인의 형제·자매로서 발달장애인이 아닌 아동 및 청소년이 건전하게 성장할 수 있도록 이들의 정서발달과 심리적 부담 해소 등을 위한 프로그램 운영을 지원할 수 있다고 정하고 있다.

4. 발달장애인의 권리보장

1) 자기결정권의 보장

발달장애인의 자기 결정권에 관련하여 발달장애인법 제8조에서는 발달장애인은 자신의 주거지의 결정, 의료행위에 대한 동의나 거부, 타인과의 교류, 복지서비스의 이용 여부와 서비스 종류의 선택 등을 스스로 결정한다. 누구든지 발달장애인에게 의사결정이 필요한 사항과 관련하여 충분한 정보와 의사결정에 필요한 도움을 제공하지 아니하고 그의 의사결정능력을 판단하여서는 아니 된다. 그럼에도 불구하고 스스로 의사를 결정할 능력이 충분하지 아니하다고 판단할 만한 상당한 이유가 있는 경우에는 보호자가 발달장애인의 의사결정을 지원할 수 있다. 이 경우 보호자는 발달장애인 당사자에게 최선의 이익이 되도록 하여야 한다고 하여 자기 결정권을 보장하고 있다.

2) 성년후견제 이용지원

발달장애인의 성년후견제와 관련하여 발달장애인법 제9조에 의하면 지방자치단체의 장은 성년인 발달장애인이 후견인을 선임할 필요가 있음에도 불구하고 자력으로 후견인을 선임하기 어렵다고 판단되는 경우에는 그를 위하여 「민법」에 따라 가정법원에 성년후견개시, 한정후견개시 또는 특정후견의 심판을 청구할 수 있다. 또한 지방자치단체의 장이 성년후견개시, 한정후견개시 또는 특정후견의 심판을 청구할 때에는 대통령령으로 정하는 요건을 충족하는 사람을 후견인 후보자로 하여 그 사람을 후견인으로 선임하여 줄 것을 함께 청구하여 지원하도록 하고 있다. 여기에서 후견인을 선임할 필요가 있는 경우는 다음에 해당한다.

- 일상생활에서 의사를 결정할 능력이 충분하지 아니하거나 매우 부족하여 의사결정의 대리 또는 지원이 필요하다고 볼 만한 상당한 이유가 있는 경우
- 발달장애인의 권리를 적절하게 대변하여 줄 가족이 없는 경우
- 별도의 조치가 없으면 권리침해의 위험이 상당한 경우

3) 의사소통 지원

의사소통지원과 관련하여 발달장애인법 제10조에 따르면 국가와 지방자치단체는 발달장애인의 권리와 의무에 중대한 영향을 미치는 법령과 각종 복지지원 등 중요한 정책정보를 발달장애인이 이해하기 쉬운 형태로 작성하여 배포하여야 하고, 교육부장관은 발달장애인이 자신의 의사를 원활하게 표현할 수 있도록 학습에 필요한 의사소통도구를 개발하고 의사소통지원 전문인력을 양성하여 발달장애인에게 도움이 될 수 있도록 학교와 평생교육기관 등을 통하여 필요한 교육을 실시하여야 한다.

4) 자조단체의 결성

자조단체의 결성과 관련하여 발달장애인법 제11조에 의하면, 발달장애인은 자신의 권익을 보호하고 사회참여를 제고하기 위하여 자조단체(自助團體)를 구성할 수 있다고 규정하고 있다.

5. 발달장애인법의 의미

발달장애인법 제정은 2011년 한국지적장애인복지협회, 한국장애인부모회, 전국장애인부모연대, 한국자폐인사랑협회 등 관련 민간단체가 중심이 되어 발달장애인법제정운동을 결의하여 그 제정운동이 시작되었다.

이후 2012년 발달장애인법제정추진연대가 발달장애인 관련 단체를 중심으로 결성되었고, 2012년 5월에 발달장애인 지원 및 권리보장에 관한 법률안이 발의 되었으나, 여러 가지 곡절을 거치면서 2014년 5월에서야 국회에서 법안이 통과되었다.

이와 같은 발달장애인 관련 단체들이 발달장애인법을 주장하는 이유는 첫째, 발달장애인은 전체 장애인 중에서 소수에 불과하지만, 상대적으로 성인기 이후에도 일상생활 및 사회생활의 어려움, 인지력 및 의사소통능력 등이 부족하여 혼자의 힘으로 생활하거나 스스로를 보호하고 권리를 주장하는 것 등이 어렵기 때문에 다양한 위험에 노출되어 지속적인 피해가 발생하고 있기 때문이다.

둘째, 발달장애인에 대한 서비스지원의 부족으로 보호자의 신체적·정서적·경제적 부담이 점차 증가하고 있다. 따라서 발달장애인의 전 생애를 고려한 전방위적 지원체계를 독립적 전달체계(발달장애인지원센터) 중심으로 구축하여 서비스 제공, 발달장애인의 권리보호, 가족의 삶의 질 향상 등 발달장애인과 가족에 대한 적극적인 지원이 필요하였기 때문이다.

제 4 절 장애인고용촉진 및 직업재활법

장애인고용촉진 및 직업재활법은 1990년 1월 13일에 제정(개정: 2020. 1. 1.)되었다. 그리고 흔히 이 법률을 직업재활법이라 칭한다. 따라서 본 서에서는 이 법을 직업재활법으로 명명하기로 한다.

1. 직업재활법의 목적

직업재활법의 목적은 헌법에 의하여 보장된 국민의 노동권을 실현하는데 어려움을 겪고 있는 장애인이 그 능력에 맞는 직업을 통하여 인간다운 생활을 영위하고 행복을 추구할 수 있도록 장애인의 고용촉진 및 직업재활을 실현하는데 있다.

2. 직업재활법의 주요내용

1) 국가 및 지방자치 단체의 책임

(1) 종합적 · 효과적 추진

직업재활법 제3조에 의하면 국가 및 지방자치단체는 장애인의 고용촉진 및 직업재활에 관하여 사업주 및 국민일반의 이해를 높이기 위하여 교육 · 홍보 및 장애인고용촉진운동을 지속적으로 추진하여야 한다. 그리고 국가 및 지방자치단체는 사업주 · 장애인 기타 관계자에 대한 지원과 장애인의 특성을 고려한 직업재활의 조치를 강구하여야 하며, 장애인의 고용촉진을 도모하기 위하여 필요한 시책을 종합적이고 효과적으로 추진하여야 한다.

(2) 장애인고용촉진및직업재활 기본계획 수립

직업재활법에 의하면 노동부장관은 보건복지부장관과 협의하여 장애인의 고용촉진 및 직업재활을 위한 기본계획을 수립하여야 한다.

(3) 사업주에 대한 고용지도, 자료제공

노동부장관은 장애인을 고용하거나 하고자 하는 사업주에 대하여 필요하다고 인정하는 때에는 채용 · 배치 · 작업보조구 · 작업설비 또는 작업환경 기타 장애인의 고용관리에 관하여 기술적 사항에 대한 지도를 실시하여야 한다.

그리고 장관은 장애인을 고용하거나 하고자 하는 사업주에 대하여 장애인의 신체적 · 정신적 조건, 직업능력 등에 관한 정보 기타 자료를 제공하여야 한다.

2) 장애인고용촉진 및 직업재활

(1) 장애인직업재활실시기관

장애인직업 재활실시 기관이라 함은 특수교육기관, 장애인 지역사회재활시설, 장애인 직업재활시설, 장애인복지단체, 직업능력개발훈련시설, 기타 고용노동부장관이 장애인에 대한 직업재활 사업을 수행할 능력이 있다고 인정하는 기관을 의미한다.

직업재활법 제9조에 의하면 장애인 직업재활 실시 기관은 장애인에 대한 직업재활 사업을 다양하게 개발하여 장애인에게 직접 제공하여야 하고, 특히 장애인의 자립능력을 높이기 위한 직업재활 실시에 적극 노력하여야 한다.

(2) 장애인 직업지도

직업재활법에 따르면 고용노동부장관 및 보건복지부장관은 장애인이 그 능력에 맞는 직업에 취업할 수 있도록 하기 위하여 장애인에 대한 직업상담 · 직업적성검사 및 직업능력평가 등을 실시하고, 고용정보를 제공하는 등 직업지도를 실시하여야 한다.

또한 노동부장관 및 보건복지부장관은 장애인이 그 능력에 맞는 직업생활을 할 수 있도록 하기 위하여 장애인에게 적합한 직종개발에 노력하여야 한다.

3) 장애인고용의무 및 부담금

(1) 국가 및 지방자치단체의 장애인 고용의무

직업재활법 제27조에 의하면 국가와 지방자치단체의 장은 장애인을 소속 공무원 정원에 대하여 일정 비율 이상 고용하도록 하고 있다.

(2) 사업주의 장애인 고용의무

일정 수 이상의 근로자를 고용하고 있는 사업주는 그 근로자의 총수의 100분의 5의 범위내에서 대통령령이 정하는 비율(의무고용률)이상의 장애인을 고용하여야 한다.

(3) 고용부담금제도와 고용장려금 제도

장애인고용부담금제도와 고용장려금 제도는 사회연대책임의 이념을 반영하여 장애인의 고용에 따르는 경제적 부담을 장애인을 고용하는 사업주와 아닌 사업주간에 평등하게 조정하는데 의미가 있다.

3. 직업재활법의 의미

장애인의 직업재활은 단순히 직업의 문제라는 측면보다는 장애인복지의 완성으로 표현할 수 있을 것이다. 따라서 장애인이 사회로의 진출을 돕는 직업재활법의 역할은 장애인의 노동시장으로의 플랫폼이 되는 것이다.

제 7 장

장애인복지서비스 전달체계

제 1 절 복지서비스와 전달체계

1. 전달체계의 의의

클라이언트에게 급여 또는 서비스를 제공하기 위해서는 조직적이고 체계적인 체제를 갖추어야 한다. 이를 전달체계라고 한다. 이때 조직적인 전략을 통하여 효과적인 공급체계를 갖추어야 할 것이다.

아마도 전달체계를 다른 말로 표현하면 제도라고 함이 타당할 것이다. 즉, 급여나 서비스를 제공하기 위한 제도를 전달체계라고 하여도 무방할 것이다.

전달체계를 이해하기 위하여 전달체계를 이루는 공공부문과 민간부문을 먼저 구분하여 보기로 한다.

공공부문은 중앙정부나 지방자치단체가 제공을 담당하는 부분이다. 이 경우 정부나 지방자치단체에서는 급여나 서비스를 직접 제공하는 전달체계를 기지고 있기도 하고, 제도를 통하여 민간부문에 사업비를 제공하여 민간부문에서 서비스를 제공하도록 하기도 한다.

민간부문은 중앙정부나 지방자치단체가 제공하는 부분외의 부문을 의미하는 것으로 사회복지 법인이 대표적인 사례라고 할 수 있다. 그러나 사회복지법인에서의 서비스 제공은 중앙정부나 지방자치단체가 제공하는 비용을 가지고 서비스를 제공하고 있으므로 완전한 민간이라고 하기 어렵다. 완전한 민간부문이라 한다면, 기업형태의 복지산업을 의미할 것이다,

2. 부문별 전달체계

1) 공공부문

완전 공공부문은 중앙정부와 지방자치단체가 급여나 서비스를 직접 제공하고 그 비용도 부담하는 유형이다. 이때 전달체계는 제도에 의하여 급여나 서비스를 제공하게 된다.

2) 공공-민간 연계 부문

공공-민간 연계 부문은 급여나 서비스 비용은 중앙정부나 지방자치단체가 부담하고 급여나 서비스를 전달하는 것은 민간단체가 담당하게 된다. 예를 들면, 사회복지법인, 사회복지 협의회, 사회복지협의체 등이 이에 해당한다. 이 경우의 전달체계는 국가 제도와 기관의 운영규정에 의하여 전달이 이루어진다.

3) 민간부문

민간부문은 서비스 공급과 비용을 민간이 담당하는 것으로서 복지산업, 복지관련 사단법인, 유료 실버타운과 같은 예가 이에 해당 한다. 장애인을 위한 국내 항공기 운임 할인 등도 완전 민간부문에 해당한다 할 것이다. 이 경우 전달체계는 민간부문의 규정으로 이루어진다.

〈표 7-1〉은 부문별 전달체계를 비용부담, 서비스 제공, 전달체계, 예를 구분하여 설명한 것이다.

〈표 7-1〉 부문별 전달체계

부 문	비용부담	서비스제공	전달체계	예
공공부문	중앙정부,지방자치단체	중앙정부,지방자치단체	중앙정부, 지방자치단체 법률	-주민센터
공공-민간 연계부문	중앙정부,지방자치단체와 민간단체	중앙정부, 지방자치단체와 민간 단체	중앙정부, 지방자치단체 법률 및 민간 규정	-사단법인 -사회복지협의회 -사회복지협의체
민간부문	민간	민간	민간 규정	-주식회사

3. 전달체계 조직

전달체계를 만드는 일은 서비스 제공을 위한 가장 기본적이면서도 가장 중요한 일이다. 이 체계를 통하여 서비스가 제공되고 클라이언트에게 만족을 줄 수 있기 때문이다. 흔히 '제도가 미비하여' 라는 말을 하는데 이는 곧 전달체계가 잘못되었다는 것을 시사하는 것이다. 전달체계를 마련함에 있어 유의하야 할 점은 다음과 같다.

1) 서비스제공 담당자

여기에서 담당자란 서비스 제공자의 자격을 의미한다. 이를 전문성 원칙이라고 하는데 서비스를 제공하는 사람의 자격을 명확히 하여야 한다는 것이다. 물론 해당 자격을 가진 자로 함이 당연하다. 예를 들어 장애인 활동지원 서비스를 제공하는 자의 자격은 활동지원사 교육과정을 이수하고 그 자격을 인정받은 자로 하는 것이다.

2) 포괄성

전달체계에는 서비스 이용자의 다양한 욕구를 한꺼번에 담아내려는 노력을 하여야 한다. 따라서 전달체계에서는 발생할 수 있는 경우의 수를 각기 고려하는 것이 매우 중요하다. 이를 포괄성의 원칙이라고도 하는데 이 때, 서비스 이용자를 한 사람의 전문가가 전담하는 방법, 다수의 전문가가 한 사람의 이용자를 담당하는 방법, 다수의 전문가가 다수의 이용자를 담당하는 방법, 다수의 전문가가 사안별로 팀을 구성하여 한명의 이용자를 담당하는 방법, 한사람의 전문가가 중심이 되지만 필요할 경우 타 전문가와 연계하는 방법(사례관리) 등이 있다.

3) 충분성

이는 적절성의 원칙이라고도 하는데 서비스 이용자(클라이언트)의 욕구에 만족하도록 서비스를 제공하여야 한다. 이는 예산상 어려움이 있을 수 있는데, 예산 부족이나 전달체계상 문제로 인하여 서비스 중에 중단해야 하는 일이 없어야 할 것이다.

4) 연계성

이는 연속성의 원칙이라고도 하는데, 전달체계에서는 제공되는 서비스가 연속성이 있어야 한다는 것이다. 예를 들어 장애인을 위한 사회적응 훈련 프로그램이 있다면 그 다음으로 직업훈련 프로그램이 있어야 하고 또 직업훈련 프로그램 이후에는 직업안내프로그램이나 창업프로그램이 있어야 하는 것이다.

5) 통합성

이를 통합성의 원칙이라고 하는데, 앞서 연계는 프로그램의 연속성을 의미하였으나 통합에서는 서비스이용자의 욕구가 오직 한 가지일 수도 있지만, 대부분의 경우 다양한 문제를 함께 가지고 경우이다. 예를 들어 정서장애 아동의 문제는 언어 문제, 행동문제, 심리 문제 등이 있을 수 있고 이들 문제를 해결하기 위하여 언어치료, 행동치료, 심리치료 등을 연관하여 제공하여야 한다.

6) 평등성

이를 평등성의 원칙이라고 하는데 서비스 이용자는 누구든 성별, 연령, 종교, 지역에 관계없이 서비스를 제공하여야 한다는 개념이다. 물론 이와 같은 평등의 개념은 기본적이고 절대적인 개념이지만, 서비스

혜택을 일부 제한하는 경우가 있다. 예를 들어 장애인의 경우 활동지원을 장애인 등급 2급 이상자에게만 제공하고 있다거나, 2급 이상의 장애인이라 할지라도 소득수준에 따라 본인부담금이 다른 경우가 그 예이다.

7) 책임성

서비스를 제공하는 담당자나 기관은 서비스 전달에 대한 책임을 가지도록 전달체계를 구성하여야한다. 이를 책임성의 원칙이라고 하는데 전달체계에서는 그 책임의 한계를 명확히 담아야 한다.

8) 접근성

이를 접근 용이성의 원칙이라고도 하는데 전달체계를 구성함에 있어 매우 중요한 원칙이다. 전달체계를 마련했는데 그 이용자가 해당 서비스에 접근하기 곤란하다면 그 전달체계는 실패한 체계인 것이다.

예를 들어 우리나라에는 112, 119와 같은 긴급 신고 전화번호의 종류가 너무 많아 이를 모두 알고 있는 시민은 거의 없으며, 이용자가 거의 없는 전화번호가 많다 보니, 긴급 전화를 하였어도 ARS로 응답하는 기현상이 발생하고 있다고 한다.

즉, 전달체계는 서비스가 필요한 사람이면 누구나 쉽게 접근하여 서비스를 받을 수 있는 전달체계여야 한다는 것이다.

제 2 절　장애인복지서비스 전달체계

1. 공공부문 서비스 전달체계

공공부문의 전달체계는 기본적으로 중앙정부와 지방자치단체가 수행하는 서비스를 의미한다. 이때 중앙정부가 직업 수행하는 경우도 있고, 지방자치단체가 수행하는 경우도 있을 수 있다. 물론 양자가 함께 수행하는 경우도 있다. 서비스 전달에 있어 국비 일부, 도비 일부, 시(군)비 일부를 합하여 사업을 하는 경우도 매우 많다.

〈그림 7-1〉은 정부차원에서의 공공부문 장애인복지 전달체계를 도표로 표시한 것이다.

〈그림 7-1〉 장애인 복지 공공부문 전달체계

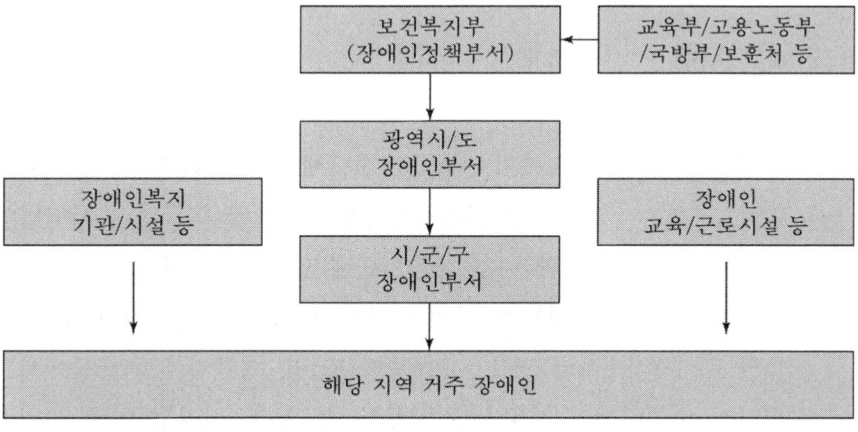

즉, 장애인 복지 공공 부문 전달체계는 중앙정부의 장애인 정책부서를 정점으로 하여, 광역시도 장애인부서 그리고 그 아래로 시・군・구 장애인부서에서 장애인을 대상으로 서비스를 제공하게 된다.　그리고

이와 같은 전달은 관련 법률에 따라 제공하게 된다.

한편 장애인복지법 제12조에서는 특별히 장애인을 위한 전달체계를 규정하고 있는데 이는 〈표 7-2〉와 같다. 이에 대해서는 앞서 장애인복지법에 관한 설명에서 하였으므로 생략하기로 한다.

〈표 7-2〉 장애인복지법에 의한 장애인복지 전달체계

전달체계	설 명
장애인정책조정위원회	총리 산하의 위원회 장애인을 위한 종합정책을 수립 관계 부처 간의 의견을 조정 정책의 이행을 감독·평가
장애인정책 책임관	장애인정책을 효율적으로 수립·시행하기 위하여 소속공무원 중에서 장애인정책책임관 지정
지방장애인복지위원회	지방자치단체에 설치 장애인복지사업을 기획·조사·실시하는 데 필요한 사항 심의
장애인복지상담원	복지 현장에서 장애인의 복지 향상을 위한 상담·지원 등의 업무 담당 시·군·구에 배치 업무 수행 시 개인의 인격존중, 업무상비밀유지 의무

2. 민간 부문 서비스 전달체계

민간부문 장애인 복지 서비스 전달체계는 사회복지재단, 자원봉사단체, 사회복지협의회, 사회복지협의체, 각종 장애인 관련 사단법인 등이 대표적이며, 개인일 수도 있고 단체 일 수도 있다.

이들 민간 부문에서의 서비스 전달체계는 국가가 정한 법령, 예를 들면 장애인 복지의 경우, 사회복지사업법, 장애인복지법 등에서 정한 서비스 범주내에서 서비스를 제공할 수 있다. 그리고 이들 서비스 전달체계는 각 민간부문에 따라 다르다. 예를 들어, 사단법인이 장애인자립생활센터를 운영할 경우, 그 전달체계는 먼저, 해당 시/군의 지원을 받아 센터장이 주 책임자가 되며, 센터 직원이 장애인을 대상으로 장애인 자립을 위한 제반 활동을 하게 된다.

〈그림 7-2〉는 장애인복지 민간부문의 전달체계를 그림으로 제시한 것이다.

〈그림 7-2〉 장애인복지 민간부문 전달체계

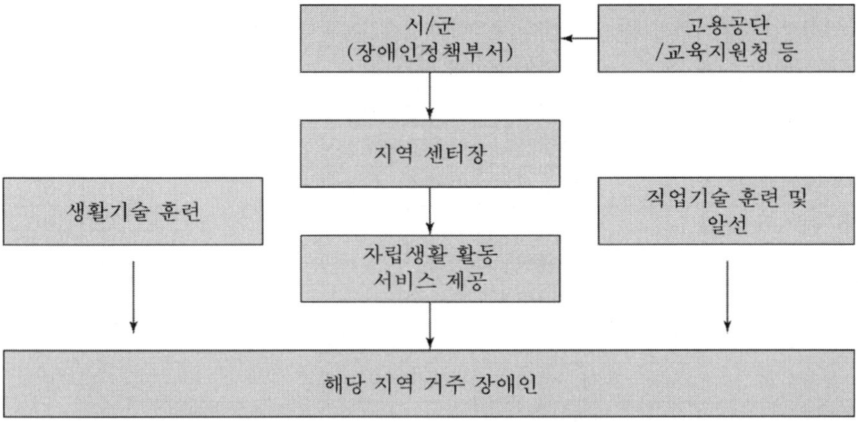

민간 부문에서의 전달체계는 주로 장애인 관련 단체가 운영하는 단체가 담당하고 있는데, 이는 사단법인과 재단법인 그리고 비영리 민간단체 등으로 구분된다.

〈표 7-3〉은 2012년 기준 장애인 복지관련 단체를 법인 유형별로 정리한 것이다(보건복지부 2012).

〈표 7-3〉 우리나라 장애인 복지관련 단체

단체명	유 형	단체명	유 형
한국시각장애인연합회	사단법인	한국척수장애인협회	사단법인
한국농아인협회	사단법인	한국장애인직업재활시설협회	사단법인
한국지체장애인협회	사단법인	한국자폐인사랑협회	사단법인
한국지적장애인복지협회	사단법인	한국장애인자립생활센터총연합회	사단법인
한국뇌성마비복지회	사단법인	해냄복지회	사단법인
한국장애인부모회	사단법인	전국장애인부모연대	사단법인
한국장애인복지시설협회	사단법인	한국언어재활사협회	사단법인
한국장애인재활협회	사단법인	국제키비탄한국본부	사단법인
장애우권익문제연구소	사단법인	한국신장장애인협회	사단법인
한국의지보조기협회	사단법인	한국장애인재단	재단법인
자행회	사단법인	푸르메재단	재단법인
한국신체장애인복지회	사단법인	이형섭복지재단	재단법인
한국장루협회	사단법인	한국장애인개발원	재단법인
한국장애인단체총연맹	사난법인	장애인편의시설촉진시민연대	비영리민간단체
한국장애인복지관협회	사단법인	중증장애인이동지원전국협의회	비영리민간단체
한국여성장애인연합	사단법인	한국장애인도우미견협회	비영리민간단체
한국장애인연맹	사단법인	한국작은키(연골무형성증)모임	비영리민간단체
한국장애인단체총연합회	사단법인	한국장애인그룹홈교사협회	비영리민간단체
장애인먼저실천운동본부	사단법인	한국근육장애인협회	비영리민간단체
한국뇌병변장애인인권협회	사단법인	자랑스러운 한국장애인상	비영리민간단체
한국장애인인권포럼	사단법인	한국호흡기장애인협회	비영리민간단체

제 3 절 장애인복지서비스 전달 하위체계

이제까지 살펴본 장애인 복지 전달체계는 넓은 의미에서의 체계를 의미하는 것이고 실질적인 서비스 전달을 위한 하위 체계는 보다 상세하게 마련되어 있다.

이와 같은 서비스 전달체계는 서비스 마다 각각 마련되어 있어 이를 모두 언급하기에는 지면이 부족하다. 따라서 여기에서는 장애인 등록과 활동지원 신청에 관하여 간단히 설명하기로 한다. 이 내용은 보건복지부 2014 장애인복지사업 안내(1)에 의한 것임도 밝혀둔다.

장애인 등록과 활동지원신청은 비록 별개의 사안이나 활동지원을 신청하기 위해서 장애인 등급을 재심사하는 경우가 많으므로 여기에서는 이를 통합하여 설명하기로 한다.

〈그림 7-3〉은 장애인 등록과 활동지원 신청하는 과정을 도표로 제시한 것이다.

〈그림 7-3〉에서 보는 바와 같이 장애인 등록은 먼저 장애인 등록 신청을 하여야 한다. 이때 장애인이 반드시 해당 읍·면·동 사무소에 갈 필요는 없고 보호자가 방문하여 신청서를 작성하면 된다.

〈그림 7-3〉 장애인등록 및 활동지원 신청

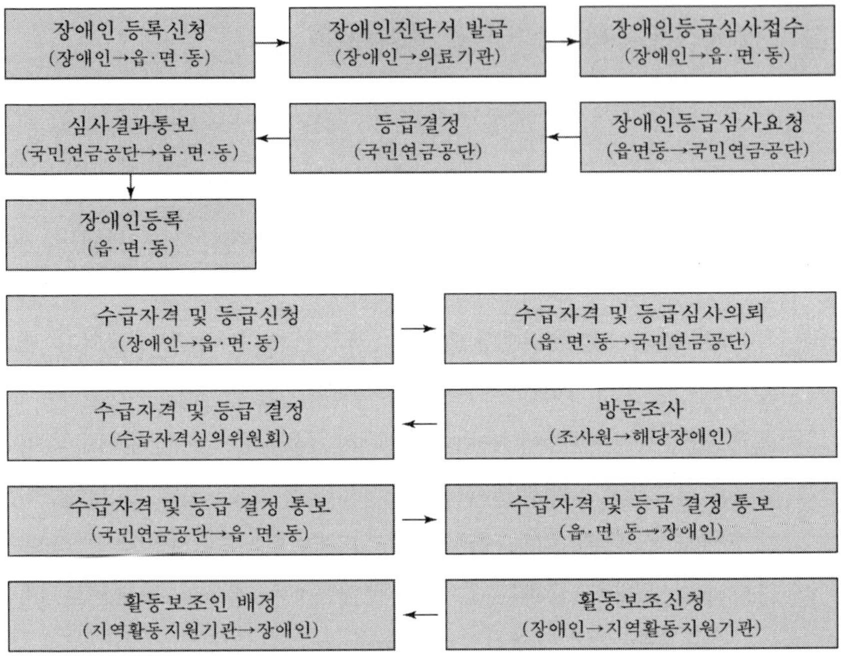

다음 절차는 의료기관에서 발급하는 장애 진단서를 발급 받게 되는데, 이때 장애 등급이 명시 되지 않고 의사의 소견서만이 제출된다.

의사의 진단서를 받은 경우 해당 읍・면・동 사무소에서는 이를 국민연금공단에 장애등급심사를 요청하고 국민연금공단에서는 의사가 참여하는 회의에서 장애유형 및 등급을 결정하여 그 결과를 해당 읍면동 사무소에 통보한다. 결국 장애 유형 및 등급 결정은 진단서를 발급하는 의사가 하는 것이 아니라 국민연금공단 회의에서 결정되는 것이다.

해당 읍・면・동사무소에서는 이를 곧바로 해당 장애인에게 통보하고 장애인 등록을 하게 되는데, 만일 장애 등급과 유형 등에 대하여 장애인이나 그 보호자가 사유를 적어 이의를 신청하게 되면, 국민 연금공단에서는 그 심사를 다시하게 된다.

결과적으로 장애등급이 2급 이상으로 결정되면 해당 장애인 또는 그 보호자는 관할 읍・면・동사무소에 수급자격 및 등급 신청을 하게 된다. 읍·면·동사무소에서는 그 신청서를 국민연금공담으로 보내 수급자격 및 등급을 심사하게 된다. 이때, 국민연금공단에서는 조사원을 통하여 해당 장애인을 조사 평가하고 그 결과를 바탕으로 수급자격심의위원회를 열게 된다. 수급자격심의 위원회에서는 해당 장애인이 수급자격이 있는지 검토하여 수급자격이 있을 경우, 몇 등급에 해당하는지를 결정하게 된다. 이와 같은 심의 결과는 곧바로 읍·면·동사무소를 경유하여 해당 장애인에게 전달되며, 그 결과에 불복하는 경우 재심의를 요청할 수 있다.

결과적으로 수급자격이 있고 등급이 결정된 경우, 해당 장애인 또는 그 보호자는 지역에 있는 활동지원지원기관에 활동지원을 신청하게 되면 활동지원지원기관에서는 장애의 유형을 고려하여 가장 적합한 활동지원사를 배치하게 된다.

제 4 절 장애인복지서비스 전달체계의 문제점

전달체계는 그 효율성과 욕구충족 측면에서 볼 때 가장 기본적이면서도 가장 중요한 부분이다. 그러나 우리나라 장애인복지서비스 전달체계는 몇가지 문제점을 안고 있다.

첫 번째는 서비스 전달체계와 통제(감독)체계가 이원적이라는 점이다. 우리나라의 경우 서비스의 전달은 중앙정부가 하는 경우도 있고, 지방자치단체가 독자적으로 수행하는 경우도 있다. 그러나 사실상 통제(감독)는 중앙정부 중심의 체계를 따르고 있다.

그 원인은 당연히 지방자치 단체의 경제자립도와 관련이 있을 것이다. 우리나라 지방자치 단체의 경제 자립 수준은 미미한 수준이기 때문에 중앙정부의 통제를 벗어날 수 없는 것이다.

또한, 지방자치 단체에 장애인복지를 전문적으로 수행할 만한 사무관급의 공무원이 절대적으로 부족한 점도 있다. 사회복지과장을 사회복지를 전공한 전문가가 담당하고 있는 지방 자치단체는 찾기 어렵다.

따라서 지방자치단체가 독자적인 장애인 복지서비스 전달체계를 마련하기 위해서는 경제자립도 향상과 더불어 지방자치단체의 전문성 확보가 필요할 것이다.

둘째는 현행 전달체계가 장애인의 욕구를 제대로 반영하고 있는 지에 대한 의문이 있다. 중앙정부의 보건복지부가 장애인에 관련한 업무를 하고 있으나 관련 교육부, 고용노동부 등과의 협력관계가 애매하고, 지방자치단체에는 기껏해야 사회복지과 한 개 부서에서 장애인 복지문제를 취급하고 있다. 어느 지방자치단체에는 아예 사회복지과도 없이 주민지원과가 담당하고 있기도 하다.

이와 같은 상황에서 장애인의 다양한 욕구를 담당 공무원이 제대로 파악하지 못하고, 장애인 단체의 요구에 이끌려 장애인 복지 서비스 정책을 입안하게 되는 것이다.

셋째로, 장애인에 대한 체계적인 지원이 가능한 전달체계가 없이 해당 법령에 따라 그 때 그 때 서비스를 제공하는 문제를 유발하고 있다. 장애인이 장애인 등록을 하고 난후 읍·면·동 사무소로부터 받는 것은 장애인 복지 시책을 담은 안내 책자가 고작이다.

한 사람의 장애인이 그 삶의 질을 향상시키기 위하여 어떤 지원이 필요하고 이를 위하여 어떤 준비를 하여야 하는지에 대한 포괄적이고 생애지향적인 계획이 없다는 것이다.

물론 가장 이상적인 전달체계는 한사람의 장애인으로 의심되는 사람이 있을 경우, 그 사람을 대상으로 하여 장애인 등록부터 지원방향 설계에 이르기까지 서비스 전달자가 일괄 처리하는 전달체계를 갖는 것이다. 물론 이와 같은 전달체계를 갖추기에는 아직까지는 요원하겠지만 이를 향해 노력하는 전달체계라도 갖추어졌으면 하는 바람이다.

제 8 장

장애인의 자립생활

제 1 절 패러다임의 변화

1. 패러다임의 의의

방송 등의 매체를 보면 흔히 "패러다임이 변화하였다"는 말을 듣게 된다. 이는 뭔가가 달라졌다는 의미일 수 있는 것인데, 사전적 의미로 보면 패러다임은 "어떤 한 시대 사람들의 견해나 사고를 근본적으로 규정하고 있는 테두리로서의 인식의 체계, 또는 사물에 대한 이론적인 틀이나 체계를 의미하는 개념"으로 정의하고 있다(표준국어사전).

이와 같은 개념에서 볼 때 패러다임을 간단히 요약하면 그 시대의 사회문제를 푸는 공식(公式)인 것이다. 즉, 패러다임은 수학에서 문제를 푸는 공식이 있듯이, 사회문제를 푸는 공식이 있다는 것이다.

예를 들어 우리나라에는 형사취수제(兄死聚嫂制)가 있었다고 한다. 이는 고구려나 부여시대에 있었던 제도였는데, 형이 죽으면 그 동생이 형수를 아내로 삼아 살아가는 제도인 것이다. 이와 같은 제도를 활용한 이유는 물론 여러 가지 이유가 있었겠지만, 당시의 상황으로 볼 때, 아마도 남자는 전쟁터에 가서 많이 죽었을 것이다. 그리고 형수는 그 자식과 함께 농사를 지으며 살기가 매우 어려웠을 것이다. 그리고 정권의 입장에서 보면 이 문제가 사회문제가 되었을 것임은 자명하다. 그래서 아마도 그 동생이 죽은 형을 대신하여 형수와 조카를 거둘 수 있도록 한 제도일 것이다. 이것이 바로 그 시대의 패러다임 것이다.

또한 조선시대에는 칠거지악(七去之惡) 풍습이 있었다. 현대를 사는 우리에게는 말도 안 되는 풍습이었지만 당시엔 통용되었던 모양이다. 그런데 칠거지악(七去之惡)에 걸려 쫓겨 난 여인은 어찌 살았을까? 아마도 당시에 칠거지악에 걸려 쫓겨 난 여인네가 많았을 것이고, 이로 인한 사회문제가 도처에서 발생하였을 것이다. 그래서 이와 같은 사회문제를 해결하기 위해서 쫓겨 난 여인이 성황당에 서 있으면 먼저 본 선비가 이 여인을 데려다 살게 하였다고 한다. 이 역시 당시의 사회 문제를 해결하는 패러다임인 것이다.

이와 같이 사회문제를 해결하는 공식이 바로 패러다임인데, 이와 같은 해결공식이 일반화 되었을 때에는 법으로 정해지기도 하고, 판례로 남기도 한다. 즉, 제도적으로 뒷받침되는 것이다.

2. 장애인에 대한 인식 패러다임 변화

과거 장애인에 대한 사회적 인식은 매우 따가웠다. 현재에도 장애를 부끄럽고 잘못된 것으로 인식하고 있기도 하다. 예를 들어 10여 년 전 경남의 어느 교회 목사는 지적장애가 있는 아들을 수년간 쇠사슬로 감금하였다고 한다. 장애가 있는 아들은 교회 작은 방에서 양쪽 발목에 쇠사슬을 묶인 채 생활하였다고 한다.

아마도 이와 같은 일이 불과 100년 전에 있었다면 뉴스거리가 되지 못하였을 것이다. 왜냐하면 당시의 장애인은 특히 지적장애인은 마귀가 든 사람이거나 적어도 그들에게 인권이란 없었기 때문이다.

그러나 지금은 장애인에 대한 인식이 크게 달라져 있다. 장애인에 대한 인식 패러다임이 변화한 것이다. 장애인도 하나의 인격체로서 당당한 시민으로서의 권리가 있다는 것이다.

장애인에 대한 인식 패러다임이 변화한 내용을 정리하여 보면, 산업혁명 이전의 시기에는 다분히 인권이 없는 시기였으며, 산업혁명 시대, 이 시기를 모더니즘(modernism)시기라고 하는데 이 시기에는 장애인을 인권은 있으나 생산성이 떨어지는 사람으로 보던 시기였다. 또한 산업혁명 시기, 이를 포스트모더니즘 시기라고 하는데 이 시대에는 장애인도 하나의 인격체로서 그들의 권리를 보장하는 시기인 것이다.

〈표 8-1〉은 장애인 인식 패러다임 변화를 시대별로 요약한 것이다.

〈표 8-1〉 장애인 인식 패러다임 변화

시 대	장애관련 키워드	시대 이념 및 가치
산업혁명 이전	- 마귀, 불행, 외면, 비정상	- 육체노동
산업혁명(모더니즘)	- 차별 - 수용 - 분리 - 생산성 - 재활 - 비정상 - 개인	- 기계화 - 량(量)의 시대 - 생산성 향상 - 경쟁 - 암기 - 통일성 - 경영 - 집단
산업혁명이후(포스트모더니즘) 정보화 혁명	- 주류화 - 통합 - 자립 - 환경	- 질(質)의 시대 - 협력(팀워크) - 창의 - 다양성 - 복지 - 정보화 - 개별

〈표 8-1〉에서 보는 바와 같이 산업혁명 이전기의 장애인 및 시대이념은 언급할 만한 내용이 그다지 없다. 따라서 여기에서는 모더니즘시대와 포스트모더니즘 시대를 구분하여 패러다임의 변화를 설명하고자 한다.

먼저, 모더니즘 시대 즉, 산업혁명기 당시의 시대적 이념 및 가치는 기계화로부터 시작된다. 즉, 종전의 육제노동에 의한 농경활동에서 기계에 의한 산업활동으로 생산성이 비약적으로 발달하게 된다.

자동화된 기계에 의하여 공산품이 쏟아지고 그로 인한 인간의 풍요로움은 가히 혁명적으로 발달하게 된다. 이전까지 육제노동에 의존하여 힘센 사람이 사회를 지배하였으나, 이제 어려운 육제노동은 기계가 대신하여 주므로, 힘센 사람보다는 암기력이 뛰어난 기술자가 사회를 지배하게 되었다. 공산품은 소품종대량생산을 하게 되었고, 이로 인하여 원가가 떨어져서 판매가격도 낮아지게 되었다. 즉, 자동화의 혜택인 것이다. 이는 곧 균일화를 강조하게 되어 통일성을 부각시키게 되고, 사회에서는 교복과 같은 유니폼을 즐기게 되었다.

이와 같은 상황에서 장애인은 통일성에 저해되는 사람들로 치부되었다. 왜냐하면 자동화기기에 앉아 생산성을 발휘하기 위해서 정해진 능력을 보유해야 하는데 장애인은 그렇지 못하였기 때문이다. 그래서 모든 산업에서 장애인은 배제되어 차별이 이루어지게 되었다.

또한 교육에서도 생산성이 강조되어, 특수학교가 만들어지고 장애인은 장애인끼리 교육하는 분리 교육을 실시하게 되었다. 이는 당시사회에서는 매우 긍정적인 패러다임으로 가장 최선이라고 생각하였다. 즉 당시의 패러다임인 것이다. 또한 노동력이 부족한 장애인이지만 이들에 대한 인권은 있다고 생각하여 별도의 수용시설에 수용하여 평생 굶지 않고 생활할 수 있는 공간을 마련하여 주었다.

이 당시 의학도 발전하여 장애인에 대한 재활연구를 활발히 한 결과로서 장애인을 정상인으로 만들 수 있다는 생각을 갖게 되었다. 즉, 최대한 장애인을 정상인과 유사하게 만들고자 하는 노력을 한 것이다. 이것이 재활패러다임이다.

그러나, 시대가 발전하면서 패러다임도 변화하기 시작하였다. 산업혁명 이후 우리 사회는 정보화 혁명의 시대를 맞게 되었다. 정보화 혁명의 시대와 산업 혁명의 시대 간의 중요한 차이는 사람의 두뇌를 기계가 대신할 수 있는 가에 관한 것이다. 산업혁명시대에는 기계가 아무리 발달한다고 해도 사람의 두뇌를 대신하기에는 무리가 있다는 생각을 가지고 있었지만, 정보화 혁명시대가 도래한 후, 기계가 인간의 두뇌를 대신하게 되었다. 독자도 생각해보라. 암기하고 있는 전화번호가 몇 개나 되는가? 정보화 혁명 이전 시대에는 대부분의 독자는 전화번호를 상당히 많이 암기 하고 있었다. 그러나 이제는 그 두뇌의 역할을 모바일 폰이 대신하고 있는 것이다.

정보화 혁명의 시대는 포스트모더니즘 시대라고 한다. 이 시대는 모더니즘 시대와 달리 량(量)의 시대에서 질(質)의 시대로 패러다임이 변화하였다. 질의 시대에는 남과 같은 통일성을 거부한다. 즉, 남 같은 나가 아니라 남 다른 나를 강조한다. 즉 개성을 강조하는 것이다.

그리고 이 시대에는 경쟁을 통하여 타인을 이기려는 것 보다는 함께 하는 사회를 강조하여 경쟁보다는 화합을 강조한다. 또한 암기에 의한 지식이 높은 것을 강조하기 보다는 창의적인 것을 강조하고, 타인의 다양성을 인정하는 패러다임으로 변화하였다.

이 시기 장애인에 대한 인식도 변화하였다. 앞서 언급한 바와 같이 시대적인 이념이 다양성을 강조하게 되어 장애인의 경우도 다양한 사람 중 한 유형으로 인식하게 된 것이다. 그리고 질의 시대를 맞아 얼마나 사는 것이 중요한 것이 아니라 어떻게 사는 것이 주요하다는 점을 강조하게 되면서, 장애인을 수용시설에 가두고 그들의 삶을 제약하는 것은 죄악이라는 인식을 갖게 되었다. 참으로 엄청난 패러다임의 이동인 것이다.

타인의 다양성을 인정하면서 집단화가 아니라 개개인의 특성을 고려한 개별성을 강조하게 되고 그로 인하여 분리에 의한 교육 보다는 통합에 의한 교육을 강조하게 되었으며, 장애인의 경우 이들이 일반사회에서 함께 생활하여야 할 대상이라는 생각을 갖게 되었다. 이것이 바로 주류화이고 사회통합이다.

또한 물질이 만능이 아니며, 행복한 삶이 더욱 중요하다는 인식과 함께 장애인을 독특한 개인으로 인정하기 시작하였다. 그로 말미암아 장애인은 정상으로 재활되어야 할 대상이 아니며 그 자체로 인정되어야 할 대상이라는 인식을 갖게 되었다. 즉, 얼마든지 장애인으로서도 건강하게 인간다운 삶을 영위할 수 있다는 생각을 갖게 된 것이다.

이와 같은 시대 이념의 패러다임 변화는 장애를 보는 시각에서 극적인 변화를 보인다. 즉, 장애인은 그 자체로 사람으로 인정하여야하는데, 이 사회가 장애가 있는 사람들이 편리하게 생활할 수 있는 환경을 제공하고 있지 못하다는 생각을 갖게 되었다. 이와 같은 시대이념 패러다임의 이동으로 인하여 장애인 편의 시설이나 활동지원사 제도가 사회적으로 용인되고 마련되게 되었다. 물론 그 정도로는 미약하지만 방향만큼은 올바른 방향이라 할 수 있겠다.

제2절 자립생활 패러다임

1. 자립생활의 의의

자립생활(Independent Living)은 장애인이 사회에서 독립하여 당당한 사회의 일원으로 생활하고자 하는 것으로, 이를 위한 운동이 1970년대부터 미국에서 일기 시작하면서 장애인의 권리 찾기 운동으로 발전하게 된 것이다.

자립생활의 이념은 장애인 문제는 장애인 스스로 결정하여야 한다는 자기결정권을 강조한다. 이와 같은 자기 결정권 문제는 당연한 주장일수 있으나 그간 장애인들은 자신의 문제를 스스로 결정하지 못하고 관련자 즉, 의사, 사회복지사, 치료사 등에 의존하여 결정되는 구조에 갇혀 있었기 때문에 자기결정권을 확보하기 위해 저항하게 된 것이다.

이 운동 역시 장애인 복지에 있어 중요한 패러다임 이동인 것이다. 예를 들어 장애인이 의사를 찾아 상담하게 되면 의사는 장애인을 재활의 대상으로 본다는 것이다. 장애인은 아프고 병이 있거나, 일반인들과 다르므로 자신이 처방하여 일반인들처럼 만들고자 한다는 것이다. 이는 한편으로 맞는 듯 보이지만 장애인의 입장에서 보면 장애인이 일반인들과 동일해야만 할 이유가 없고, 치료나 재활에 있어서도 일반들과 같이 재활을 원하는 사람이 있는가 하면 그렇지 않은 장애인도 있는 것이다. 즉, 그 결정의 주체가 의사가 아니라 장애인 이어야 한다는 것이다. 또 일부 장애인의 경우 시설에 들어가고 싶은 사람이 있는가 하면 일반사회에서 살고 싶은 사람이 있는데 그 결정을 복지사가 하게 된다면 장애인의 자기 결정권이 없어지는 문제가 발생한다.

이와 같은 배경에서 장애인은 자기결정권을 장애인에게 달라는 요구를 하게 되고, 장애인도 다른 일반인들처럼 모든 결정에 있어 장애인 본인의 결정을 존중하라는 요구를 하게 된 것이다.

2. 자립생활패러다임

패러다임 측면에서 볼 때, 자립생활패러다임 시대 이전을 재활패러다임시대라고 한다. 그 이유는 장애인을 기존에는 재활의 대상으로 보아왔기 때문이다.

이 운동으로 인하여 변화하게 된 패러다임은 〈표 8-2〉의 자립생활패러다임 변화와 같다.

1) 장애

장애를 보는 관점에서 재활패러다임에서는 장애를 기본적으로 비정상으로 본다. 이는 다분히 의학적 관점에서 본 시각으로서 장애인은 곧 환자인 것이다. 그러나 자립생활 패러다임에서는 이와는 다른 의견을 제시한다. 물론 장애인이 아픈 경우도 있겠으나 이는 일반인도 마찬가지이고, 장애인은 장애 부분에서 기능 상실이 있지만 환자는 아니라는 관점이다. 따라서 자립생활 패러다임에서는 장애인을 그저 한 개인으로 인정 할 것을 요구하고 있다.

〈표 8-2〉 자립생활 패러다임 변화

구 분	재 활	자립생활
장 애	- 비정상	- 한 개인
처 방	- 환자(의사 중심) - 치료사 중심	- 고객
개 입	- 개입 - 봉사(시혜) - 보호	- 장애인의 선택사항
결 정	- 담당자 또는 위원회 결정	- 장애인 당사자 결정
복지서비스	- 제공자	- 소비자
이동/접근	- 장애로 인한 문제	- 환경으로 인한 문제

2) 처방

의사의 경우 장애인을 환자로 보고, 비정상으로 인식하기 때문에 반드시 재활 과정을 통하여 치료 받아야 할 대상으로 생각하고 있다. 거기에 해당 장애인의 의견은 제외된다. 마찬가지로 치료사(물리치료사, 작업치료사 등)의 경우도 장애인을 비정상적인 환자로 인식하고 치료해야할 대상으로 본다,

그러나 자립생활 패러다임에서 볼 때 장애인은 반드시 치료받아야 할 대상이 아니라는 것이다. 해당 장애인의 의사에 따라 치료 받을 수도 있고 아닐 수도 있는 고객일 뿐이라는 것이다. 즉, 중심이 의사나 치료사에게 있는 것이 아니라 장애인에게 있는 것이다.

3) 개입

재활패러다임에서는 치료나 지원 개입을 하는 경우 이는 봉사나 보호 측면에서 접근한다. 즉, 장애인은 시혜를 받아야 하는 보호의 대상

인 것이다. 그러나 자립생활 패러다임에서는 보호를 받거나 반드시 지원을 받아야 하는 배려대상의 존재가 아닌 것이다. 한 사람의 시민으로서 당당히 치료가 필요하면 치료를 받고 지원을 받을 것이 있으면 지원을 받는 것이다.

독자는 장애인이 치료비나 봉사료와 같은 비용을 지급하지 못하거나 면제받을 경우, 이는 당연히 시혜나 봉사가 아닌지 의심하면서 장애인 인권단체들이 억지 주장을 한다고 생각 할 수 있을 것이다. 그러나 이에 대해서는 아래 결정과 복지 서비스 부분에서 자세히 설명할 것이다.

4) 자기결정

이는 가장 중요한 자립생활 패러다임 이념인데 재활 패러다임에서는 장애인을 위한 결정을 할 때 장애인은 배제될 수 있었다. 즉, 국가가 장애인 복지를 하면서 그 서비스 비용을 정부가 제공하고 있으므로, 가장 적합한 방법으로 서비스를 제공하고자 하는데 반드시 장애인의 의사를 반영할 필요가 없다는 생각이었다.

그러나 자립생활 패러다임에서는 생각이 다르다. 자신의 삶을 결정하는데 당사자인 본인이 배제되는 것은 합당하지 않으며, 비록 그 비용이 정부로부터 지급되는 것이라 할지라도 해당 장애인을 위한 서비스이므로 그 서비스를 받는 사람이 서비스 제공자를 고용하고 있다는 생각이다. 이에 대해서는 아래 복지서비스 부문에서 좀더 언급하기로 한다.

따라서 실천모델로서 자립생활은 장애인에 의해서 운영되고 통제되는 프로그램으로 당사자 개인의 역량강화와 지역사회 권익옹호활동에 치중하는 지역사회를 기반으로 하는 서비스 모델을 의미한다(윤재영, 2010).

5) 복지서비스

재활 패러다임에서는 복지서비스를 제공하는 경우, 그 관점을 제공하는 사람을 중심으로 인식하였다. 즉, 장애인은 시혜를 받는 사람인 것이다. 그런데 자립생활 패러다임에서는 서비스 제공을 받는 일을 소비자 측면으로 접근한다. 예를 들어 활동지원서비스의 경우를 예로 들어보자.

활동지원 서비스는 장애인의 내·외부 활동을 지원하기 위하여 국가가 대부분의 비용을 지원하여 장애인의 활동을 돕는 제도이다. 그러므로 장애인 본인이 부담하는 비용은 매우 미미하다 할 수 있다.

이를 재활 패러다임 관점에서 볼 경우, 활동지원 서비스는 일종의 시혜에 해당한다. 장애인을 위한 배려인 셈이다. 그러나 자립생활 패러다임관점에서 볼 때에는 선혀 그렇지 않다. 왜냐하면, 국가가 부담하는 활동서비스 비용도 해당 장애인을 위해 지급된 금액이고 그 비용을 사용할 것인가 아닌가 여부를 결정하는 것은 장애인이기 때문에, 장애인은 곧 소비자라는 생각이다. 따라서 자립생활 패러다임 관점에서 볼 때, 활동지원사는 장애인이 비용을 부담하고 고용한 사람이 되는 것이다. 그러므로 활동지원인의 선택과 서비스의 요구는 장애인에게 있는 것이지 활동지원사에게 있는 것이 아니라는 것이다. 이와 같은 논리는 노인요양보호사의 경우도 마찬가지이다.

6) 이동 및 접근

재활 패러다임에서는 장애인의 이동 및 접근권에 대하여 매우 미온적이다. 왜냐하면 장애인은 속히 재활하여 일반인들처럼 살아가야 할 대상이기 때문이다. 그러나 자립생활 패러다임에서는 보는 관점이 다르다. 장애인은 엄연한 사람이고 사람은 볼 수도 있고, 보지 못할 수도 있으며, 들을 수도 있고 듣지 못할 수도 있다. 또한 걸을 수도 있고 걷지 못할 수도 있는 것이다.

그러나 환경은 대부분 그렇지 못하다. 사회 환경은 보지 못하는 사람, 듣지 못하는 사람, 특히 걷지 못하는 사람을 위한 시설이 없다. 즉, 걸을 수 있으며 볼 수 있는 사람만을 위한 환경인 것이다.

즉, 사람은 볼 수 있거나 없는 사람, 들을 수 있거나 없는 사람, 걸을 수 있거나 없는 사람이 있는데 환경은 오직 보고, 듣고, 걸을 수 있는 사람만을 위한 환경이라는 것이다.

따라서 장애인의 이동 및 접근권 요구는 정당한 요구이고, 이를 무시하는 것은 차별이며, 이 차별에 저항하는 것은 당연하다는 주장이다.

〈표 8-3〉은 장애인 문제를 보는 시각을 패러다임별로 구분하여 설명한 것이다.

〈표 8-3〉 패러다임별 문제의 시각

구 분	재 활	자립생활
일반인 (비장애인)	사람	사람
장애인	일반인으로 재활되어야 할 사람	사람
이동의 본질	재활이 이뤄지지 못해 어쩔 수 없는 것임	같은 사람이므로 환경에 문제가 있는 것임
장애대상	장애인 본인	환경이 장애임
이동지원	시혜	권리

3. 장애인자립생활센터

장애인자립생활센터(Centers for Independent Living)는 1970년대 초 미국에서 최초로 설립되었다. 이후 자립생활센터에서는 장애인 당사자들이 중심이 되어 운영하였으며, 우리나라의 경우 장애인복지법 제53조(자립생활지원), 제54조(중증장애인자립생활지원센터), 제56조(장애동료 간 상담)등에 의하여 자립생활 센터를 지원하고 있다.

1) 자립생활센터의 사업

보건복지부에서는 자립생활센터 운영 방향을 장애인이 중심이 된 의사결정, 서비스 제공, 운영, 장애인들 간에 서로 지원하고 옹호하는 동료지원(peer support), 모든 장애인의 참여에 두고 있다. 그리고 보건복지부 2010년 자료에 의하면 센터가 할 수 있는 사업으로서 〈표 8-4〉와 같은 사업이 있다.

〈표 8-4〉 우리나라 장애인 자립생활센터 사업

사 업	내 용	비 고
정보제공과 의뢰	자립생활에 영향을 미칠 수 있는 각종 제도·정책, 지역사회 자원에 대한 정보제공과 다른 기관에서 적절한 서비스를 받을 수 있도록 알선하는 활동 (Information/Referral).	
권익옹호	개인적·사회적 권리침해에 대해 옹호적 활동을 하고, 법률적 자문 지원, 인권교육 및 인식 개신사항(Advocacy).	
동료상담	자립생활을 경험한 동료장애인에 의하여 제공되는 상담. 가족관계, 지역사회자원 활용방법, 곤란한 문제에의 대처 방법 및 법률적 자문 등에 대해 상담 또는 정보제공(Peer Counseling).	
자립생활기술 훈련	스스로의 의사결정의 중요성, 활동지원서비스 관리, 신변처리 및 일상생활 관리, 개인 재정관리, 지역사회 자원의 활용 등에 대한 교육프로그램·동료지원방식 활용(Independent Living Skill Training). *자립생활 체험홈 활용 프로그램 포함. *장애인의 자립을 위한 기본적인 교육활동 프로그램 포함 (예: 야학, 검정고시 대비 등)	
활동지원 서비스	중증장애인에게 신변활동, 가사 및 일상생활의 보조, 이동 등의 활동지원 서비스 지원(Personal Assistance Service).	선택
주거서비스	주택의 개조(改造), 소개, 주택비용의 조성, 지원 제도의 활용 등의 서비스(Assistance in obtaining and modifying accessible housing).	선택
이동서비스	리프트 차량 등을 활용한 이동(Door to Door)서비스 (Transportation).	선택
보조기구 관리, 수리, 임대	각종 장애인보조기구, 관련 장비의 유지·관리 및 지원 (Equipment maintenance, repair and loan).	선택
기타 사업	시설장애인의 자립생활전환 지원사업, 장애청소년사업, 가족지원사업, 교육·훈련사업, 고용지원사업, 자원개발사업 등 기타 사업.	선택

2) 자립생활센터의 운영

(1) 운영위원회(최고의사결정기구)

자립생활센터는 최고 결정기구로 운영위원회를 두며 운영위원회에는 센터소장, 이용자대표, 외부인사(장애관련 학계 및 실무전문가 등) 등이 포함되어야 한다. 그리고 기타 시민단체 활동가, 지역사회 인사, 장애인단체 인사, 관련공무원 등도 포함될 수 있다. 단, 최고위원회 구성원의 과반 수 이상이 장애인이어야 한다. 그리고 운영위원회에서는 자립생활센터의 운영에 관한 모든 사항을 심의·결정하는데 그 내용은 아래와 같다.

- 센터 운영규정 등 각종 내부규정의 제정 및 개정·폐지
- 센터의 운영규칙 준수 여부에 대한 관리·감독
- 사업의 예산 및 결산의 심의 의결
- 센터 운영에 필요한 인적·물적 자원 발굴,
- 센터대표의 임면사항, 다만 법인이 운영주체인 경우에는 법인이 정한 정관 규정에 따른다.
- 기타 자립생활센터 운영에 필요한 사항

(2) 직원

직원 구성은 소장 1인, 사무국장 1인, 동료상담가 1인, 행정지원인력 1인을 최소한의 인력으로 구성하되, 센터의 여건에 따라 증원할 수 있다. 센터의 대표는 장애인을 우선으로 하며, 장애인복지 또는 사회복지 분야에서 실무 또는 활동경력이 있어야 한다. 센터 대표의 임기는 3년(연임 가능)으로 하고, 그 추천과 임명은 운영위원회에서 하고, 상급 법인 이사회나 회원총회가 있는 경우에는 임명 동의를 받아야 한다. 소장 이외의 직원에는 반드시 장애인이 1인 이상 포함되어야 한다.

센터 직원은 유급을 원칙으로 하고, 보수는 개인의 학력 및 경력

등을 고려한 연봉제를 원칙으로 하는데, 이때 시·도 협의 후 보수지급기준을 제정하고 이에 따라 지급한다. 시·도지사는 국고 지원 대상인 센터의 지원금 사용이 목적에 맞도록 사용(집행)될 수 있도록 지도·감독(사업비 비율 및 편성의 적절성 등)한다.

직원 교육은 직원들의 자기개발 및 훈련·교육 기회를 제공해야 하며 직원을 대상으로 자립생활 이념에 대한 교육과 직무에 대한 교육을 연 1회 이상 실시하여야 한다.

(3) 운영

센터에서는 운영에 대한 장기 및 연간계획을 수립하여야하는데 계획내용에는 센터의 목표와 미션, 목표를 달성하기 위한 사업계획 및 세부활동계획, 재정계획이 포함되어야 하며 사업계획에는 제공되는 서비스유형, 지원대상, 전달방법 등의 내용이 포함되어야 한다. 또한 사업계획수행을 위한 재원확보계획 및 인력배치 계획도 포함되어야 한다.

센터 운영 및 사업과 관련된 기록 및 자료를 정리하여 보관하여야 하는데 이때 반드시 포함되어야 할 자료로는 이용자의 규모, 특성, 개인별 자립생활서비스 이용실태 등과 직원 및 자원봉사자 등 인력자료, 재정운영 관련 자료, 최고위원회 및 기타 센터 의사결정과정 관련 자료 등이다.

시·도지사는 당초 사업계획대로 사업이 진행되는지 지도·점검을 하여야 하며 장애인자립생활센터는 시·도지사의 정당한 요구에 불응하여서는 안 된다. 그리고 사업 수행 실적을 반기별로 시·도지사 및 보건복지부장관에게 보고하여야 한다.

4. 자립생활센터 현황

〈표 8-5〉는 전국의 장애인자립생활센터를 제시한 것이다. 이들 센터는 비약적으로 증가하는 추세이며 제시한 센터들은 확보가능한 일부

에 불과하다는 점을 양해하기 바란다.

〈표 8-5〉 전국 장애인자립생활센터

지 역	센터명	소재지
서울	가온자립생활센터	서울시 마포구
	강동장애인자립생활센터	서울시 강동구
	광진장애인자립생활센터	서울시 광진구
	남은자장애인자립생활센터	서울시 강서구
	노들장애인자립생활센터	서울시 종로구
	노원중증장애인독립생활센터	서울시 노원구
	동작장애인자립생활센터	서울시 동작구
	성동장애인자립생활센터	서울시 성동구
	성북장애인자립생활센터	서울시 성북구
	아름다운행동 장애인자립생활센터	서울시 강서구
	이음장애인자립생활센터	서울시 영등포구
	은평장애인자립생활센터	서울시 은평구
	사단법인 장애여성공감 부설 장애여성독립생활센터[숨]	서울시 강동구
	도봉사랑길장애인자립생활센터	서울시 도봉구
	송파솔루션장애인자립생활센터	서울시 송파구
	중랑장애인자립생활센터	서울시 중랑구
	한울림장애인자립생활센터	서울시 관악구
경기	상록수장애인자립생활센터	경기도 안산시
	에바다장애인자립생활센터	경기도 평택시
	오산중증장애인자립생활센터	경기도 오산시

지 역	센터명	소재지
강원	아우름장애인자립생활센터	강원도 속초시
	원주장애인자립생활센터	강원도 원주시
충북	다사리장애인자립생활센터	충북 청주시
	직지장애인자립생활센터	충북청주시
	청원장애인자립생활센터	충분 청원군
	청주함어울장애인자립생활센터	충북 청주시
	충주장애인자립생활센터	충북 충주시
	옥천장애인자립생활센터	충북 옥천군
충남	다님길장애인자립생활센터협의회	충남 홍성군
부산	부산장애인자립생활센터	부산 북구
	영도장애인자립생활센터	부산시 영도구
	함세상장애인자립생활센터	부산 남구
대구	다릿돌장애인자립생활센터	대구시 동구
	대구사람장애인자립생활센터	대구시 중구
경북	경산장애인자립생활센터	경북 경산시
	안동장애인자립생활센터	경북 안동시
경남	김해장애인자립생활센터	경남 김해시
	마산장애인자립생활센터	경남 창원시

지 역	센터명	소재지	지 역	센터명	소재지
	의정부세움장애인자립생활센터	경기도 의정부시		사단법인밀양장애인자립생활센터	경남 밀양시
	일산서구햇빛촌장애인자립생활센터	경기도 일산서구		진해장애인자립생활센터	경남진해시
	포천나눔의집 장애인자립생활센터	경기도 포천시		창원장애인자립생활센터	경남 창원시
	새벽빛 공동체	경기도 수원시		사) 통영장애인자립생활센터	경상남도 통영시
	의왕시장애인자립생활센터	경기도 의왕시	광주	나눔장애인자립생활센터	광주광역시광산구
	수지장애인자립생활센터	경기도 용인시		오방장애인자립생활센터	광주광역시 북구
	김포장애인자립생활센터	경기도 김포시		한마음장애인자립생활센터	광주시 광산구
	화성동부자립생활지원센터	경기도 화성시		어울림장애인자립생활센터	광주광역시 북구
인천	민들레장애인자립생활센터	인천시	전남	여수장애인자립생활센터	전남 여수시
	인천장애인자립생활센터	인천시		순천팔마장애인자립생활센터	전남 순천시
	인천함께걸음장애인자립생활센터	인천시		목포유달장애인자립지원센터	전남 목포시
강원	강릉장애인자립생활센터	강원도 강릉시		광양장애인자립생활센터	전남 광양시
	동해장애인자립생활센터	강원도 동해시	전북	중증장애인지역생활지원센터	전라북도 전주시

제 3 절 장애인 자립을 위한 지원방안

장애인의 자립은 자립생활패러다임과 상통할 수도 있으나 반드시 일치한다고 볼 수는 없다. 그리고 장애의 유형에 따라 장애인의 자립을 지원할 방법 또한 다르다.

따라서 본 절에서는 특히 유념할 만한 장애 유형만을 선정하고, 신체장애와 정신장애로 구분하여 분야별 즉 의료, 교육, 직업, 사회심리적 관점에서 장애인의 자립 방안을 언급하기로 한다.

1. 신체장애

신체장애인의 상당수는 일반인과 다름없이 자립을 하고 있다. 그러나 장애의 정도가 중증인 경우 특히 척수손상으로 인한 장애의 경우 자립의 정도가 매우 제한될 수 있다. 또한 시각장애나 청각 장애의 경우 장애로 인한 활동에서 제한이 발생하기 때문에 이에 대한 지원이 필요할 것이다.

1) 의료

의료측면에서 중증 지체장애인의 경우, 추가적인 손상에 유의하여야 하고, 장애로 인한 합병증도 고려하여야한다. 예를 들어 휠체어 장애인의 경우 심한 욕창으로 고생할 수도 있고, 이로 인한 소화기 손상을 동반할 수도 있기 때문이다.

2) 교육

교육측면에서 볼 때, 지체 장애의 경우 학령기에 장애를 입은 경우, 장기간 병원 생활로 인하여 공부할 기회를 상실하게 되어, 비록 후에 일상생활을 할 수 있게 되어도 사회적응이나 직업을 갖기 어렵게 된다. 따라서 장애로 인하여 교육의 기회를 박탈당하지 않고 계속하여 교육기회를 제공하는 방안을 강구 하여야 한다.

예를 들어 병원학교와 같은 교육체제나, 순회교사 제도를 활용하는 방안도 고려할만하다. 다행히 병원학교의 경우 여러 지역에서 실시하고 있으며, 중증 장애 학생을 대상으로 한 순회교육도 실시하고 있어 학령기 장애 학생들에게 교육기회를 제공할 수 있게 되었다. 그럼에도 불구하고 아직도 미흡한 여건에 있는 것도 사실이다. 〈표 8-6〉은 우리나라 병원학교 현황을 지역별로 제시한 것이다.

〈표 8-6〉 우리나라 병원학교 현황

지 역	학교명	소재지
서 울	경희대의료원병원학교	서울 동대문구
	국립서울병원학교	서울 중구
	꿀맛무지개학교	서울 동대문구
	삼성서울병원학교	서울 강남구
	서울대학교병원학교	서울 서초구
	세브란스병원학교	서울 서대문구
	한국원자력병원학교	서울 노원구
	한양대학교병원학교누리봄교실	서울 성동구
부 산	동아대병원학교	부산 서구
	부산대학교병원학교	부산 서구
	인제대부산백병원학교	부산 부산진구
인 천	가천의대길병원학교	인천 남동구
	인하대병원학교	인천 중구
대 구	대동병원학교	대구 동구
	영남대원병원학교	대구 남구
대 전	건양대병원학교	대전 서구
	충남대학교병원학교	대전 중구
울 산	울산대병원다솜병원학교	울산 동구
경기도	국립안센터병원학교밝은교실	경기도 고양시
강원도	강릉아산병원학교희망교실	강원도 강릉시
	강원대학교병원학교	강원 춘천시
충청남도	단국대학교병원학교	충남 천안시
충청북도	충북대병원학교	충북 청주시
전라남도	화순전남대학교병원여미사랑병원학교	전남 화순군
전라북도	전북대학교병원학교한누리학교	전북 전주시
경상남도	경상대병원학교희망교실	경남 진주시
	국립부곡병원학교도담교실	경남 창녕군
	꿈사랑사이버학교	경남 창원시

3) 직업

직업 측면에서 신체장애인은 비록 경증인 장애인의 경우는 직업생활에 크게 문제가 없으나, 중증인 경우와 시각장애인의 경우는 직업을 구하는데 많은 애로가 발생한다.

물론 장애인고용공단과 같은 기관으로부터 직업을 소개 받기는 하지만, 실제로 근무하여 직업생활을 하기에는 일반인과 큰 차이가 있다. 따라서 장애인이 원만하게 직업생활을 할 수 있도록 하는 방안에는 두 가지 측면에서 접근할 수 있을 것이다.

그 첫째는 신체 장애인을 고용하는 기관에 대한 파격적인 지원이다. 현재 장애인을 고용하는 고용주에게는 장애인을 고용한 인원에 따라 고용 장려금을 지급하고 있다. 장애인고용공단에서 제시하고 있는 고용장려금은 〈표 8-7〉과 같다. 문제는 위와 같은 고용장려금이 과연 고용주에게 매력이 있는가 하는 점이다.

〈표 8-7〉 고용장려금

(단위 : 원)

구 분	경증남성	경증여성	중증남성	중증여성
입사일로부터 만 3년까지(100%)	300,000	400,000	400,000	500,000
입사 3년 초과 만 5년까지(70%)	210,000	280,000	400,000	500,000
만 5년 초과(50%)	150,000	200,000	400,000	500,000

* 고용된 근로자가 장애인이 되었을 경우에는 장애인등록일이 입사일.
* 동일 사업장에 12개월 내 재고용되었을 경우 기존 입사일자를 기준으로 산정
* 지급단가와 월임금액의 60%를 비교하여 낮은 단가 적용

둘째로, 신체 장애인의 직업을 적극적으로 개발하여야 한다. 예를 들어 시각장애인의 경우 안마 등에 국한되어 있는 직업군이나, 중증신체장애인 중 많은 수가 조립 등의 단순화 작업에 투입되고 있어 직업의 질을 저하시키고 있는 것이다.

장애인복지의 완성은 자립일 것이다. 그리고 무엇보다도 경제적 자립은 장애인의 자존감 향상과 더불어 삶에 대한 기쁨을 제공할 수 있는 계기가 된다.

일반인들도 실업자가 되면 경제적으로 부모나 가족에게 의지하게 되어 자기 주장을 펼 수 없게 된다. 이는 장애인의 경우도 마찬가지

인 것이다.

따라서 장애인복지 전문가들은 장애인의 직업 재활을 위하여 더욱 노력하여야 할 것이다.

4) 사회심리

사회·심리적 관점에서 볼 때, 신체 장애인은 사회적 약자로서의 삶을 살아왔다. 이로 인하여 중증 신체 장애인의 대부분은 정신적인 스트레스로 고통을 호소할 수 있다.

따라서 장애인 자립생활센터를 통하여 자신감을 회복하고 사회관계를 이어 갈수 있도록 심리적 지원을 아끼지 말아야 할 것이다.

2. 정신장애

정신장애는 신체장애와 달리 일반인과 다름없이 자립을 수행하기 어렵다. 정신장애인의 상당수는 학령기를 거친 이후 집에 있거나 시설에 거주하는 경우가 많다. 물론 운이 좋아서 직장생활을 하는 경우도 있지만 그 수는 매우 제한적이다.

1) 의료

의료적 측면에서 볼 때, 지적 장애인은 별다른 의료지원이 존재하지 않는다. 다만 뇌전증과 같은 문제가 있는 경우 의료적 지원이 필수적이다. 이는 자폐성 장애도 유사한데 자폐성 장애인의 일부가 청소년기 이후 간질 증상을 보이므로 이에 대한 적극적인 대처가 필요할 것이다.

또한, 조현병[17]과 같은 정신 장애의 경우, 지속적인 관찰과 약물 복용이 필요하므로 이에 유의하여야 한다.

---

17) 정신분열의 다른 표현

2) 교육

교육적 측면에서 볼 때, 지적장애인이나 자폐성 장애인의 경우 대부분 특수교육적 배려가 필요하다. 연구에 의하면 특수교육적 지원을 조기에 받을수록 그 예후는 좋은 것으로 나타나고 있다.

현재 우리나라는 지적장애인과 자폐성 장애인을 위한 특수학교가 유치부부터 고등부 그리고 전공부에 이르기까지 설치되어 있다.

그러나 학령기를 마친 지적장애인과 자폐성 장애인의 경우 더 이상 공부 할 수 있는 기관은 거의 전무하다 하겠다. 따라서 장애인을 위한 평생교육기관이 반드시 설립되어 이들의 교육을 담당하여야 할 것이다. 그리고 이들 평생교육기관 프로그램에서는 반드시 장애인의 특성에 맞는 직업훈련을 실시하여 직업생활과 연계하는 시스템을 갖추어야 할 것이다.

또한 아무리 교육해도 직업을 갖기 어려운 장애인이나 초기에 사회적응이 필요한 장애인의 경우 사회적응 프로그램이나 사회기술 훈련을 강도 높게 실시하여 사회에서 함께 살 수 있는 방안을 마련하여야 할 것이다.

3) 직업

직업의 측면에서 지적장애인과 자폐성 장애인은 극히 일부를 제외하고는 일반적인 직장에 취업하기는 어렵다. 따라서 보호작업장을 선택하여 적은 임금을 받고 취업하여 간단한 조립이나 봉투 만드는 일 등을 하고 있다. 이와 같은 보호고용의 형태는 일견 바람직한 방향으로 보이나 이를 통하여 경제적 자립을 할 수 없어 결국 보호자의 통제에 놓일 수밖에 없게 된다.

따라서, 지적 장애인과 자폐성 장애인과 같은 정신장애인을 위한 획기적인 방안을 강구하여야 한다. 이를 위하여 국가에서 마련한 제도가 중증장애인 생산품제도이다.

「중증장애인생산품 우선구매 특별법」에서는 공공기관으로 하여금 중증장애인 생산품을 우선 구매하도록 규정하고 있다. 그리고 여기서 '중증장애인생산품'이란 장애인직업재활시설과 장애인복지단체 중 보건복지부장관으로부터 지정을 받은 생산시설에서 생산된 제품 등을 말한다.

이와 같은 제도를 통하여 지적장애인이나 자폐성 장애인의 소득을 보장할 수 있는 생산품을 개발하는 일이 매우 중요할 것이다.

4) 사회심리

사회·심리적 관점에서 볼 때, 정신 장애인은 평생 치료를 받아야 할 것이다. 물론 치료라고 말할 수 없지만 사회기술 훈련이나 행동문제를 관리하는 중재를 지속적이고 일관되게 받음으로서 보다 나은 사회적응을 도모할 수 있을 것이다.

이와 같은 지원기관으로서는 복지관이나 민간 치료실 등이 해당할 수 있을 것이다.

제 4 절 편의시설과 장애인

1. 편의 시설

지금까지의 도시환경은 인간을 위한 도시환경, 인간중심의 환경이라고 보기 어렵다. 적어도 자립생활패러다임에서는 그러하다. 즉, 능률성 중심, 효율성 중심의 환경이었다. 다시 말하면 재활패러다임에 의한 환경이었다.

이는 결국 사람을 위해 환경을 구성하기보다 환경에 사람을 맞추는 기현상(奇現象)이었던 것이다.

사람은 누구나 장애가 있을 수 있으며 노인이 될 수 있다. 그럼에도 불구하고 환경은 아주 건강한 사람을 위한 환경인 것이다.

결론적으로 우리의 환경은 인간중심의 환경이 되어야 한다는 것이다. 인간이 처한 상황(남녀노소)에 따라 환경이 적응해 주는 인간중심의 환경이 바로 그것이다.

인간중심의 환경이란 무엇일까? 이를 현재 사용하고 있는 용어로 편의시설이라고 한다. 편의시설은 장애가 있든 없든, 연령이 많든 적든 누구든 시설을 사용하기 편리하게 구성한 시설이다.

2. 장애인 편의시설

우리나라의 경우 장애인 편의시설이라는 용어는 1997년 이전의 일이다. 그러나 아직까지도 편의시설이라고 하면 장애인 편의시설이라고 인식하는 사람이 적지 않다. 1997년도에 『장애인・노인・임산부등의 편의증진보장에관한법률』이 통과되면서부터 편의시설은 장애인 만의 시설이 아니라는 개념이 생긴 것이다.

당연히 편의시설은 장애인만 이용하는 시설이 아니다. 일상생활이 힘든 노인이나 아이들도 편리하게 사용할 수 있는 그냥 사람용인 것이다.

3. 장애인과 편의시설

편의시설이 일반용임을 강조하면서 장애인 편의시설을 강조하는 이유는 바로 장애인의 접근성을 보장해 주기 때문이다.

장애인의 접근성(accessibility)이란 건물이나 시설을 이용하는데 있어 아무런 장해 없이 목적을 수행할 수 있도록 하는 것을 의미한다.

예를 들어 장애인이 빵을 사고자 건물에 진입할 때 빵을 구입하고 나오려는 목적을 달성하는데 아무런 지장이 없어야 한다는 것이다. 조금 더 확대하면 어느 장애인이 도서관에 가게 되면 단순히 건물에 진입하는 것만이 목적을 달성하는 것은 아니다. 도서관에서 책을 찾고 공부를 할 수 있어야 할 것이다. 학교의 경우, 학교에 단순히 진입하는 것만이 아니라 학교에서 공부할 수 있는 제반 여건을 마련해 주는 일도 접근성과 같은 개념인 것이다.

4. 편의시설과 장애건물

단순히 건물만을 볼 때 건축법상 편의시설은 설치해도 되기도 하고 설치하지 않아도 되는 기준이 있다. 이는 아마도 건축비 등의 비용을 고려한 조치일 수도 있다는 점에서 이해는 할 수 있다.

그러나 그로 말미암아 그 건물이 장애건물이 되었음은 인정하여야 할 것이다. 왜냐하면 경비를 줄이기 위해 장애인, 노인, 어린이를 포함한 모든 사람이 이용할 수 있도록 건축한 건물이 아니기 때문이다.

제 9 장

장애인과 가족

제 1 절 장애인과 부모

Ross(1964)는 정신분석학적 관점에서 장애자녀에 대한 부모의 반응을 언급한 바 있다. 그에 따르면 부모가 자기자녀가 장애라는 점을 인식하게 되면 바로 불안이 증가하고 이 불안감은 자녀의 현 상태와 자녀에 대한 부모의 기대사이의 모순을 인지함으로써 나타난다고 한다. 그리고 이때 부모는 불안감을 통제하고자 하나 이상의 대처기법을 사용한다고 한다.

장애자녀에 대해 부모가 감정적인 반응을 보이는 것은 위기에 처해 있거나 위기를 직감한 모든 부모에게 자연스러운 인간적인 반응이다. 그러나 모든 부모가 모두 같은 대처기법(coping strategy)을 사용하지는 않는다. 부모반응이 부모마다 각기 다양한 것이다. 그러나 일반적으로 부모가 보이는 대처기법들에는 〈표 9-1〉과 같은 것들이 있다.

〈표 9-1〉 부모의 대처기법

대처기법	내 용
자격지심	부모는 부모로서, 인간으로서 자신의 가치를 의심할 수 있다. 아이를 낳고 기르는데 대한 무력감, 낮은 자존감 등을 보일 수 있다(self-doubt).
불행, 슬픔	자녀 문제가 너무 고통스럽다고 느껴서 부모의 삶의 낙이 사라져 버린다. 이러한 부모의 반응은 사랑하는 아이가 죽은 후에 일어나는 아픔과 비슷하다(unhappiness & mourning).
죄의식	자녀문제 원인에 대하여 자세히 알지 못하여 죄의식을 느낀다. 자녀문제가 자신의 실수라고 믿는다. 자녀장애 이유를 찾으려 극단적인 길로 치달아 그다지 중요하지도 않은 개인행동이나 과거 비난받을 만한 사건을 찾아내기도 한다(guilt).
부정	자녀의 장애존재를 부정함으로써 자녀문제에 반응하지 않는 경우도 있다. 문제존재를 부정한다면 자신이 문제와 관련될 필요가 없기 때문이다(denial).
투사	다른 사람에게 비난을 가할 수 있다. 교사나 육아자, 상담자, 생활환경조사원, 배우자, 간호사, 의사에게 자녀장애에 대한 비난을 가할 수 있다(projection).
회피와 거부	손상을 받아 타인이나 자녀와의 접촉을 피한다(avoidance & rejection).
당혹감, 사회적 고립	낭황한다. 당혹감으로 사회적 고립된다. 부모와 자녀 모두 쇼핑이나 산책, 방문, 놀이에 가지 않는다(isolation).
적대감	적대심을 나타내기도 하며 때때로 자녀에 대해 묻거나 쳐다보는 다른 사람들에 대해 공연히 화를 내기도 한다. 이 적대감과 분노의 대상은 버스승객, 거리의 사람, 친구, 이웃사람, 친지 등 누구든 될 수 있다(hostility).
과다의존, 무력감	배우자나 자녀, 친지, 또는 전문가에게 지나친 의존으로 반응할 수 있다(overdependence & helplessness).
혼란	자녀문제로 혼란해 한다. 문제의 원인에 대해, 그 과정과 처방에 혼란을 일으킨다. 그 혼란은 실제 정보와 안내 부족 때문이다(confusion).
좌절감	자녀를 위해 적절한 활동을 해야겠다고 결심한 부모들은 서비스를 얻기 위한 노력 중 좌절하고 만다. 부모들은 자질이 부족하고 냉정한 전문가에 직면한다. 공동사회에서 적절한 서비스 부족 때문에 좌절한다(frustration).

제 2 절 장애부모상담

1. 장애부모상담의 필요성

1) 장애인 행동의 이해

장애인 부모상담은 먼저 서비스 담당자 장애인행동을 이해하기 위한 것이다. 서비스 담당자가 부모로부터 장애인의 다양한 행동 양식을 이해하는 것이다.

이와 같은 상담을 통하여 복지사 또는 상담사는 장애인을 잘 이해할 수 있고, 기관에서의 행동을 관리할 수 있고, 부모는 서비스 담당자로부터 자녀의 기관생활을 이해하고 가정에서 부모가 해야 할 일을 알게 되는 것이다.

한마디로 기관-가정간의 소통인 셈이다. 이와 같은 소통이 원만하게 이루어질 경우 장애인은 결국 더 많이 배우고 더 잘 적응하며 더 빨리 진보한다.

2) 부모 역할 지원

자식의 양육이 인생에서 가장 중요한 일임에도 불구하고 그 인생에서 가장 중요한 일을 타인(서비스 담당자, 사회 등)에게 맡기고 있는 것이 현실이다. 게다가 요즈음 부모들은 그리고 학자들은 모두 장애인의 삶에 변화에 가장 중요하게 영향을 미치는 사람이 부모라는 사실을 인정한다.

그러나 문제는 부모가 부모역할에 관련하여 제대로 된 지식을 알지 못한다는 것이다. 장애인의 궁극적인 이익, 복지를 위해 부모가 할 수 있는 일에 대하여, 그리고 올바른 부모의 역할에 대하여 제대로 알지 못한다는 것이다.

따라서, 서비스 담당자는 그 직업상 문제에서 장애인을 단순히 서비스하는 데 그치는 것이 아니라 부모에게 장애인 교육에 관련한 서비스를 제공할 필요가 있는 것이다. 이는 분명 장애인을 담당하는 서비스 담당자는 더욱 그러할 것이다.

물론 상담을 통한 가정과 기관 간 상호협력은 장애인의 욕구에 부합하도록 하는 방법이 효과가 있을 것이다.

2. 부모상담에서 서비스 담당자 역할

장애인의 부모상담에 관련하여 여기에서는 세 가지 즉 상담을 통한 정보제공, 상담을 통한 정서지원, 상담을 통한 부모 역할 훈련을 설명하고자 한다. 〈표 9-2〉는 이를 요약한 것이다.

〈표 9-2〉 장애인 부모 상담

프로그램	내 용
상담을 통한 정보교환	일차적으로 다양한 주제로 부모에게 많은 지식을 제공하고 제공 받는다.
상담을 통한 정서지원	장애인에 관련하여 부모의 정서적 감정 조정을 위해, 그리고 장애인문제의 상담이나 치료에 가정의 참여를 유도하기 위하여 사용된다.
상담을 통한 부모 역할 훈련	부모가 장애인의 행동을 관리하고 효과적으로 장애인과 상호작용하도록 지원한다.

1) 상담을 통한 정보교환

상담을 통한 정보교환에서는 일차적으로 다양한 주제로 부모에게 많은 지식을 제공하며, 가장 중요한 목적은 정보의 전달이다. 이 과정에서는 (1) 장애인양육기술정보 (2) 장애인발달정보 (3) 가정에서의 프로그램 설계요령 (4) 장애원인과 치료정보, (5) 행동관리기술정보 등을 제공한다.

일반적으로 서비스 담당자는 가정에서의 장애인행동에 대해서는 자세히 알지 못한다. 따라서 서비스 담당자는 상담을 통하여 부모의 관찰과 보고를 듣고 전략을 마련하여야 한다. 또한 반대로 부모도 기관에서의 장애인행동에 대해서 자세히 알지 못하므로 서비스 담당자는 기관에서의 장애인행동 등에 대하여 부모에게 설명하여 주어야 한다.

또한 서비스 담당자는 해당 장애인의 장애 상태를 고려한 양육정보를 여러 문헌을 통하여 정리한 후 부모에게 제공하여 가정에서 효과적인 양육을 할 수 있도록 돕는다.

그리고 현재의 장애인 발달 정보에 대해서도 서비스 담당자 능력 범위 내에서 성실히 제공하고 장애인을 위한 프로그램설계방법을 설명하여 가정에서 활용할 수 있도록 돕는다. 장애의 원인과 치료정보 역시 부모에게 여과 없이 제공하고 장애인에 대한 올바른 기대를 갖도록 돕는다. 마지막으로 행동수정이론에 의한 행동수정원리를 부모에게 설명하여 부모가 자칫 오해하지 않도록 하고 가정에서도 이를 활용할 수 있도록 한다.

2) 상담을 통한 정서 지원

상담은 장애인에 관련하여 부모의 정서적 감정 조정을 위해, 그리고 장애인문제의 상담이나 치료에 가정의 참여를 유도하기 위하여 사용된다.

서비스 담당자는 상담을 통하여 장애인관련 문제력(the history of problem), 문제행동, 문제행동을 보일 때 나타내는 독특한 특성, 문제행동을 유발시키는 강화제, 부모와 다른 가족 구성원들 간의 책임과 역할, 부모의 기대와 요구, 이러한 기대와 요구의 합리성, 현재 사용하는 행동수정기법, 가정에서 사용하는 강화제, 행동빈도/비율 관찰 데이터 등을 알아낸다. 그리고 부모의 정신적, 심리적 상태에 대해서도 면밀히 검토한다.

그리고 정서장애인 어머니들은 자녀양육을 포함한 가사노동시간을 할애하기 위해서 어머니들의 생리적 시간과 사회문화적 시간을 줄여 사용하고 있다. 따라서 이와 같은 점도 고려하여 부모의 스트레스 해소를 위한 상담도 진행될 필요성이 있다.

3) 상담을 통한 부모 역할 훈련

가정-기관연계를 유지하기 위해서 그리고 가정-기관 연계 행동수정을 위해서 부모와 서비스 담당자는 긴밀히 의사소통 하여야 한다. 이를 위하여 대화장을 사용할 수 도 있는데 대화장은 부모-서비스 담당자의 의사소통과 협력을 지속시키고 증가시키는데 효과적인 기술이다.

또 일일보고 카드(daily report cards)도 의미 있는 수단인데 일일보고 카드를 통하여 장애인과 부모에게 장애인의 학업, 행동에 관련한 정보를 자주 제공하면 할수록 학업수준이나 생활능력이 더 향상된다고 한다.

부모훈련은 부모가 장애인의 행동을 관리하고 효과적으로 그들과 상호작용(interaction)하도록 지원하는 프로그램이다.

가장 중요한 것은 기관과 가정간의 일관성 있는 교육인데, 부모와 서비스 담당자 상호간에 신뢰하고 있지 못할 경우 부모는 기관에서의 교육방식을 가정에서 일관성 있게 사용하지 않게 된다. 예를 들어 기관에서는 친구들과 뽀뽀하지 못하게 하였는데 가정에서는 아주 손쉽게 다른 가족들과 뽀뽀하도록 방치한다면 장애인의 뽀뽀 행동은 줄어들지 않을 것이다.

3. 장애인 부모상담 가이드라인

장애인 복지 서비스 담당자가 장애인부모와 상담할 때의 가이드라인(guideline)은 〈표 9-3〉과 같다. 이는 모든 상담에서 유의하여야 할 지침이 될 것인데 이를 장애인부모에 초점을 두어 설명하면 아래와 같다.

〈표 9-3〉 상담자 가이드라인

가이드라인	설 명
공손	서비스 담당자는 부모와 상담할 경우 공손하게 대한다.
눈높이	서비스 담당자는 부모의 눈높이에 맞는 위치에서 상담을 한다. : 부모가 자녀의 장애를 받아들이는 수준을 고려한다.
탐색	상담 주제 건에 대하여 자세히 탐색하여 이해하여야 한다. : 부모가 충분히 이해하고 있는 지를 탐색하는 것이 중요하다.
적절한 질문	상담 주제에 대한 탐색을 위하여 적당한 질문을 던진다.
이해	상담 주제에 대한 부모의 생각을 충분히 이해한다. : 부모 스스로 대안을 마련하도록 돕는다.
반응	부모 스스로 질문하게 하고 그 질문에 적당하게 질문에 반응한다.
고통	부모가 죄의식이나 부끄러움을 갖지 않도록, 그 감정을 최소화하고 줄이도록 격려한다. : 울거나 화를 내는 경우 이를 안정시키는 일이 중요하다.
의견	부모가 쉽게 자신의 의견을 말하도록 한다.
합의	서비스 담당자 부모간 적용할 수 있는 방법을 상호 합의하에 개발한다.

1) 공손

서비스 담당자가 부모와 상담할 경우 부모에게 공손하게 대한다(Be polite). 만일 서비스 담당자나 부모 중 어느 한쪽이라도 자신의 감정을 통제하지 못할 경우 상담을 하지 않는 편이 낫다. 그리고 상담자는 서비스 담당자나 성직자가 아니다. 마치 설교나 교육처럼 상담하는 것은 상담이 아니다.

2) 눈높이

서비스 담당자가 부모와 상담할 경우 부모의 눈높이에 맞는 위치에서 상담을 한다(eye contact). 이는 대화의 눈높이도 마찬가지일 것이다. 만일 부모가 자녀 장애에 대한 인정이 이루어지지 못한 경우 이를 인정하라고 강요하게 되면 상담 자체가 불가능할 수도 있다. 따라서 부모의 장애 수용정도에 따라 상담의 방법도 달라질 것이다.

3) 탐색

서비스 담당자와 부모는 상담 주제와 행동에 대하여 명백히 이해하여야 한다. 단순히 서비스 담당자와 부모가 서로 다르게 판단한다면 상담이 필요 없을 것이다. 따라서 상담주제에 대하여 내용을 자세히 탐색(investigation)하여 이해하여야 한다.

4) 적절한 질문

서비스 담당자는 부모에게 상담주제에 대하여 적당한 질문을 던진다. 이 때 '왜'라는 질문은 가급적 피한다. 상담자는 행동의 배경에 초점을 두어야지 문제행동 자체에 초점을 두지 않는다. 상담자는 참을성 있게 부모의 말을 끝까지 들어가면서 필요한 경우 적절한 질문(question)을 한다.

5) 이해

서비스 담당자는 부모의 생각을 들어 그에 대한 부모의 생각을 충분히 이해한다(understanding). 부모의 생각은 오해일 수도 있고 상황에 적절한 것일 수도 있다. 부모가 생각과 판단을 올바로 이해하였을 경우 문제의 배경을 올바로 파악할 수 있는 것이다.

6) 반응

부모가 질문할 경우 서비스 담당자는 적당하게 질문에 반응한다(responding). 부모가 스스로의 의견을 자유롭게 이야기하도록 하는 것이다. 부모의 마음을 읽어주는 일도 좋은 방법이다. 상담자의 적절한 반응은 부모와의 대화를 원활하게 하여 주는 윤활유와 같다.

이는 일상대화에서도 상대방의 대화에 적절히 반응할 때 대화가 원만해지는 것과 같은 원리이다.

7) 고통

부모는 상담 자체만으로도 부끄러운 죄책감을 받고 있다고 생각할 수 있으며 자신의 문제, 자신의 생각이 잘못되었다는 점을 상담을 거치면서 알게 될 수도 있다. 이때 죄의식이나 부끄러움 등이 있을 수 있다.

따라서 부모가 죄의식이나 부끄러움으로 고통 받고 있다면, 그들의 감정을 최소화하고 줄이도록 격려한다(encouraging).

8) 의견

서비스 담당자는 부모가 쉽게 자신의 의견을 말하도록 한다. 만일 부모가 자신의 의견을 말하는데 어려움이 있을 경우에는 이를 도와준다(facilitating).

상담은 최대한 부모의 의견을 밖으로 표출하도록 하는 과정이다. 따라서 상담자는 이를 위하여 최선을 다하고 도와주어야 한다.

9) 합의

부모와 서비스 담당자는 조심스럽게 그리고 인내심 있게 적용할 수 있는 방법을 상호 합의하에 개발한다(acceptable plan).

이 때 부모의 동의가 중요한데 부모가 동의하지 않을 경우 강요하지 말고 좀더 시간을 갖고 스스로 판단하도록 돕는다.

제 3 절 장애인 가족의 정서문제

본 절에서는 장애인 가족의 정서문제를 연구자들의 논문을 통하여 살펴보고자 한다. 저자가 참고한 논문은 “장애아동 가족의 일상생활에서 나타나는 정서문제”로서 저자를 포함한 5명의 연구자의 연구 결과이다.

대부분의 부모들이 처음 부모가 되는 과정에서 부모의 역할 수행에 어려움을 겪지만 장애아동의 부모들은 더 많은 어려움을 겪을 것임은 자명하다.

특히, 대인관계형성에 문제가 있는 아동, 전반적인 발달에 있어서 심한 지체를 나타내는 자폐아의 부모들은 다른 부모보다 더 많은 문제점을 갖게 된다(김미숙, 1998).

최근 들어, 부모들이 자신의 아이들이 산만하고 과잉행동을 하며 학습에 있어서 집중을 하지 못하는 문제로 상담을 의뢰하는 경우가 많은데 이러한 증상들은 소아정신과나 혹은 아동과 관련된 상담기관, 또는 교육시설에서 흔히 볼 수 있는 일이다.

특히 주의력결핍 과잉행동 아동들은 행동상의 문제로 반사회적인 행동(antisocial behavior), 즉 공격성(aggression)을 나타내는 것이 중요한 문제이다. 이러한 공격은 가족 내의 복합적인 문제인 부부관계의 불일치, 모친의 정신건강상태 문제, 부모의 심리적인 스트레스와 깊은 관련이 있으며, 아동과 형제관계를 부정적인 관계로 악화시키는 위험요인이 되기도 한다(Barkly, 1990).

1. 장애 가족의 스트레스

스트레스가 높은 생활 사건은 개인의 신체기능장애와 심리적 적응력에 영향을 미치는 것으로 나타나고 있다(이종복, 1995). 장애아동의 가정에 미치는 영향을 조사한 연구 결과에서도 부모, 형제, 자매들의 가족원은 장애 사실로 인해 어느 정도는 스트레스를 받으며 가정은 사회, 경제적 문제에 직면하게 된다고 하였다.

장애아동 가족이 겪는 스트레스는 대체적으로 상호작용으로서의 스트레스라고 할 수 있다. 많은 연구들이 장애아동을 가진 가족들이 병리학적인 결과를 가질 수 있는 수많은 어려움에 처해 있다는 것을 시사해 주고 있지만, 위험 상황에도 불구하고 만성적이고, 극단적인 스트레스들에 성공적으로 잘 적응하고 있는 장애아동 가족들도 있다.

장애아동이 가족에게 미치는 영향에 관한 연구를 수행한 Farber (1959)는 중증 지적장애의 출생이 가족의 생활주기(life cycle)를 마비시킨다고 하였으며, 김윤경(1998)은 유아 특수학교의 어머니들과 유아 일반학교의 어머니들이 아동양육문제에 관련하여 연구한 결과 유아특수학교 어머니들이 받는 스트레스가 유아 일반학교의 어머니들이 받는 스트레스보다 높게 나타났다. 그리고 유아 특수학교 집단 내에서는 지적장애나 학습장애 아동의 어머니 보다 정서문제나 자폐성장애 부모가 더 큰 스트레스를 받는 것으로 나타났다. 또한 자폐아동의 가족은 만성적 스트레스를 경험하게 된다고도 한다(Adubato, 1981).

Turnbull 등(1986)은 생활주기에 따른 장애아동 가족의 특성에 대하여 출산, 취학 전기, 학령기, 청소년기, 진출기(사회적 활동시기), 부모후기, 노년기 등에 걸쳐 시기별로 특정한 스트레스를 경험하게 된다고 하였다.

2. 장애 부모의 양육태도

가정에서 자녀를 양육하는데 있어서 성장발달에 따른 보편적인 양육태도 외에 가정의 환경과 부모가 자녀에게 기대하고 희망하는 것에 따라서 자녀를 양육하는 태도가 다를 수 있다.

특히 장애아동을 둔 가정의 부모는 비장애자녀를 양육하는 부모와는 또 다른 유형의 양육태도를 가지고 자녀를 양육한다고 할 수 있다.

하지만 장애자녀에게서 나타나는 장애의 특징적인 문제들로 인하여 부모들의 양육태도에 많은 어려움을 겪게 되는데 자폐성 장애아동의 사회성 결함은 그들의 가장 뚜렷한 양상 가운데 하나이며(변찬석, 1994) 이들이 보이는 사회성 결함은 애착결여, 주시행동회피, 정서표현 및 정서인지 결함 등을 주된 요인으로 지적되고 있다. 이러한 문제들로 인하여 자폐자녀들은 부모나 양육자와의 사회적 애착을 발달시키는데 어려움을 갖는다.

일반적으로 어머니들이 자녀를 양육하면서 스트레스를 받는데 자녀 발달에 따른 특수한 자녀행동이나 자녀 문제가 발생했을 때 양육스트레스를 경험하게 되고, 장애아의 경우 특수한 문제행동으로 인해서 혹은 장애아의 특정한 능력이 부족함을 인식할 때 어머니는 양육스트레스를 받는다(가족스트레스 연구회, 1994).

많은 부모들이 이상적인 부모상과 동일한 부모역할을 하려고 노력함으로써 양육스트레스가 더욱 증가되는데 선행연구의 결과에서 보아 알 수 있듯이 장애아 부모들이 일반 아동의 부모보다 더 많은 스트레스를 경험하게 되는 것도 현실적인 문제와 이상적인 문제의 차이로 겪게 되는 일이라고 볼 수 있다. 아동의 적절하지 못한 정서인식 및 정시표현은 아동 자신의 문제를 야기하고, 아동을 둘러싼 주요 양육자가 아동의 정서를 적절하게 이해하고 반응해 주지 못하면 그로 인하여 아동문제를 영속시키게 된다.

아동에 대한 부정적인 정서 인식과 부모의 양육태도의 관련성에서, 아동의 부정적인 정서 인식이 부모의 거부적이고 모순적이며 불일치적인 행동에 가장 큰 영향을 미치며, 아동의 정서적 측면에 따라서 부모의 양육행동이 영향을 받아서 아동에게 각기 다른 정서 반응을 유도하게 된다(방성연,1998)).

Belsky(1984)는 스트레스라는 상황적 요소가 양육의 주요 결정 요소이며 직·간접적으로 아동발달에 영향을 줄 수 있다고 하였다.

한편 양육자와 아동 간 갈등은 유아기부터 시작되어 학령기 및 청소년기로 이어지는데 어머니보다는 아버지가 갈등을 겪을 소지가 적지만 이러한 문제가 없는 아동의 아버지들에 비하면 아버지의 갈등도 확연히 차이가 나는 것으로 나타났다(이효신, 2000).

신체장애 아동의 부모 131명을 대상으로 부모의 양육태도를 조사하였더니 아동의 장애 종류와 정도에 따라 부모의 양육 태도가 다른 점을 발견하게 되었다. 맹(盲)아동의 부모가 취하는 태도는 과보호적 이고, 농(聾)아동의 경우는 과다하게 허용적이며, 지적장애 아동의 경우는 징계적이고, 뇌성마비 아동의 경우는 허용적이고, 또한 경증 장애를 가진 아동의 경우는 거부적이며 중증 장애를 가진 아동의 경우는 과보호적이라고 하였다(주현숙, 1996).

Duplap와 Hollinsworth(1986)은 404명의 장애아동 가족들을 대상으로 면담한 결과에 의하면 전체 가족 중 45%가 양육하는데 드는 시간적 요구를 가장 큰 문제로 지적하였고, 경제적 문제(27%), 일상생활 동작에 대한 요구(23%), 훈육 순으로 어려움을 지적했다. 특히 인지 운동 장애아동의 부모들은 아동의 건강과 관련된 문제, 부모의 과다한 시간 요구, 빈약한 가족 기능, 아동 관련 문제에 큰 어려움이 있다고 보고했다(신혜정・배관웅, 1986). Marcus(1977)는 자폐아 부모가 걱정하는 영역은 언어, 이상행동, 대인관계이며 자폐아동의 대인관계부족은 부모에게 지속적인 어려움을 제공하게 되므로 가정에서 어머니가 양육과정에 가장 많은 어려움을 겪게 된다는 것이다.

Cummings(1976)는 지적장애 아동을 가진 아버지의 태도를 조사한 결과, 우울하고, 아동의 장애에 몰두하고, 가족관계가 불행하다는 것을 발견하였다.

Erickson과 Upshur(1989)의 연구에서는 발달장애아동의 아버지들은 정상아동의 아버지에 비해 아동양육에 관련 된 행동이 더 적고, 아동의 장애가 심할수록 아버지보다는 어머니의 역할이 증가한다고 하였다.

이효신(1997)은 자폐아 출현에 따른 가족문제 연구를 통해 자폐유아의 양육관련 문제에서 자폐유아의 교육을 위하여 대부분의 어머니가 경제적 어려움을 감수하겠다는 의견이었지만 생활이 더욱 절망감에 휩싸이고, 좌절하게 됨을 무시할 수 없는 문제로 보았다. Serafica(1990)는 지적장애아동을 가진 부모들은 정상또래와의 자유로운 접촉 기회를 제한하기 때문에 적절한 사회적 기능을 학습할 기회가 적다고 하였다. 그리고 가정의 심리적 환경, 부모의 양육행동 뿐 만 아니라 부모의 부부관계까지도 자녀의 행동 특성에 의해서 영향을 받으므로, 가정 전체의 심리적 환경과 구체적 문제가 개인에게로 향하는 부모의 자녀 양육 행동은 서로 다를 수 있다(Frick, 1993).

정창곤(1991)은 장애아동에 대한 부모의 심리적 태도변화 과정에 대한 연구에서 장애 자녀를 두고 있는 부모의 태도와 심리상태는 바로 그 가정의 분위기를 좌우하여 장애아 자녀의 삶의 방향을 결정짓는 결정적인 요소로 작용하게 된다고 하였다. 곧 장애아 자녀의 양육태도는 부모의 심리적 상태에 따라 달라질 수 있는 것이라고 볼 수 있으며, 정신적·신체적 장애를 가지고 있는 자의 어머니라 할지라도 그 어머니는 자녀에 대한 최초의 교사이며, 영원한 교사로서 자녀의 초기 경험의 양적·질적 측면에서 자녀양육에 대한 중요한 역할을 담낭하는 것이다.

장애아동에 대한 초기의 충격과 부정에 이어 나타나는 특징적인 부모들의 반응은 죄책감, 분노, 적대감, 우울, 비통, 낮은 자아존중감, 슬픔, 부끄러움 등이다. 하지만 이 단계를 성공적으로 극복하면서 부모는 아동의 상태에 대한 지적, 정서적 수용이 가능하게 되어 부모들은 아동에 대한 기대를 현실에 맞게 수정하게 되고 존재를 받아들이며, 바람직한 삶을 다시 시작하여 만성적인 정서적 혼란을 극복하게 된다.

따라서 장애아동을 둔 부모들의 양육태도는 장애 종류와 장애 정도에 따라서 다소 개별적 차이는 있을 수 있으나 시간의 흐름과 심리적 안정 등에 의해 결코 부정적인 것만이 아니라 비장애아동 부모들과 다를 바 없는 지극히 일반적인 양육태도도 가지고 있다고 할 수 있다.

제 4 절 장애자녀와 형제관계

인간이 태어나서 최초로 맺는 사회적 관계는 가족집단 내에서 이루어지며, 가족집단 내에는 다양한 체계들의 관계로 이루어지고 있다. 부부체계, 부모-자녀체계, 형제관계들의 체계가 있다. 이 중 형제관계는 아동끼리 이루어지는 관계로 아동과 성인(부모)이 주고받는 영향과는 다른 영향을 주고받는 관계이다(전인해, 1999).

Comming과 Schneider(1961)는 형제관계를 사회화의 주된 기능을 제공하는 동등한 독립의 연합관계로 보았다. 형제에 대해 갖는 지각, 태도, 믿음, 감정들 뿐 만 아니라 이들 간에 형성되는 상호작용행위, 언어적, 비언어적 의사소통으로 형제관계를 정의 할 수 있다. 즉 형제관계는 행위적, 인지적, 애정적 구성요소가 모두 포함 되어 있는 것으로 오랫동안 존속되는 관계라고 하였다. 또한 형제관계는 부모-자녀관계에 비하여 더욱 부정적 영향을 받기 쉬우며 어떠한 경우에 있어서는 부모보다 더욱 강하게 영향을 받는다.

장애아동의 형제들은 어릴 때부터 평생에 걸쳐 장애아동과 지속적이고 밀접한 관계를 맺게 되고 그들만의 독특한 요구를 지니고 있다(국립특수교육원, 2000). 선행 연구에서 볼 때에 장애아동과 형제간에 긍정적, 부정적 영향 모두가 발견되고 있는데 먼저 긍정적인 측면에서 볼 때에 형제들 중 많은 사람이 의료, 처치 등 장애아동을 돕는 것이 보통이다(Taylor, 1980). 또한 장애아동의 형제들은 개인차에 대해 보다 큰 공감을 하고 이해를 하며, 인내심을 발달시킨다.

한편, 장애아동의 형제들에게 나타날 수 있는 부정적 특성은 장애아동의 형제들은 공격적 행동이나 위축적 행동, 장애아동에 대한 거부 및 이들에 대한 비현실적 책임감을 보이며(Alper, Schloss, & Schloss, 1994), 열등감과 죄의식을 느끼고, 장애아동에게 주어지는 관심에 질투를 하며, 장애아동과 자신을 과잉 동일시하여 자신도 장애를 지녔다고 생각하거나 장애를 지니게 될 것으로 염려하는 경우가 있고, 가정에서의 불공평한 대우 및 미래에 대한 계획 시 장애아동으로 인해 자유롭지 못한 것에 대해 분노하게 된다. 또한 장애아동의 형제들은 일찍부터 성인역할 즉, 대리 보호자 역할을 해야 하거나 그렇게 해야 한다고 느끼며(Bowe, 1995), 부모가 보상심리에 의해 이들에게 과도한 기대를 하기 때문에 겪는 성취에 대한 압박을 매우 크게 느끼는 등 또래에 비해 어려움의 요소가 많다.

김경선(1987)과 박민경(1996)이 조사한 연구를 종합해 보면, 장애아동을 둔 비장애형제들이 가장 흔하게 느끼기 쉬운 사회적, 심리적 갈등을 몇 가지로 나타나고 있다. 우선 자기 비하심을 가지기 쉽다는 것이다. 장애아동의 문제를 자신과 연관시켜 생각해서 자신을 열등한 존재로 볼 수 있다는 것이다. 두 번째로, 장애 형제가 있다는 사실이 친구들에게 알려질까봐 부끄러움이나 수치심을 가지기 쉽다는 것이다. 세 번째로, 비장애형제 자신이 장애 아동을 미워하거나 싫어하는 감정을 가지는 것에 대해 죄책감을 가질 수 있고, 네 번째로, 부모가 장애아동에 대한 기대가 사라짐에 따라 비장애형제에 대해 지나친 기대를 하게 됨으로써 이에 따르는 심리적인 압박감이나 부담감을 느낀다는 것이다. 다섯 번째, 장애아동에 대해 분노를 느끼기 쉽고, 마지막으로는 장애아동의 장래가 어떻게 될까하는 두려움과 걱정에 대해 제일 고민하는 것으로 나타났다.

자폐장애인 가족의 실태와 의식구조에 대한 한국과 일본의 비교 연구를 살펴보면 한국의 경우, 형제 문제는 자폐아 형제관계의 부조화가 많고, 그 중에는 자폐아형제를 공포의 대상으로까지 생각한다고 응답한 형제가 전체 응답자 46명 중 10명으로 나타난 반면에 일본 형제의 경우 자폐아동이 공포의 대상으로까지 생각한다고 응답한 사람은 전체 응답자 39명 중 한 사람도 없는 것으로 나타났다(서화자, 1999).

그리고 주의력 결핍 과잉행동 장애아동이 있는 가정은 일반적으로 가족구성원간 부정적인 상호작용을 경험하고 부모통제 경향이 짙으며 형제간에도 갈등이 심하다(이효신, 2000).

Fabor(1968)의 연구에 의하면 나이가 많은 비장애형제들은 장애형제에 대한 많은 부양 부담에 따른 책임감과 역할 긴장이 높은 것으로 나타났고, Grossman(1972)의 연구에서는 장애아동과 상호 작용하는데 있어서의 두려움과 걱정, 자신이 건강하다는 것에 대한 죄책감, 미래에 장애아동을 낳지 않을까 하는 것에 대해 불안감을 가지고, 지적장애 아동의 감정에 대해 그리고 자신의 분노가 장애인에 대해 역할을 소홀히 하는 것에 대해서 분노하는 것을 언급하고 있다(이영호, 2000).

서화자(1999)는 자폐성장애 아동의 생활에서 발생하는 주요 사건을 다음과 같이 기술하고 있다. 즉 가족은 자폐성장애아의 다채로운 장애에 강한 영향을 받고 그 장애는 개인으로서의 양친(부모)의 결혼생활, 친자관계, 형제관계라고 하는 문제에 영향을 주고 있다.

또 다른 연구에서 자폐아 형제들은 유아기나 소년기부터 스트레스와 압박감을 자주 느끼고 있고, 사회적 성숙도가 높다고 하였다(Berger, 1980; 서화자, 1999). 주의력 결핍 과잉행동장애아동은 다른 형제들에게 행동상의 공격성, 갈등, 우울감, 문제행동과 같은 부정적인 영향을 주게 되므로 가족 개입을 할 때 형제관계는 반드시 고려되어져야 할 문제이다.

제 10 장

장애 및 재활의 전망과 과제

제 1 절 장애인복지 및 재활의 변화 전망

1. 장애인의 삶의 질 중심

우리나라 장애인복지는 지난 수십년간 비약적인 발전을 보여 왔다. 비록 충분하지는 못하지만 장애인 연금제도와 장애인 활동 보조제도, 장애인에 대한 차별금지, 장애인을 위한 자립지원센터, 주간보호센터, 단기보호센터, 보호작업장 그리고 발달장애인법 등은 우리나라 장애인 복지를 한 차원 높여가고 있는 것이 사실이다. 물론 이와 같은 결과는 장애인 단체들의 지속적인 투쟁과 노력의 결실로 받아들여진다.

일부의 학자들은 우리나라 장애인 복지가 아직도 가야할 길이 멀었다고 말하고 있지만 복지재정이 충분하지 못한 여건에서 선진 법률을 도입하고 이를 통한 지원체제를 구축하는 등의 모습을 보면 우리나라 장애인 복지의 전망은 밝다고 할 수 있을 것이다.

특히 사회복지를 위한 국민들의 자원봉사에 대한 긍정적인 인식은 우리나라의 장애인 복지를 밝게 하고 있는 것이다.

2. 수요자인 장애인 중심

근래 장애인 복지의 동향은 장애인의 삶의 질(Quality of Life)에 있다. 결국 장애인의 집단적 생명유지를 중심으로 하는 시설 중심 장애인 복지가 아니라 장애인 개개인의 삶의 질을 강조하여 보다 인간다운 삶을 영위할 수 있는 방법으로 장애인 복지가 변화하고 있는 것이다.

본 서에서도 이와 같은 주장을 계속하여 펼치고 있는데 이와 같은 장애인 복지는 결국 공급자 중심 장애인 복지 서비스에서 수요자 중심의 장애인 복지로 이동하고 있음을 반증하고 있는 것이다.

이와 같이 장애인을 수요자로 보는 시각은 자립생활 패러다임 이동으로부터 발생된 개념인데 향후 오랫동안 아주 중요한 개념으로 자리 잡을 것으로 보인다.

3. 장애인 범주 및 서비스기관 확대

1) 장애인 범주 확대

장애인 범주는 어느 선까지를 장애인 범주에 포함 시키는가에 대한 문제로서 장애인 복지의 중요한 논제 일 수 있는 바, 현재까지 우리나라 장애인복지법에서의 15개 유형의 장애 범주 외에 장애 범주에 해당될 수 있는 영역들에 대한 논의가 필요할 것이다.

예를 들어, 반사회적 인격 장애나 품행장애 등도 고려될 수 있는 정신 장애 영역이다. 또한 학습장애 영역도 고려할 만하다.

2) 서비스 기관 확대

서비스 기관은 향후 확대될 것으로 보인다. 예를 들면, 발달장애인 지원센터나, 장애인 평생교육원 등은 비약적인 확대를 이룰 것이고,

장애인의 탈시설화의 가속화로 인하여 공동생활가정(그룹홈)이 크게 확대 될 전망이다. 반면에 장애인 생활시설은 가급적 소규모화 되어 마치 조금 큰 그룹홈의 형태를 유지할 것으로 보인다. 현재와 같은 대단위 장애인 생활시설은 구시대의 유물로 남을 것으로 보인다.

또한 장애인 및 노인에 대한 서비스 노력이 현재까지는 부족하나 이들의 주거생활보장 측면에서 주거복지센터 등의 형태로 서비스 기관이 증가할 것으로 보인다.

물론, 장애인복지를 위한 민간단체는 사회복지법인만이 아니라 장애유형별 단체를 중심으로 그 활동 범위가 늘어 날 것으로 보인다.

4. 사회통합

사회통합은 주류화 운동의 후속 운동으로서 탈시설화와 맥락을 같이 한다. 즉, 장애인을 한사회의 일원으로 받아들이고 이들의 인간다운 삶을 보장하기 위한 여러 가지 서비스가 제공될 것이다.

예를 들어 앞서 언급한 장애인을 위한 편의 시설 확충을 통한 무장애시설, 장애인 활동지원 활성화, 장애인의 직업 훈련 및 알선, 장애인 주거지원, 그룹홈 확대 등과 같은 서비스를 통하여 장애인도 일반사회에 통합되어 생활할 수 있는 여건을 보장받게 될 것이다.

제 2 절 장애인 재활 전문인력 전망

1. 사회복지사

장애인 재활 및 복지를 위한 전문인력으로 사회복지사를 들 수 있다. 그러나 사회복지사는 사회복지분야 전반을 공부한 인력으로 그 중요성을 인정할 수는 있지만, 장애인복지에 집중하여 전공하는 경우는 대학원에서나 가능하다. 또 사회복지사 자격을 취득하기 위하여 필요한 장애인복지 관련 과목은 장애인복지론 정도에 불과하여 보다 심도 있는 장애인 관련 전문가를 얻기란 쉽지 않다.

따라서, 향후 사회복지사 제도는 각 분야별 전공자를 구분하여 전공하게 하고 그에 합당한 자격을 부여하는 것이 마땅하다고 본다. 예를 들어, 노인복지사, 장애인복지사, 아동복지사 등이 그 예이다. 물론 그 속에 의료사회복지사도 함께 포함시켜 보다 전문적이고 심도 있는 복지활동 체제를 마련할 필요가 있는 것이다.

또한 장애 유형별 전문성을 담보하는 방안도 고려할 만하다. 예를 들어 신체장애인 복지와 정신장애인 복지는 그 접근 방식 자체가 다르다. 따라서 이들에 대한 전문성을 위하여 대학원 등에서 전공구분을 지체장애인복지, 발달장애인복지, 정서장애인복지, 시각장애인복지, 청각장애인 복지 등으로 구분하여 접근하는 방식이 필요할 것이다.

2. 특수교사

장애인 복지에 있어 특수교사의 역할은 매우 중요하고 절실하다. 이는 장애인 중 상당수가 특수 교육적 배려가 필요하기 때문이다. 우리나라에는 현재 여러 대학에 특수교육 관련학과가 개설되어 지속적으로 특수교사를 배출하고 있다. 그럼에도 불구하고 아직까지는 사회복지관 등에서는 구인난을 겪고 있는 상황이다.

특수교사의 경우도 앞서 언급한 사회복지사와 마찬가지로 그 전공이 명백히 구분되어야 할 것이다. 즉, 시각장애, 청각장애 특수교육이 다르고 정서장애, 지적장애 특수교육이 다르기 때문이다.

3. 장애인 재활상담사

장애인복지법 제71조에 따른 '장애인복지 전문인력'으로, 장애인 직업재활 등을 지원하는 것을 주요 직무로 하는 국가공인자격을 가진 전문가이다.

개인의 손상이나 기능 제한, 상황적 요인 등으로 개인 활동이나 사회참여에 어려움을 가지고 있는 사람들을 대상으로 진단과 평가, 재활상담과 사례관리, 전환기 서비스 및 직업재활 등의 전반적인 서비스를 지원하는 재활전문가로서 장애인의 개인활동, 사회참여 및 자립생활 등을 확대하기 위한 역할을 수행하고 있다.

현대 사회의 재활 환경은 장애 인구의 변화(개별화, 중증화, 고령화, 장애유형의 변화), 장애 패러다임의 변화(수동적 → 능동적), 법과 제도의 변화, 물리적 환경 변화 등 시대적 요구에 따라 다양한 변화에 직면해 있다. 또한, 4차 산업혁명 시대의 도래는 장애인 재활분야의 의료·재활·교육·직업 등에서 급격한 패러다임의 변화를 이끌어 올 것으로 예상되며. 장애인재활상담사의 활동 영역과 역할이 확대될 것으로 전망된다.

4. 장애인 평생교육사

우리나라의 경우 장애인을 위한 평생교육사는 아직까지 전무하다시피하다. 일반시민을 대상으로 하는 평생교육사는 평생교육원의 확대와 더불어 매우 증가하고 있으나 장애인을 위한 평생교육사는 그 수요가 좁은 탓도 있지만 그 필요성을 느끼지 못하기 때문이다.

그러나 향후에는 장애인대상 평생교육의 중요성이 강조되면서 제도개선을 통한 장애인 평생교육사 양성을 하게 될 것이고 그 수요도 증가 할 것이다.

5. 각종 치료사

장애인을 위한 치료사는 그 수요와 필요성에 비추어 앞으로도 많은 발전을 보일 전망이다. 비록 장애가 없다 할지라도 정서적인 지원이라는 측면에서도 이와 같은 치료기법들은 의미있는 치료법이 될 것이다.

그러나 치료법이 많다는 것은 곧 제대로 된 치료법이 없다는 의미일 수 있다. 따라서 장애인의 특성에 맞는 올바른 치료법을 선택하는 일이야 말로 매우 중요한 선택과정 일 것이다. 〈표 10-1〉은 각종 치료사의 예를 간단히 요약한 것이다.

〈표 10-1〉 치료사의 예

치 료	치료사명	설 명
언어치료	언어재활사	언어장애가 있어서 의사소통이 어려운 사람을 대상으로 언어발달을 유도하고 의사소통이 이루어지도록 돕는 재활치료분야
작업치료	작업치료사	신체적, 정신적 장애를 지닌 사람에게 적절한 치료를 통하여, 최대한 스스로 독립적인 생활이 가능하도록 돕는 재활치료분야
물리치료	물리치료사	열, 광선, 전기, 초음파, 운동 등을 이용하여 사람의 재활을 돕는 재활치료분야
음악치료	음악치료사	음악이라는 표현매체를 사용하여 아동의 심리적, 정서적 문제를 개선하는 방법
미술치료	미술치료사	미술을 통하여 의사소통, 사회화, 창조성, 자기표현, 자기탐구, 환경의 조작과 같은 도움을 줄 수 있는 중재방법
놀이치료	놀이치료사	아동이 자신의 감정을 표출할 수 있는 환경을 조장하여 줄 놀잇감을 통하여 돕는 중재방법
애완동물치료	동물치료사	정서장애아동과 신체장애아동, 노인병, 슬럼프에 빠진 사람, 그리고 정신질환자들을 위한 중재방법
신체활동치료	운동치료사	운동 및 신체활동으로 자신의 감정을 표출하도록 도와주는 중재방법
독서치료	독서치료사	독자와 작품 간 상호교류를 통하여 간접적인 치료목적을 달성하고자 하는 치료중재법
모래치료	모래치료사	아동 자신이 모래놀이 과정에서 자기를 표현하고 그에 의하여 스스로를 치유하는 중재방법
원예치료	원예치료사	식물관련 여러 가지 원예활동을 통하여 사람의 신체적, 정신적 세계의 질적 향상을 도와 장애 상태를 개선하고, 환경에 적응하며 사회복귀를 촉진하는 중재방법

1) 언어치료

언어치료는 언어재활사가 그 치료사 명으로 언어장애가 있어서 의사소통이 어려운 사람을 대상으로 언어발달을 유도하고 의사소통이 이루어지도록 돕는 재활치료분야이다. 이는 국가자격으로서 대학에서 3년 이상의 전공을 하고 시험에 합격하여야 한다. 언어치료 행위는 의사의 처방 없이 단독으로 수행할 수 있다.

2) 작업치료

작업치료는 작업치료사가 그 치료사 명으로 신체적, 정신적 장애를 지닌 사람에게 적절한 치료를 통하여, 최대한 스스로 독립적인 생활이 가능하도록 돕는 재활치료분야이다. 작업치료사는 국가 면허에 해당하며, 3년제 대학 이상의 작업치료과를 졸업하고 시험에 응시하여 합격하여야 한다. 작업치료 행위는 반드시 의사의 처방에 의하여 이루어진다.

3) 물리치료

물리치료는 물리치료사가 그 치료사 명이며 열, 광선, 전기, 초음파, 운동 등 물리적인 매체를 사용하여 사람의 재활을 돕는 재활치료 분야이다. 물리치료사는 작업치료사와 마찬가지로 국가 면허에 해당하며, 3년제 대학 이상의 물리치료과를 졸업하고 시험에 응시하여 합격하여야 한다. 물리치료 행위는 반드시 의사의 처방에 의하여 이루어진다.

4) 음악치료

음악치료(music therapy)는 음악이라는 표현매체(expressive media)를 사용하여 아동의 심리적, 정서적 문제를 개선하는 방법으로서 이는 미술치료와 마찬가지로 의사소통 통로를 음악이라는 비구어적 매체를 통하여 자신의 의사를 표현하거나 심리적 안정을 구하고자 하는 음악분야의 일부분이다. 즉, 음악치료는 음악을 하나의 치료적 도구로 사용하여 아동의 발달을 촉진시키는 데 그 목적이 있다(이한우, 2004).

음악치료사는 민간자격에 해당하므로 권위 있는 치료사와 양성기관을 잘 선택하여야 할 것이다.

5) 미술치료

미술치료(art therapy)는 미술을 통하여 의사소통, 사회화, 창조성, 자기표현, 자기탐구, 환경의 조작과 같은 도움을 줄 수 있는 중재방법이다(Williams & Wood, 1977). 미술치료는 미술치료사가 자격이며 궁극적으로 어려움을 겪고 있는 사람을 대상으로 하여 그들의 미술작업 다시 말하면 그림이나 소조, 디자인 기법 등과 같은 미술활동을 통해서 그들의 심리를 진단하고 치료하는데 목적이 있다(이근매, 2004).

미술치료사도 민간자격에 해당하므로 권위 있는 치료사와 양성기관을 제대로 선택하여야 할 것이다.

6) 놀이치료

놀이치료(play therapy)는 Axline(1947)이 제안하였는데, 자격은 놀이치료사이다. 이 방법에서는 아동에게 놀이시설에서 관심 있는 놀이를 자유롭게 할 수 있도록 보장한다. 활동의 제한은 최소한으로 한다. 그리고 교사나 부모의 역할은 관찰자로서의 역할이며 활동을 용이하도록 돕는 자의 역할이다.

놀이치료사는 민간자격에 해당하므로 권위 있는 치료사와 양성기관을 잘 선택하여야 할 것이다.

7) 애완동물치료

애완동물치료(pet-facilitated therapy)는 정서장애아동과 신체장애아동, 노인병환자(geriatric patients), 슬럼프에 빠진 사람, 그리고 정신질환자에게 적용되어 왔다. 애완동물에는 개나 고양이, 토끼, 말 등과 같은 다양한 동물들이 사용된다.

그러나 여러 종류의 애완동물 치료 후 행동이 극적으로 향상되었다는 주장이 때때로 신문에 등장하기는 하지만 이 접근의 개입효과에 대한 통제된 실험 평가는 없다(이한우, 2004).

애완동물치료 자격은 동물치료사가 보편적인데 민간자격에 해당하므로 권위 있는 치료사와 양성기관을 잘 선택하여야 할 것이다.

8) 신체활동치료

신체활동(physical activities)은 자신의 감정을 표출하도록 도와주는 방법이다(Chace, 1958). 신체활동의 예는 자연이나 동물 흉내 내기, 다양한 상황에서 사람의 감정표현하기 등이다. 또한 장애인의 기존 움직임들을 통한 치료효과를 위하여 운동을 하도록 하기도 한다. 이들 치료를 운동치료라고 부르기도 하며 치료사 명은 운동치료사로 불리운다.

운동치료사의 경우도 민간자격에 해당하므로 권위 있는 치료사와 양성기관을 잘 선택하여야 할 것이다.

9) 모래치료

모래치료(sand therapy)의 시초는 소아과 의사인 로웬펠트(Lowenfeld)에 의해 아동 심리치료기법의 하나로 고안되었다. 로웬펠트는 모래치료가 아동의 내적세계 표현을 가능케 한다는 뜻에서 '세계기법(the world technique)'이라 불렀다. 모래치료는 아동 자신이 모래놀이 과정에서 자기를 표현하고 그에 의하여 스스로를 치유한다는 원리를 지닌다.

모래치료를 수행하는 사람을 모래치료사라고 부르며, 이 자격은 민간자격에 해당하므로 권위 있는 치료사와 양성기관을 잘 선택하여야 할 것이다.

10) 원예치료

원예치료(horticultural therapy)는 식물 관련 여러 가지 원예활동을 통하여 사람의 신체적, 정신적 세계의 질적 향상을 도와 장애 상태를 개선하고, 환경에 적응하며 사회복귀를 촉진하여 준다고 한다. 원예활동을 치료나 재활(rehabilitation) 개념으로 활용하게 된 것은 근래의 일이다. 자격은 원예치료사이다.

우리나라의 경우 원예치료에 대한 연구는 근래에 관심이 증가되고 있다. 그런데 이들의 연구를 보면 치매노인, 지적장애인, 아동의 문제행동, 시설아동, 지체부자유아동 등 그 대상이 매우 다양하다.

그러나 원예치료사 역시 민간자격에 해당하므로 권위 있는 치료사와 양성기관을 잘 선택하여야 할 것이다.

제 3 절 장애인복지 및 재활의 과제

1. 탈시설화

장애인의 탈시설화는 사회통합을 위한 가장 기본적인 전제가 된다. 그러나 장애인의 탈시설화로 인하여 발생할 수 있는 문제들을 현재 사회가 제대로 대응할 수 있겠는가 하는 점이 과제로 남는다.

장애인의 자립생활을 보장하기 위하여 주거문제, 의료문제, 그리고 직업문제 등을 고려하여야 하고 장애인 이동 보장을 위한 편의제공 등의 문제도 고려하여야 한다. 따라서 탈시설화를 위한 사회적 서비스 지원망 구축을 통한 지원체제를 조속히 마련하여야 할 것이다.

특히 탈시설화로 인한 주거문제는 매우 심각한 문제로 대두 될 것이 자명하다. 현재까지는 장애인자립생활센터에서 장애인 한 가정 당 1백만원에서 2백만원 정도를 지원하는데 그치고 있다. 그리고 그 용도도 상당히 제한되어 있다. 따라서 이에 대한 대폭적인 지원 확대와 용도확대가 필요할 것이다.

2. 장애인자립생활센터 강화

장애인자립생활센터는 장애인 탈시설화 운동으로 인한 문제 해결에 좋은 방안이 될 수 있다. 기존에 장애인이 시설에서 생활하면서 일정한 프로그램을 가지고 있었으나 탈시설화로 인한 사회통합을 이룩할 경우 이들 장애인들이 갈 곳이 없어지게 되는 것이다. 또한 시설 장애인이 비록 사회 적응 훈련을 일정부분 받고 사회에 진출하였다 하더라도 기본적인 사회적응 훈련에 머물 뿐 현실세계에서는 쉽게 적응하지 못할 수가 있는 것이다. 따라서 장애인 자립생활센터를 통하여 사회적응 훈련을 하고 직업을 배우며, 유사한 장애인들과의 교류를 통하여 사회에 진출하기 위한 교두보를 마련하여야 한다.

이와 같은 배경에서 장애인 자립생활센터의 기능을 강화하는 것은 매우 중요한 과제가 될 것이다. 또한 현재까지는 장애인 자립생활센터의 경우 장애인이 운영하도록 되어 있어 그 활동범위가 제한될 수 있으므로 보완적으로 장애인 가족까지 포함할 수 있도록 운영주체를 확대할 필요성이 제기된다.

3. 편의시설 확충

편의시설은 앞서 언급한 바와 같이 장애인만의 시설이 아니다. 그럼에도 불구하고 편의시설의 확충은 장애인에게 가장 간절한 문제 일 것이다. 그 이유는 장애인의 사회통합에 있어 가장 기본적인 요인이 되기 때문이다.

장애인을 위한 편의시설 확충은 이제까지 공공시설에 중점을 두어 왔던 것이 사실이다. 그럼에도 불구하고 관광시설, 숙박시설 등과 같은 경우는 아직까지 미흡하다 할 수 있다. 특히 휠체어를 타야하는 장애인의 경우 고속버스를 제대로 탈 수 있는지를 상상해 보면 장애인의 이동권 보장이 아직까지 얼마나 미흡한 것인지를 실감할 수 있을 것이다.

저상버스의 경우도 일부 도시에 일부만이 운영되고 있는 점도 문제이거니와 체육관 등 각종 문화체육시설의 경우도 장애인의 접근이 불편한 곳이 너무나 많다.

4. 정보격차 해소

정보화 시대를 맞아 홍수처럼 밀려드는 정보에 대한 접근이 용이하지 못할 경우 이 역시 차별이라 할 수 있다. 비단 장애인 문제는 아니겠으나 장애인의 경우 정보에 접근하는 것이 원천적으로 봉쇄되어 있는 경우도 있다.

예를 들어 인터넷 홈페이지에 시각장애인이 접근할 수 없는 문제라든지, 여러 인쇄된 유인물이 점자화 되지 않은 경우가 그것이다.

최근 선진국에서 점자용 스마트폰을 출시하여, 시각장애인이 정보에 쉽게 접근할 수 있도록 지원하고 있는 사례는 우리에게 시사하는 바가 크다.

제2부

재활 영역

제 11 장

장애인 재활 정책

제 1 절 소득보장

1. 소득보장의 필요성

장애인 빈곤의 원인은 크게 개인적 요인, 가족적 요인, 사회적 요인으로 나누어 볼 수 있다. 개인적 요인은 장애 자체로 인한 추가비용 발생에서 오는 어려움과 근로능력 저하나 상실 등으로 인한 소득 저하에서 찾아볼 수 있다. 가족적 요인으로는 가족구조상의 문제로 가장이 장애인인 경우 소득 저하가 발생하는 경우가 많고, 가족 구성원이 장애인인 경우에도 그 장애인을 보살펴야 하는 다른 구성원이 근로활동을 하지 못해 장애인 가구 전체의 빈곤으로 이어지게 된다. 사회적 요인으로는 고용과 교육에 있어서의 차별과 사회적 편견, 물리적 장벽 문제 등으로 경제활동을 할 수 없어 빈곤에 처하게 되는 경우가 있다(최서연, 2013).

이처럼 장애인의 경우 일상생활기능 및 사회생활능력 저하로 취업의 기회가 적고 경제활동에 참여하기가 어렵기 때문에 빈곤의 단계를 벗어나기가 쉽지 않다. 또한 비장애인에 비해 의료비 및 재활치료비 등의 추가비용을 부담하는 장애인의 특성을 고려하면 더욱 소득보장의 필요성이 요구된다.

보건복지부 장애인고용공단의 『2019년도 장애인경제활동실태조사』를 통해 살펴보면, 장애인의 2018년의 1개월 평균 장애인의 수입은 월 183.1만원이며, 취업장애인(임금근로자)의 최근 3개월간 평균 임금은 197.1만원이었다.

따라서 장애인의 최저생활 보장과, 안정적인 생활 유지를 위한 적극적인 소득보장이 필요한 것이다.

〈표 11-1〉 임금근로자의 최근 3개월 평균 임금(전체 인구 비교)

(단위 : 명, 만원)

구 분		추정 수	3개월 평균 임금	'18년 임금
임금근로자 종사상 지위	상용근로자	338,258	267.6	236.6
	임시근로자	180,047	92.7	102
	일용근로자	83,321	136.5	133.2
임금근로자 사업체 규모	1-4인	119,933	139.2	135.7
	5-49인	304,428	190.8	176.5
	50-299인	112,626	225.9	205
	300인 이상	52,661	325.9	270.4
장애인 임금근로자		601,625	197.1	183.1
전체 임금근로자		20,559,000	264.3	255.8

자료 : 장애인고용공단(2019). "2019년 장애인경제활동실태조사"

2. 장애인연금

1) 대상

장애인연금은 장애로 인하여 생활이 어려운 장애 1급부터 3급까지의 중증장애인의 생활안정 지원과 복지증진 및 사회통합을 도모하고자 하는 것으로, 18세 이상의 중증장애인 중 소득인정액이 그 중증장애인의 소득 · 재산 · 생활수준과 물가상승률 등을 고려하여 〈표 11-2〉의 선정기준액 이하인 장애인에게 지급된다.

여기에서 소득인정액은 소득평가액과 재산의 소득환산액을 합산한 금액이다.

장애인연금 대상자는 신청일이 속하는 월의 말일까지 만 18세 이상이 되는 자이다. 그러나 만 20세 이하로서 학교에 재학(휴학 포함) 중인 장애인은 제외 된다. 이 때, 특수학교의 전공과정도 학교에 포함되어 연금을 지급받지 못한다.

〈표 11-2〉 장애인 연금 선정기준액

대상자	배우자	선정기준액
중증장애인	없는 경우	1,220,000원
	있는 경우	1,952,000원

자료 : 장애인연금법(시행 2020. 1. 21)

2) 장애인연금의 종류

장애인연금은 기초급여와 부가급여로 구분된다. 기초급여는 근로능력의 상실이나 감소로 인하여 줄어든 소득을 보전해 주기 위한 것이며, 부가급여는 장애로 인하여 추가로 발생하는 비용을 조전해주기 위하여 지급하여 주는 것이다. 구체적인 내용은 〈표 11-3〉 장애인연금의 종류와 같다.

〈표 11-3〉 장애인연금의 종류

(2019년 4월 기준)

<table>
<tr><th colspan="2">자격</th><th colspan="7">급여(기초급여+부가급여)</th></tr>
<tr><th rowspan="3">장애인연금 대상자 (기초급여)</th><th rowspan="3">부가급여 대상자</th><th rowspan="3">연령</th><th colspan="4">기초급여</th><th rowspan="3">부가급여</th></tr>
<tr><th rowspan="2">단독</th><th colspan="2">부부의 경우</th><th rowspan="2">초과분 감액 여부</th></tr>
<tr><th>1인 수급</th><th>2인 모두 수급 시 (1인당)</th></tr>
<tr><td rowspan="2">장애인연금</td><td rowspan="2">기초(재가)</td><td>18~64</td><td colspan="2">25만원</td><td>20만원</td><td>×</td><td>8만원</td></tr>
<tr><td>65이상</td><td colspan="2">-</td><td>-</td><td>-</td><td>38만원</td></tr>
<tr><td rowspan="2">장애인연금</td><td rowspan="2">기초(보장시설) (시설수급자 급여특례)[1]</td><td>18~64</td><td colspan="2">25만원</td><td>20만원</td><td>×</td><td>-</td></tr>
<tr><td>65이상</td><td colspan="2">-</td><td>-</td><td>-</td><td>7만원[1]</td></tr>
<tr><td rowspan="2">장애인연금</td><td rowspan="2">차상위 (차상위 급여특례)[2]</td><td>18~64</td><td colspan="2">25만원</td><td>20만원</td><td>○</td><td>7만원</td></tr>
<tr><td>65이상</td><td colspan="2">-</td><td>-</td><td>-</td><td>7만원 (14만원)[2]</td></tr>
<tr><td rowspan="2">장애인연금</td><td rowspan="2">차상위 초과</td><td>18~64</td><td colspan="2">25만원</td><td>20만원</td><td>○</td><td>2만원</td></tr>
<tr><td>65이상</td><td colspan="2">-</td><td>-</td><td>-</td><td>4만원</td></tr>
</table>

1) 보장시설수급자 급여특례 : 2010년 7월 1일 당시 만 65세 이상인 자(1945년 6월 30일 이전 출생자) 이고 종전 장애수당(기초생활 수급자)수급자로서 그 당시 보장시설 수급자

2) 차상위계층 급여특례 : 2010년 7월 1일 당시 차상위 계층이고, 종전 장애수당(차상위계층)수급자로서 계속 차상위계층을 유지하다가 2017.8.8.까지 만 65세에 도래한자(1952.8.8. 이전출생자)

자료 : 장애인연금법(2014. 7. 1개정)

3) 신청절차

장애인 연금 신청절차를 설명하면 〈그림 11-1〉과 같다. 그림에서 보는 바와 같이 신청절차는 먼저, 장애인연금을 받고자 하는 사람은 해당주소지의 읍·면사무소 및 동 주민지원센터에 문의하여 신청을 하게 된다.

이후 해당 시·군·구에서는 신청자의 소득과 재산을 조사하고, 국민연금공단에서는 신청자의 장애상태와 등급을 심사하게 된다. 다만, 장애인 활동지원을 위한 장애인등급심사를 마친 경우에는 이를 생략할 수 있다.

심사결과, 신청자가 장애인연금지급대상자에 합당할 경우에는 시·

군 · 구에서는 장애인연금 지급을 결정하고 그 결과를 신청자에게 통보하며, 신청일이 속한 월부터 매월 본인의 계좌로 장애인 연금을 지급하게 된다.

〈그림 11-1〉 장애인 연금 신청절차

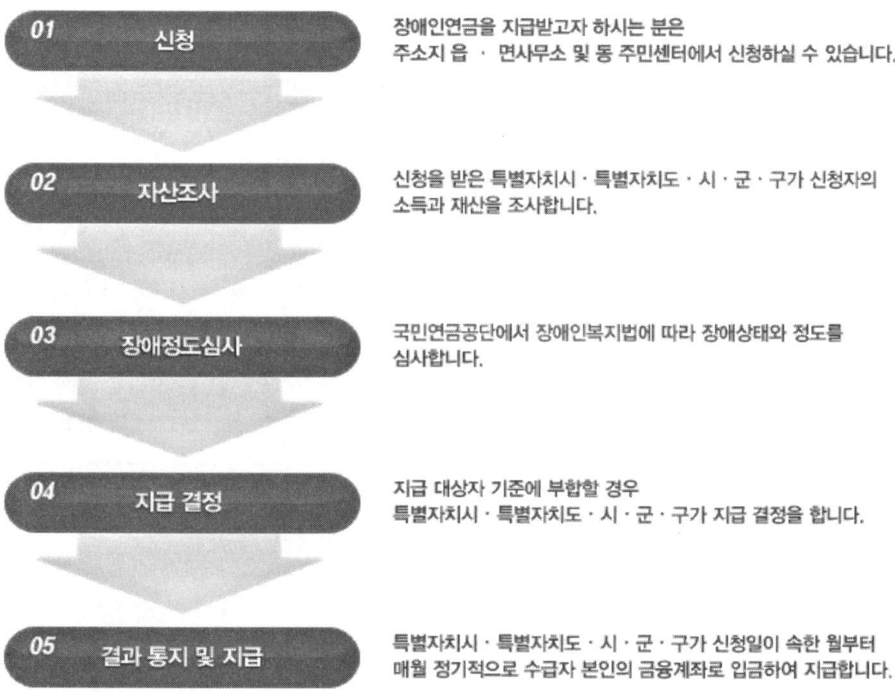

3. 장애연금

1) 대상

장애인연금의 경우 무기여방식이지만 장애연금은 기여방식의 사회보험으로서 국민연금 가입 중에 발생한 질병이나 부상으로 인하여 신체적 · 정신적 장애가 있는 자가 대상자이며, 장애등급 결정과 장애심사를 국민연금공단이 담당하고 있다.

2) 장애연금의 종류

〈표 11-4〉는 장애연금의 종류를 도표로 제시한 것이다. 장애연금은 장애등급에 따라 차등하여 지급되며, 4급의 경우는 일시금으로 지급된다.

〈표 11-4〉 장애연금의 종류

<table>
<tr><th>장애등급</th><th>급여수준</th><th>수급요건</th></tr>
<tr><td>1급</td><td>기본연금액 100% +
부양가족연금액</td><td rowspan="4">가입중에 발생한 질병 또는 부상으로 완치 후에도 장애가 있는 자
※ 초진일로부터 1년 6개월 경과후에도 완치되지 아니한 경우는 그 1년 6개월이 경과한 날을 기준으로 장애정도 결정. 다만, 1년 6개월 경과일에 장애등급에 해당되지 아니한 자가 60세(단, 1953~1956년생 61세, 1957~1960년생 62세, 1961~1964년생 63세, 1965~1968년생 64세, 1969년생 이후 65세) 전에 악화된 경우 청구일을 기준으로 장애정도 결정</td></tr>
<tr><td>2급</td><td>기본연금액 80% +
부양가족연금액</td></tr>
<tr><td>3급</td><td>기본연금액 60% +
부양가족연금액</td></tr>
<tr><td>4급</td><td>기본연금액 225% (일시금)</td></tr>
</table>

기 본 연 금 액 : k(A+B)(1+0.05n)/12

* k=비례상수(1.5,~ 1.2), 2028년 이후에는 1.2 고정(2014년 기준-1.41).

* A=연금수급 전 3년 간 전체가입자의 평균소득월액의 평균액

* B=가입자 개인의 가입기간 중 기준소득월액의 평균

* n=20년 초과 가입 월 수

부양가족연금액 : 배우자 연 244,690원, 자녀 및 부모 연16,3090원

자료 : 국민연금공단 http://www.nps.or.kr

3) 신청절차

〈그림 11-2〉는 장애연금 신청절차를 도표로 제시한 것이다. 이를 설명하면 아래와 같다.

그림에서 보는 바와 같이 장애연금 신청절차는 신청자가 청구서를 작성하여 국민연금공단에 장애연금을 신청하면, 국민연금공단에서는 수급요건 충족여부 및 장애등급을 심사하게 된다. 장애등급을 심사하는 일은 장애심사센터에서 하게 되는데, 지사의 의뢰를 받아 심사센터에서는 장애를 심사하고 그 결과를 지사로 통보하게 된다.

〈그림 11-2〉 장애연금 신청절차

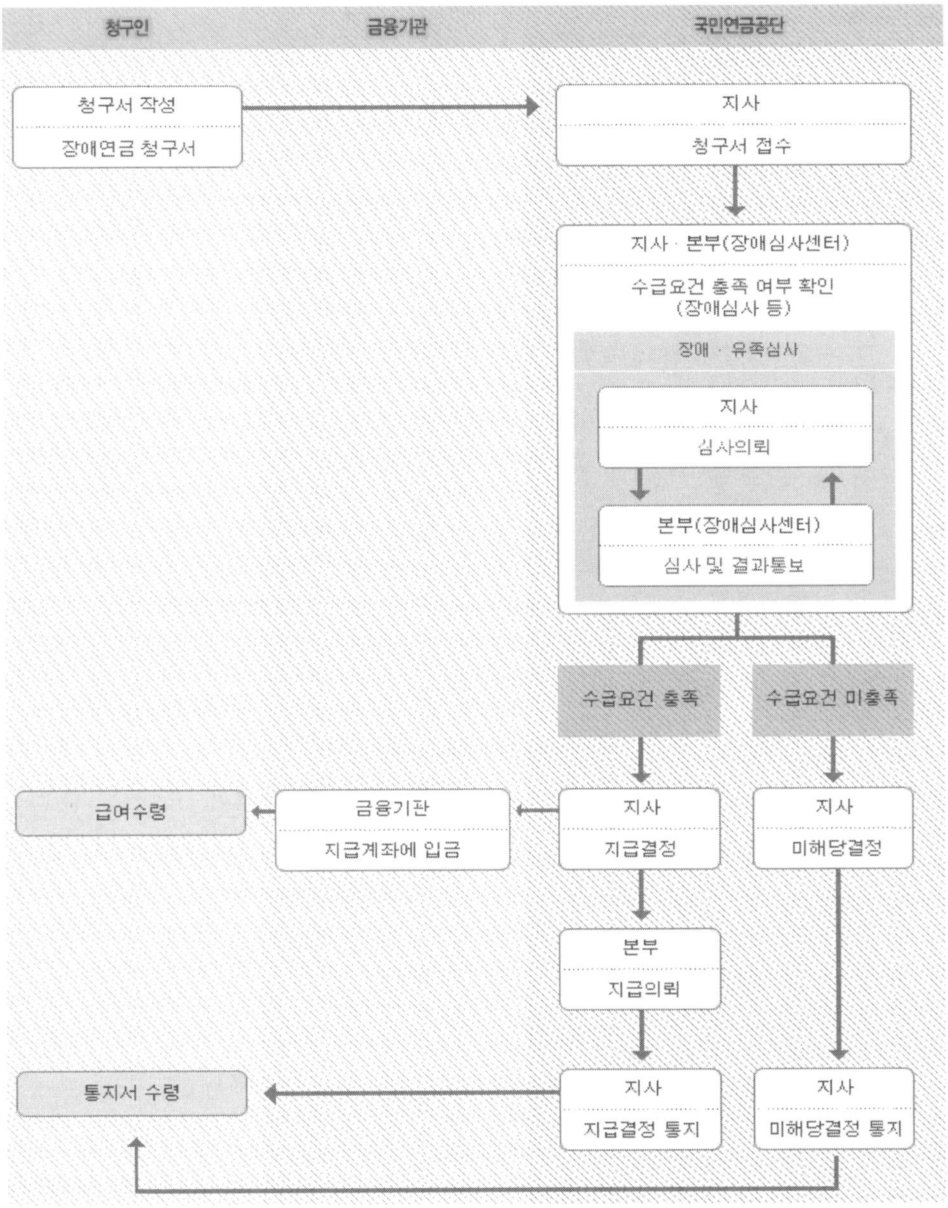

수급요건을 충족하는 경우에는 지급결정을 하여 신청자의 계좌로 연금을 지급하고 본인에게 통보하게 된다. 그러나 수급요건을 충족하

지 못하는 경우에는 그 결정을 지사를 통해 신청자에게 통보한다.

4. 산업재해보상보험

1) 산업재해보상보험의 대상

산재보험의 대상자는 업무상의 사유로 질병 또는 사고에 의하여 신체적·정신적 장해가 남아 장해급여 등급에 해당하는 근로자이다.

2) 산업재해보상보험의 종류

〈표 11-5〉는 산업재해보상보험의 종류를 도표로 제시한 것이다. 이를 설명하면 아래와 같다.

(1) 장해급여

장애급여는 근로자가 업무상의 부상 또는 질병을 입어 치유는 되었으나 신체에 정신적 또는 육체적 장해가 남아 장해급여 지급대상에 해당될 경우 지급하는 급여로서, 장해 급여액은 장해등급에 해당되는 지급일수에 평균임금을 곱하여 정하게 된다.

해당자는 장해등급에 따라 1-3급은 장해보상연금, 그리고 8-14급은 장해보상일시금으로 지급하며, 4-7급은 양자 중 한 가지를 선택할 수 있다.

(2) 요양급여

요양급여는 근로자가 업무상의 사유로 부상 또는 질병을 입어 요양이 필요한 경우 급여하는 것으로 치과 보철료, 재활보조기구, 초음파 검사료, 이송비 등 지원이 있다.

(3) 휴업급여

휴업급여는 근로자가 업무상 사유에 의한 부상 또는 질병으로 취업하지 못한 기간(입원/통원)에 대하여 지급하는 급여로서, 급여의 산정은 1인당 평균임금의 100분의 70에 해당하는 금액을 지급한다.

〈표 11-5〉 산업재해보상보험의 종류

종 류	내 용
장해급여	근로자가 업무상의 사유로 부상을 당하거나 질병에 걸려 치유되었으나 신체에 정신적 또는 육체적 장해가 남아 장해급여 지급대상에 해당될 경우 장해등급[18]에 해당되는 지급일수에 평균임금을 곱하여 지급. 장해등급에 따라 1~3급은 장해보상연금, 그리고 8~14급은 장해보상일시금으로 지급하며, 4~7급은 선택할 수 있다.
요양급여	근로자가 업무상의 사유로 부상을 당하거나 질병에 걸린 경우 치과보철료, 재활보조기구, 초음파 검사료, 이송비 등 지원
휴업급여	업무상 사유에 의한 부상 또는 질병으로 취업하지 못한 기간(입원/통원)에 대하여 1일당 평균임금의 100분의 70에 해당하는 금액을 지급하는 제도입니다.
간병급여	요양급여를 받은 자 중 치유 후 의학적으로 상시 또는 수시로 간병이 필요할 경우에, 간병이 실제 행하여지면 그 장해 정도에 따라 간병비용을 지급
유족급여	근로자가 업무상 사유로 사망한 경우 그 당시 부양하고 있던 유족에게 급여를 지급
상병(傷病)보상연금	요양급여를 받는 근로자가 요양 개시 후 2년이 경과되어도 치유가 되지 아니하고 폐질등급 (1~3급)에 해당되는 경우와 장해보상연금을 받고 있던 근로자가 부상 또는 질병이 악화되어 재요양 하고 있는 경우에 지급
장의비(葬儀費)	근로자가 업무상 사유로 사망한 경우 장제 실행자에게 그 장제에 소요되는 비용(평균임금의 120일분에 상당하는 금액)을 지급하는 제도
직업재활급여	장해급여자 중 취업을 위하여 직업훈련이 필요한 자에 대하여 실시하는 직업훈련에 드는 비용 및 직업훈련수당, 직장복귀지원금, 직장적응훈련비 및 재활운동비

(4) 간병급여

간병급여는 요양급여를 받은 자 중에서 치유 후 의학적으로 상시 또는 수시로 간병이 필요할 경우에 지급하는 급여로서, 급여액 산정은 간병이 실제 행해진 일수와 장해 정도에 따라 간병비용을 지급한다.

18) 장해등급과 장애등급은 다르다. 장해등급은 산업재해법상 등급으로 재해로 인한 손상의 의미가 강하나 장애등급은 장애인복지법에 의한 등급이다.

(5) 유족급여

유족급여는 근로자가 업무상 사유로 사망한 경우 그 당시 근로자가 부양하고 있던 유족에게 급여를 지급하는 급여이다.

(6) 상병(傷病)보상연금

상병보상연금은 요양급여를 받는 근로자가 요양 개시 후 2년이 경과되어도 치유가 되지 아니하고 폐질등급(1~3급)에 해당되는 경우와 장해보상연금을 받고 있던 근로자가 부상 또는 질병이 악화되어 재요양하고 있는 경우에 지급한다.

(7) 장의비(葬儀費)

장의비는 근로자가 업무상 사유로 사망한 경우 장제실행자에게 그 장제에 소요되는 비용을 지급하는 제도로서, 장의비 산정기준은 근로자 평균임금의 120일분에 상당하는 금액이다.

(8) 직업재활급여

직업재활급여는 장해급여자 중 취업을 위하여 직업훈련이 필요한 자에 대하여 실시하는 직업훈련비 및 직업훈련수당, 직장복귀지원금, 직장적응훈련비 및 재활운동비에 대하여 지급되는 급여이다.

3) 심사 및 재심사 청구절차

〈그림 11-3〉은 심사 및 재심사 청구절차를 도표로 제시한 것이다. 이를 설명하면 아래와 같다.

그림에서 보는 바와 같이 신청자가 심사를 청구하면 지역본부(지사)에서는 이를 공단본부에 심사를 의뢰하고, 본부에서는 심리 및 결정을 하게 된다.

만일 그 결정에 이의가 있는 경우에는 즉각 행정소송을 제기하거나 재심사 청구를 할 수 있으며, 재심사 결과에 대해서도 불복하고자 할 경우에는 행정소송을 제기하게 된다.

〈그림 11-3〉 심사 및 재심사 절차

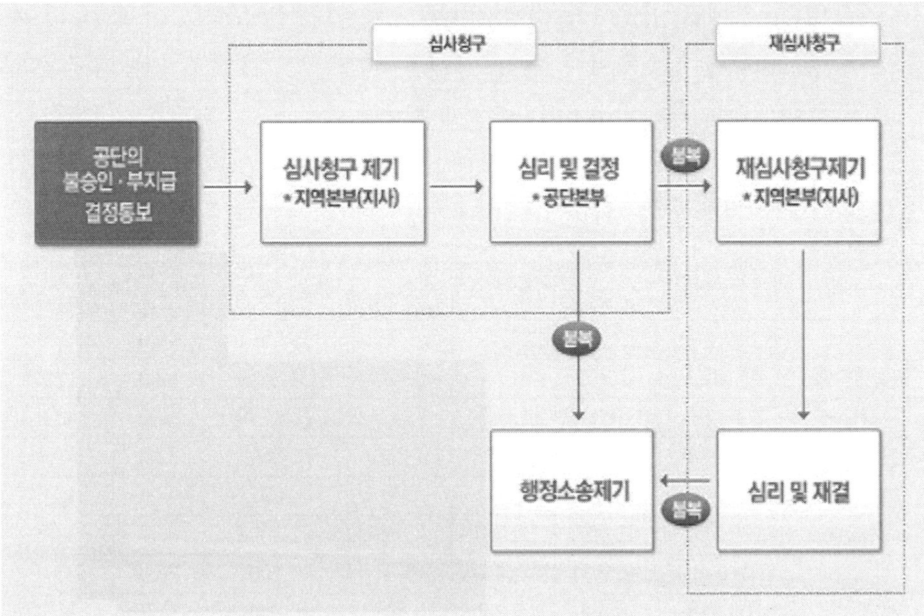

제 2 절 고용보장

1. 필요성

장애인의 고용정책은 실업상태인 장애인을 취업상태로 전환시켜 사회계층간의 대립을 해소하는 수단으로 사용될 수 있다(정재우, 2013).

장애인의 자립을 위해서는 무엇보다도 경제적 자립이 선행되어야 한다. 경제적 자립은 취업이나 창업을 통해 가능하다. 〈표 11-6〉은 장애유형별 고용 현황을 제시한 표이다. 2017년 현재 우리나라의 15세 이상 장애인 취업인구는 931.4천명이다. 연령별로는 50~64세가 398.2

천명으로 가장 많고 다음이 65세 이상(255.1천명), 40~49세(155.7천명) 등의 순으로 나타나 장애인 취업인구의 중·고령화 현상을 알 수 있다. 장애인 인구대비 취업자비율(고용률)은 36.9%로 전체인구의 취업자비율인 61.3%보다 낮고 장애인 실업률도 5.1%로 전체인구 실업률인 3.4%보다 약 1.5배 높은 수준이다.

〈표 11-6〉 장애유형별 고용현황

(단위 : 명, %)

구 분	15세 이상 인구	경제활동인구			비경제활동 인구	경제활동 참가율	인구대비 취업자비율
		계	취 업	실 업			
지체장애	1,257,683	604,119	577,191	26,928	653,564	48.0	45.9
뇌병변장애	277,492	35,859	33,731	2,128	241,633	12.9	12.2
시각장애	259,681	120,882	113,654	7,228	138,799	46.6	43.8
청각장애	279,988	92,185	87,898	4,286	187,804	32.9	31.4
언어장애	15,363	7,272	6,702	570	8,091	47.3	43.6
지적장애	173,564	61,957	59,361	2,596	111,608	35.7	34.2
자폐성장애	12,693	3,593	2,923	671	9,100	28.3	23.0
정신장애	103,628	19,889	16,246	3,643	83,739	19.2	15.7
신장장애	83,583	19,481	18,405	1,077	64,102	23.3	22.0
심장장애	5,839	1,130	1,130	0	4,709	19.3	19.3
호흡기장애	14,033	1,973	1,640	332	12,060	14.1	11.7
간장애	10,992	5,483	5,483	0	5,509	49.9	49.9
안면장애	3,173	2,324	2,324	0	850	73.2	73.2
장루요루장애	15,358	3,394	3,275	119	11,965	22.1	21.3
뇌전증장애	9,520	1,487	1,467	20	8,033	15.6	15.4
계	2,522,592	981,028	931,429	49,599	1,541,565	38.9	36.9

자료 : 보건복지부(2018). “2017년도 장애인실태조사보고서”

장애유형별 취업 인구는 지체장애인이 577.1천명으로 가장 많고 다음이 시각장애인(113.6천명), 청각장애인(87.8천명), 지적장애인(59.3천명) 등의 순이다. 경제활동인구에서 취업자가 차지하는 비중을 의미하는 취업률은 심장장애인, 간장애인, 안면장애인, 뇌전증장애인, 장루·요루장애인이 높은 반면에 자폐성장애인, 정신장애인, 호흡기장애인은 낮게 나타났다. 인구대비 취업자 비율(고용률)은 안면장애인이

73.2%로 가장 높으며 다음은 간장애인(49.9%), 지체장애인(45.9%), 시각장애인(43.8%), 언어장애인(43.6%) 등의 순서로 나타났다.

2. 의무고용제도와 지원고용제도

1) 의무고용제도

장애인의무고용제도는 할당고용정책으로 고용의 취약계층인 장애인에게 고용기회를 확대하고자, 일정비율의 사업주가 근로자를 사업주가 의무적으로 고용하도록 유도하는 제도이다.

사업주가 이를 이행하지 않을 경우 장애인고용부담금을 감수하여야 한다. 〈표 11-7〉은 고용주의 의무고용 비율을 제시한 것이다.

〈표 11-7〉 의무고용 비율

구 분	의무고용률	비 고
국가 및 지방자치단체	3.4%	공기업 및 준정부기관도 해당
사업주	3.1%	월평균 상시근로자 50인 이상

2) 지원고용제도

의무고용제도가 강제적 고용정책이라면 지원고용제도는 장애인을 고용하는 사업주에게 지원을 하는 형태의 고용증진 정책이다. 그 유형과 내용은 〈표 11-8〉 지원고용제도의 유형과 같다.

〈표 11-8〉 지원고용제도의 유형

유 형	내 용
고용장려금 지원	장애인을 고용하는 사업주에게 장애인 고용장려금을 지급
고용지원자금융자	장애인 고용을 위해 필요한 시설 · 장비구입 · 설치 · 수리 · 개조 비용
무상지원	장애인 고용을 위한 기초환경 개선에 필요한 장비 · 시설구입 · 수리 · 개조 비용
고용관리비용 지원	고용한 장애인의 관리를 위한 상담원, 지도원,수화통역사 등의 위촉 · 배치 비용

제3절 교육보장

1. 필요성

우리나라의 장애인 교육은 1977년 『특수교육진흥법』에 의해 공적으로 보장받기 시작하였고, 1994년 전부개정을 통해 통합교육과 개별화 교육의 도입, 2008년 「장애인 등에 대한 특수교육법」은 특수교육 대상자의 확대와 통합된 교육환경 제공으로 장애인의 자아실현과 사회통합에 기여하였다.

그럼에도 불구하고 〈표 11-9〉 장애인의 교육 현황을 보면 우리나라의 장애인 교육수준은 '무학' 10.4%, '초등학교' 27.3%, '중학교' 16.7%, '고등학교' 30.4% 그리고 '대학이상'이 15.1%인 것으로 조사되었다. 장애유형별로는 지체장애인의 경우 '초등학교' 비율이 28.9%로 가장 높고 다음이 고등학교(27.6%), 중학교(18.8%), 대학이상(13.5%), 무학(11.2%) 순이다. 지적장애인의 교육정도는 '고등학교' 비율이 48.5%로 가장 많고 다음이 초등학교(23.3%), 중학교(12.2%), 대학이상(8.6%)의 순서를 보인다. 자폐성장애인도 '고등학교' 교육정도가 51.5%로 가장 비율이 많으며 초등학교(31.1%), 중학교(7.6%), 대학교(6.7%) 등이 뒤를 잇고 있다.

장애인이 학교를 다니지 않았거나 중도에 그만둔 이유로는 '경제적으로 어려워서'라는 응답비율이 72.5%로 가장 많은 비율을 차지하는 것으로 조사되었다. 그 다음 이유로는 '집에서 다니지 못하게 해서'(11.9%), '다니기 싫어서'(6.4%), '심한 장애로 인하여'(5.5%) 등인 것으로 드러났다. 특히 '심한 장애로 인하여' 학교를 다니지 않았거나 중도에 그만둔 경우를 장애유형별 비율로 보면, 뇌전증장애인이 59.3%로 가장 높고 다음은 지적장애(52.0%), 정신장애(29.9%), 언어장애(16.0%)로 나타나 여러 장애유형 중에서도 이들 장애유형을 위한 교육기회와 여건마련이 중요함을 알 수 있다.

〈표 11-9〉 장애인의 교육 현황

(단위 : 명, %)

구 분	지체장애	뇌병변장애	시각장애	청각장애	언어장애	지적장애	자폐성장애	정신장애	신장장애	심장장애	호흡기장애	간장애	안면장애	장루요루장애	뇌전증장애	전체
무학	11.2	9.3	8.9	18.6	18.6	7.4	3.1	1.3	2.8	0.0	8.1	2.7	1.7	9.4	0.0	10.4
초등학교	28.9	26.3	26.9	32.7	25.4	23.3	31.1	15.1	22.6	23.5	14.4	1.9	14.1	24.8	14.1	27.3
중학교	18.8	15.6	15.8	14.2	18.6	12.2	7.6	11.9	17.8	9.8	28.0	12.6	15.0	11.5	13.8	16.7
고등학교	27.6	29.6	29.4	22.3	25.1	48.5	51.5	42.1	35.2	42.8	38.3	48.2	46.8	37.4	66.1	30.4
대학이상*	13.5	19.1	19.0	12.2	12.3	8.6	6.7	29.6	21.6	23.8	11.2	34.6	22.6	16.8	6.0	15.1
계	100.0	100.0	100.0	100.0	100.0	100.0	100.0	100.0	100.0	100.0	100.0	100.0	100.0	100.0	100.0	100.0
전국추정수	1,260,272	283,103	261,215	282,149	19,042	196,135	21,482	103,628	83,583	6,174	14,033	11,042	3,174	15,542	9,520	2,570,094

주: * 대학이상: 대학(3년제 이하)에서 대학원까지 모두 포함
자료 : 보건복지부(2018). "2017년도 장애인실태조사보고서"

2. 장애인 등[19])에 대한 특수교육

1) 의무교육 및 무상교육

장애인 등에 대한 특수교육법에서는 장애인을 위한 특수교육적 배려를 규정하고 있는데, 장애인 등에 대한 특수교육법 제3조에 의하면,

19) 장애인 등이라 표현한 이유는 장애인 외에도 특수교육대상자가 포함될 수 있기 때문이다.

특수교육대상자에 대하여는 유치원·초등학교·중학교 및 고등학교 과정의 교육은 의무교육으로 한다고 하여 고등학교까지 의무교육으로 정하고 있다. 그리고 전공과와 만 3세미만의 장애영아교육은 무상교육을 하고 있다.

또한 장애인 등에 대한 특수교육법 제14조에서는 장애의 조기발견 체제 구축 및 장애영아의 무상교육을 규정하고 있는데 이를 보면 "교육장 또는 교육감은 영유아의 장애 및 장애 가능성을 조기에 발견하기 위하여 지역주민과 관련 기관을 대상으로 홍보를 실시하고, 해당 지역 내 보건소와 병원 또는 의원(醫院)에서 선별검사를 무상으로 실시하여야 한다. 또한 선별검사를 효율적으로 실시하기 위하여 지방자치단체 및 보건소와 병·의원 간에 긴밀한 협조체제를 구축하여야 한다"라고 규정하고 있다.

2) 특수교육지원센터 설치·운영

장애인 등에 대한 특수교육법 제11조에 의하면 "교육감은 특수교육대상자의 조기발견, 특수교육대상자의 진단·평가, 정보관리, 특수교육 연수, 교수·학습활동의 지원, 특수교육 관련서비스 지원, 순회교육 등을 담당하는 특수교육지원센터를 하급교육행정기관별로 설치·운영하여야 하며, 특수교육대상자를 비롯한 지역주민의 접근이 편리한 곳에 설치하여야 한다"라고 규정하고 있어 장애학생에 대한 교육지원을 강화하고 있다.

3) 통합교육의 강화

장애인 등에 대한 특수교육법 제21조에 의하면 "각급 학교의 장은 교육에 관한 각종 시책을 시행함에 있어서 통합교육의 이념을 실현하기 위하여 노력하여야 한다. 특수교육대상자를 배치받은 일반학교의 장은 교육과정의 조정, 보조인력의 지원, 학습보조기기의 지원, 교원연수 등을 포함한 통합교육계획을 수립·시행하여야 한다. 일반학교의 장은 통합교육을 실시하는 경우에는 특수학급을 설치·운영하고, 시설·설비 및 교재·교구를 갖추어야 한다"라고 규정하고 있어 장애학생의 통합교육에 대한 권리를 인정하고 있다.

4) 진로 및 직업교육의 강화

장애인 등에 대한 특수교육법 제23조에 의하면 "중학교 과정 이상의 각급 학교의 장은 특수교육대상자의 특성 및 요구에 따른 진로 및 직업교육을 지원하기 위하여 직업평가·직업교육·고용지원·사후관리 등의 직업재활훈련 및 일상생활적응훈련·사회적응훈련 등의 자립생활훈련을 실시하고, 자격이 있는 진로 및 직업교육을 담당하는 전문인력을 두어야 하며, 진로 및 직업교육의 실시에 필요한 시설·설비를 마련하여야 한다"라고 규정하고 있어 장애학생의 진로 및 직업교육을 지원하고 있다.

3. 고등교육 지원

우리나라의 장애인 고등교육정책은 헌법을 비롯하여 여러 법령에 의해 이루어지고 있다. 헌법 제31조와 교육기본법 제3조, 그리고 장애인복지법 제4조는 장애인의 고등교육 기회를 보장하는 선언적인 규정이다(김주영, 2005).

고등교육지원은 장애인의 대학입학 등을 지원하기 위한 제도로서, 장애인 등에 대한 특수교육법 제29조-제32조에 의하면 대학은 특별지원위원회를 두어 장애학생 지원 계획수립, 심사청구에 대한 심사 및 결정 등을 수행하도록 하고, 대학에 장애학생지원센터를 설치하여 장애학생 지원, 편의제공, 관련 인력에 대한 교육, 장애학생 교육복지 실태조사 등을 담당하도록 하고 있다. 또한 대학의 장은 장애학생의 교육활동 편의를 위하여 학습보조기기 등 물적지원, 보조인력 배치 등 인적지원, 취학편의 지원, 정보접근 지원, 편의시설 설치 등을 강구하고 제공하도록 하고, 장애학생 지원 등에 관하여 필요한 내용을 학칙에 규정하도록 하고 있다.

〈표 11-10〉은 연도별 특수교육 대상자 대학 특별전형 입학생 수를 제시한 것이다. 표에서 보는 바와 같이 장애학생의 대학입학생은 점차 증가 추세에 있으나 그 추세는 완만하다고 할 수 있다.

〈표 11-10〉 연도별 특수교육 대상자 대학 특별전형 입학생 수

(단위 : 명)

학년도	전문대학		대학교		합 계	
	실시대학	학 생	실시대학	학 생	실시대학	학 생
2000	9	55	48	313	57	368
2001	11	61	43	360	54	421
2002	15	194	46	420	61	614
2003	14	117	47	310	61	427
2004	24	115	49	309	73	424
2005	11	45	53	344	64	389
2006	10	31	63	388	73	419
2007	9(7)	79	71(71)	439	80(78)	518
2008	8(7)	100	74(65)	460	82(72)	560
2009	10(10)	74	80(70)	498	90(80)	561
2010	19(12)	51	80(75)	601	82(72)	652
2011	14(14)	60	89(77)	574	90(80)	634
2012	16(16)	97	90(84)	566	99(87)	663
2013	25(17)	185	97(89)	649	103(91)	834
2014	23(16)	84	98(80)	637	121(96)	721
2015	23(18)	54	98(84)	753	121(102)	807
2016	24(15)	48	100(88)	768	124(103)	816
2017	(15)	46	(97)	832	(112)	878
2018	(16)	56	(100)	888	(116)	944
2019	(16)	50	(71)	905	(87)	955

※ 괄호는 최종 등록기준 학교 수, 대상은 대학, 교육대학, 산업대학(특별법에 의해 설립된 학교 제외)

자료 : 교육과학기술부(2019)

제 4 절 의료보장

1. 필요성

장애인복지는 장애인의 의료적 재활 중심으로 시작되었다. 장애 및 재활에 대한 패러다임의 변화로 장애에 대하여 다각적인 접근이 이루어지고 있지만 의료적인 부분은 여전히 장애인에게 중요한 부분이다.

장애인에게 있어서 의료보장청구권은 장애를 극복하기 위한 의료재활조치를 청구할 수 있는 권리를 말한다. 즉 장애에 대한 전반적인 의료 및 보건지도를 받고, 장애의 정도에 따라서 일정한 의료시설에 수용되거나 또는 통원치료를 받을 수 있는 권리이다(구명회, 2006).

〈표 11-11〉 최근 2년간 받은 건강검진

(단위 : 명, %)

구 분	지체장애	뇌병변장애	시각장애	청각장애	언어장애	지적장애	자폐성장애	정신장애	신장장애	심장장애	호흡기장애	간장애	안면장애	장루요루장애	뇌전증장애	전체
본인부담 종합건강검진	3.3	7.2	3.8	3.0	2.2	4.1	0.0	5.7	12.2	15.9	6.7	26.1	0.0	17.7	0.0	4.2
산업장 특수건강검진	0.3	0.0	0.0	0.0	0.0	0.8	0.0	0.0	0.0	0.0	0.0	0.0	0.0	0.0	0.0	0.2
건강보험 건강검진	93.8	88.8	93.4	92.9	77.8	66.7	38.8	91.6	85.8	76.8	90.3	73.6	100.0	79.1	100.0	90.7
무료건강검진(지자체시행)	2.1	0.9	1.5	2.0	0.0	3.4	0.0	2.6	2.1	0.0	2.9	0.0	0.0	1.9	0.0	1.9
초·중·고등학교 및 이에 준하는 각종 학교 건강검진	0.4	3.2	1.3	2.1	20.0	25.0	61.2	0.0	0.0	7.3	0.0	0.0	0.0	1.4	0.0	2.9
기타	0.1	0.0	0.0	0.0	0.0	0.0	0.0	0.0	0.0	0.0	0.0	0.3	0.0	0.0	0.0	0.0
계	100.0	100.0	100.0	100.0	100.0	100.0	100.0	100.0	100.0	100.0	100.0	100.0	100.0	100.0	100.0	100.0
전국추정수	1,015,241	160,369	212,819	206,079	14,497	104,144	13,643	56,824	47,178	4,589	11,284	9,129	2,458	13,587	4,501	1,876,342

자료 : 보건복지부(2018). “2017년도 장애인실태조사보고서”

최근 2년간 건강검진을 받아본 경험 여부는 〈표 11-11〉과 〈표 11-12〉에서 알 수 있듯이, 본인부담으로 건강검진을 받는 경우가

4.2%에 불과하며, 재활치료서비스를 비용부담 때문에 받지 못하는 경우가 8.9%를 차지하고 있다. 이처럼 장애인은 경제활동 미참여로 인한 소득 감소와 함께, 장애의 치료 등에 대한 추가 비용이 발생하기 때문에 본인의 건강을 점검하고 의료적 재활치료에 접근한다는 것은 무척이나 어렵다. 따라서, 장애인의 건강하고 안정된 생활과 인간다운 삶을 위해서는 의료부분의 적극적인 지원이 보장되어야 한다.

최근 2년간 건강검진을 받아본 경험 여부는 전체의 72.7%가 건강검진을 받은 것으로 나타나 2014년의 조사(72.9%)와 비슷한 것으로 나타났다. 장애유형별로는 지체장애, 시각장애, 청각장애, 심장장애, 호흡기장애, 간장애, 장루·요루장애의 경우 건강검진을 받은 비율이 높았던 반면, 뇌전증장애, 정신장애, 자폐성장애, 지적장애는 다른 유형에 비해 검진 받은 비율이 적어 차이가 있는데, 대체로 연령 증가에 따라 건강 검진율도 높아지는 경향이 있음을 알 수 있다.

〈표 11-12〉 현재 재활치료서비스를 받지 않는 이유

(단위 : 명, %)

구 분	지체 장애	뇌병변 장애	시각 장애	청각 장애	언어 장애	지적 장애	자폐성 장애	정신 장애	신장 장애	심장 장애	호흡기 장애	간 장애	안면 장애	장루 요루 장애	뇌전증 장애	전체
몰라서	1.2	0.9	1.6	1.2	7.2	3.9	0.0	2.8	2.8	12.6	3.7	1.8	0.0	1.8	1.7	1.7
시설이 없어서	3.0	3.6	3.1	3.0	3.8	1.9	0.9	3.0	2.5	0.0	2.9	1.4	0.0	0.0	6.9	2.9
믿지 못해서	2.5	2.2	0.0	0.8	9.2	2.8	0.0	2.4	0.0	0.0	0.0	0.0	0.0	0.3	7.8	1.9
다른 방법이 있어서	7.7	9.1	1.5	3.5	0.8	2.7	0.0	5.6	5.1	0.0	1.2	4.6	0.0	3.4	0.0	5.8
비용부담 때문에	10.3	16.2	4.7	6.2	5.4	7.8	24.7	2.5	5.1	0.0	15.3	4.7	0.0	6.2	2.8	8.9
대기 중이어서	0.1	0.5	0.1	0.2	0.0	0.6	0.0	0.0	0.1	0.0	0.0	2.4	0.0	0.0	3.1	0.2
다닐 필요가 없어서	63.1	41.0	82.6	77.8	66.5	72.5	58.0	79.8	82.0	77.1	72.0	85.1	97.7	84.2	74.8	67.8
접근하기 어려워서 (이동의 어려움 등)	8.9	22.9	5.6	5.9	7.1	5.7	11.0	2.4	2.3	10.3	5.0	0.0	2.3	2.0	2.9	8.5
기타	3.1	3.7	0.9	1.3	0.0	2.0	5.5	1.5	0.0	0.0	0.0	0.0	0.0	2.1	0.0	2.3
계	100.0	100.0	100.0	100.0	100.0	100.0	100.0	100.0	100.0	100.0	100.0	100.0	100.0	100.0	100.0	100.0
전국추정수	880,237	181,286	223,871	234,968	14,406	142,883	9,984	88,069	75,049	5,279	11,487	10,399	2,344	14,885	9,198	1,904,345

자료 : 보건복지부(2018). “2017년도 장애인실태조사보고서”

현재 재활치료서비스를 받지 않고 있다고 응답한 경우 그 이유를 알아보면 ‘다닐 필요가 없어서’라고 응답한 경우가 67.8%로 전체의 2/3 정도를 차지하여 가장 많았고, 다음으로는 ‘비용부담 때문’이라고

응답한 경우가 8.9%, '접근하기 어려워서'가 8.5%로 상당수는 재활서비스를 필요로 하지 않기 때문이고 이를 제외하고는 경제적 부담과 이동편의 문제로 인해 이용하지 않는 것으로 예상해 볼 수 있다. 2014년의 조사와 비교해서는 재활치료서비스를 몰라서의 이유가 1.7%로 크게 줄어 제도에 대한 인지도는 높다는 점을 알 수 있다.

장애유형별로는 신장, 심장, 호흡기장애 등과 같이 재활치료 서비스의 필요도가 낮은 신체 내부기관 장애의 경우 '다닐 필요가 없어서'라는 응답이 상대적으로 많았으며, 자폐성장애와 뇌병변장애의 경우에는 '비용부담 때문에'와 '접근하기 어려워서'가 다른 장애에 비해 다소 많은 편이었다.

2. 의료보장내용

의료보장정책은 장애인복지법 제36조에서는 의료비를 부담하기 어렵다고 인정되는 장애인에게 장애 정도와 경제적 능력 등을 고려하여 장애 정도에 따라 의료에 소요되는 비용을 지급할 수 있다고 규정하고 그 세부사항은 보건복지부령으로 정하고 있는 데 보건복지부령에 의한 의료비 지급대상 및 기준은 아래와 같다.

- 「국민기초생활 보장법」에 따른 수급자인 장애인
- 위와 유사한 자로서 의료비를 지급할 필요가 있다고 인정되는 장애인

그리고 장애인이 지급받을 수 있는 의료비는 「국민건강보험법」과 「의료급여법」에 따라 제공되는 의료에 드는 비용 중 해당 장애인이 부담하여야 할 비용으로 하고 있다. 이에 근거한 의료급여는 〈표 11-13〉의 장애인의료비 지원내용과 같다.

〈표 11-13〉 장애인 의료비 지원 내용

구 분	의료급여기관	구 분	본인부담금	장애인의료비 지원내용
외래	제1차 의료급여기관	원내 직접 조제	1,500원	750원
		그 이외의 경우	1,000원	750원
	제2차 의료급여기관	의료(요양)급여수가적용 본인부담진료비 15%(차상위 14%, 암환자 5%, 입원 10%)		전액
	제3차 의료급여기관			
입원	제1,2,3차 의료급여기관	의료(요양)급여수가적용 본인부담진료비 10%		전액
		본인부담 식대 20%		없음
약국	약국에서 의약품을 조제하는 경우	처방조제	500원	없음
		직접조제	900원	

자료 : 보건복지부(2014). "2014년도 장애인복지사업안내" 재구성

한편, 장애인 보조기구에 대한 지원도 의료보장 내용에 해당되는데 여기서 장애인보조기구란 장애인이 장애의 예방·보완과 기능 향상을 위하여 사용하는 의지(義肢)·보조기 및 그 밖에 보건복지부장관이 정하는 보장구와 일상생활의 편의 증진을 위하여 사용하는 생활용품을 의미한다.

〈표 11-14〉 지급 보장구 종류

분 류		기준액(원)	내구연한(년)
지체·뇌병변장애인용 지팡이		20,000	2
목발		15,000	2
수동 휠체어		480,000	5
의지·보조기		유형별로 상이	유형별로 상이
시각장애용	저시력보조안경	100,000	5
	돋보기	100,000	4
	망원경	100,000	4
	콘택트렌즈	80,000	3
	의안	300,000	5
흰지팡이		14,000	0.5
보청기		340,000	5
체외용 인공후두		500,000	5
전동 휠체어		2,090,000	6
자세보조용구		1,500,000	3
정형외과용 구두		220,000	2
소모품(전지)		160,000	1.5

장애인복지법 제66조에 의하면 국가와 지방자치단체는 장애인의 신청이 있을 때에는 예산의 범위 안에서 장애인보조기구를 교부·대여 또는 수리하거나 장애인보조기구 구입 또는 수리에 필요한 비용을 지급할 수 있다고 규정하고 있다. 그리고 이에 필요한 사항은 보건복지부령으로 정하고 있는데 이는 〈표 11-14〉와 같다.

제 12 장

장애인 서비스 욕구 및 자원

제 1 절 장애인의 생애주기

장애인 재활에서 장애인의 생애주기를 언급하는 이유는 다른 경우와 마찬가지로 장애인의 경우도 생애주기별로 욕구가 다르기 때문이다.

여기에서는 일반적인 생애주기와 장애인 생애주기의 구분 그리고 생애주기별 욕구를 간단히 요약하여 설명하고자 한다.

1. 생애주기

생애주기(life cycle)는 사람이 탄생하면서 부터 사망에 이르기까지의 과정에서 일정한 단계가 있다고 보고 그 단계마다 발생할 수 있는 모든 과정을 의미한다. 실제로 사람에게는 생애주기가 있는 것으로 보고 있고 그 생애주기는 일반적으로 〈표 12-1〉 생애주기 구분과 같이 나눈다.

〈표 12-1〉 인간의 생애주기

구 분			단계별 주 내용
아동기	영아기	학령기 이전기	부모에게 절대적인 의존을 하면서, 자아를 형성함
	유아기		가족 구성원과 애착을 형성하고 사회를 탐색함
	아동기		어린이집이나 유치원에 다니면서 사회적응 범위를 확대함
청소년기		학령기	학업을 통하여 사회생활을 위한 적응력을 키움
장년기		학령기 이후기	가정을 꾸리고 새로운 가족을 구성함
노년기			인생을 정리하고 마무리함

1) 학령기 이전기

영아기와 유아기, 그리고 아동기를 통합하여 아동기로 보기도 하는데 이 시기를 학령기 이전으로 구분한다. 이 시기에 아동은 부모에게 의존하면서 자아를 형성하고, 애착을 기르며, 사회를 탐색하게 된다. 그리고 아동기 말에는 어린이집이나 유치원에 다니면서 사회의 적응 범위를 확대하기 시작한다.

2) 학령기

학령기는 초등학교 입학부터 고등학교 졸업까지의 기간을 의미하는 것으로 이 시기에 사람은 많은 것을 배우게 된다. 사회생활과 집단에서의 자신의 위치 그리고 자신의 능력 등을 고려한 인생의 진로를 결정하게 된다.

3) 학령기 이후기

학령기 이후 사람은 장년기에 돌입하면서 직장을 구하고 가정을 이루게 된다. 이 시기가 인간으로서 가장 활발한 시기가 된다. 이후 노년기가 되면 인생을 정리하고 마무리하게 된다. 장년기와 노년기가 어떻게 구분되는가에 대한 문제는 논란이 있을 수 있겠으나, 정년퇴임의 시점을 기준으로 구분하는 것이 타당할 것이다. 즉, 약 60세를 전후하여 구분이 이루어 질 것이다. 물론 일반적으로 65세를 기준으로 노인을 정의하고 있다.

2. 장애인 생애주기의 중요성

생애주기는 일반인이나 장애인이나 모두 매우 중요하다. 그 시기마다 욕구가 다르고 결정해야 할 문제가 다르기 때문이다. 특히 장애인의 경우 생애주기에 맞는 욕구에 부응하는 일이 그 사람 생애의 질 향상에 매우 중요하다.

지금까지 장애인 복지에서는 생애주기라는 개념을 도입하기 보다는 장애인이라는 집단으로만 인식하여 장애인 개개인의 연령대별, 성별 차이를 고려한 복지서비스 즉, 생애주기별 서비스에 대해서는 소홀히 하여왔다.

장애인 중에는 사회적응을 위한 프로그램을 원하는 장애인도 있을 수 있고 어떤 장애인은 직업훈련을, 그리고 다른 장애인은 학습, 이성교제 등을 원할 수 있다. 이와 같은 욕구는 서로 다르고 연령대 별로 다르기 때문이다.

따라서, 장애인의 생애주기에 맞는 서비스를 제공하려는 노력은 너무나 중요한 일이다.

〈표 12-2〉는 생애주기별 장애인의 일반적인 욕구를 요약하여 제시한 표이다. 이들에 대해서는 절을 달리하여 자세히 설명 할 것이다.

〈표 12-2〉 생애주기별 장애인의 일반적인 욕구

구 분			욕 구
아동기	영아기	학령기 이전기	장애인등록 보호자와의 상호작용 원활화 보호자에게 정보제공 의료적 치료지원
	유아기		보호자에게 정보제공 의료적 치료 조기 교육
	아동기		조기교육 가족 스트레스 지원
초등학교		학령기	일반학교 대 특수학교 일반학급 대 특수학급 일반학급 통합 사회적응 훈련 학습의 원활한 수행 특수교육 보조원 활동지원사활용
중학교 고등학교			학습의 원활한 수행 특수교육 보조원 활동지원사활용 진로지도 사회적응 훈련
전공과			직업훈련 사회적응 훈련
장년기		학령기 이후기	사회적응 훈련 독신 대 결혼 시설입소 대 가정 주간보호시설 대 평생교육원 일반 취업 대 보호작업장 활동지원사 여가
노년기			경제적 도움 활동지원사 여가

제 2 절 장애인의 생애주기별 욕구

제1절에서 언급한 바와 같이 장애인의 생애주기는 그 관점에 따라 구분 영역이 다를 수 있으나 여기에서는 장애인의 생애주기를 학령기를 중심으로 하여 학령기 이전기와 학령이후로 구분하여 설명하고자 한다.

이와 같은 구분을 하는 이유는 학령기 이전에는 치료와 진단 영역을 가장 심각하게 고민하는 부분이고, 학령기 중에는 학교생활이며, 학령기 이후는 사회에 통합되어 함께 생활할 수 있는 부분으로, 각 단계마다 인생에서 매우 중요한 전환점을 맞이하기 때문이다.

1. 학령기 이전기 욕구

〈표 12-2〉에서 언급한 바와 같이 아동기의 장애인 욕구는 보호자와 상호작용 원활화, 보호자에게 정보제공, 의료적 치료지원, 조기교육, 치료교육, 가족 스트레스 지원 등이 해당한다.

이들에 대한 구체적인 욕구를 요약하면 〈표 12-3〉에 제시한 바와 같이 보호자와의 상호작용 원활화란 장애아동과 보호자간의 의사소통의 문제를 지적하는 것이다. 발달지체나 장애를 가진 많은 영아들은 사람과 사물간의 상호작용에 필요한 감각과 운동시스템을 조직화하는데 어려움을 겪는다. 이로 인하여 충분한 대처를 하기 어렵다. 결국 영아는 부모로부터의 관심을 끌어내기 위한 능력을 발휘하지 못한다. 그러면 부모-영아 간의 관계는 긴장이 되고 그 결과 긍정적인 애착형성과 유대감을 확립할 수 있는 능력에 악영향을 미치게 된다.

〈표 12-3〉 학령기 이전의 욕구

욕 구	설 명
보호자와의 상호작용 원활화	장애아동과 보호자 간의 상호작용에서 의사소통이 일반 아동과 다르므로 이들 간의 의사소통법을 지원하여야 함.
보호자에게 정보제공	해당 장애에 대하여 장애의 원인, 예후 등에 대하여 보호자에게 충분히 설명하고 이 시기에 가장 적절한 양육법에 대한 정보를 제공함.
의료적 치료지원	장애에 대하여 의료적 개입이 필요한 경우 지속적이고 안전한 방법으로 의료적 치료활동을 전개하여야 함.
조기 교육	발달장애로 의심되는 경우, 조기에 개입하여 교육을 실시함으로서 향후 예후에 도움을 제공함
가족 스트레스 지원	장애로 인한 가족 구성원의 스트레스를 해소 할수 있는 방안을 지원함
장애인등록	장애인 등록이 아동에 미칠 낙인 등에 대한 우려를 줄일 수 있도록 지원하여야 함.

예를 들어 뇌병변영아는 초기에 기운이 없다. 그리고 점차 산만한 행동모습을 보인다. 이들은 머리를 안정시키기 위해 어깨를 들어 올리는 수단을 사용한다(어깨 으쓱한 모양). 또는 몸통을 구부릴 수도 있고 팔과 다리를 굳게 할 수도 있다. 이런 영아는 전형적으로 몸이 한쪽보다 다른 쪽으로 기울어지기 때문에 머리는 불완전하게 기울어져 있을 수 있다. 결과적으로 그들은 부모가 잡을 때 등을 돌이거나 밀게 된다. 그러면 부모는 이와 같은 영아의 자세반응을 자신이 영아로부터 거절당한 것으로 볼 수 있어 양육기술상에 불편함을 느끼게 될 것이다. 그래서 부모는 영아와 상호작용하기가 매우 어렵다. 그리고 다음 문제들은 영아의 행동을 이해하기 어렵게 만든다.

이와 같은 사례는 장애 영아의 경우 얼마든지 있을 수 있다. 따라서 보호자에게 올바른 정보를 제공하여 아동과의 상호작용에 도움을 제공하여야 할 것이다. 이때 장애의 원인과 예후 등에 대한 정확한 정보를 제공하고 현재로서 보호자가 해야 할 일 등에 대한 정보를 제공한다.

또한 장애에 대하여 의료적 개입이 필요한 경우, 그 보호자가 지속적이고 안전한 방법으로 의료적 치료활동을 전개할 수 있도록 지원하여야 하며, 발달장애로 의심되는 경우, 조기에 개입하여 교육을 실시함으로써 향후 예후에 도움을 제공하고, 장애로 인한 가족 구성원의 스트레스를 해소할 수 있는 가족상담 및 치료 방안을 통하여 지원할 필요가 있다. 물론 이와 같은 가족지원은 장애인이 성인기에 이르기까지 지속되어야 할 것이다.

마지막으로 장애인 등록에 대한 가족들의 우려 역시 무시할 수 없는 스트레스이다. 이에 대한 적절한 안내와 지원이 필요할 것이다.

2. 학령기 욕구

장애인이 학령기에 들어서게 되면 여러 가지 욕구가 새로이 발생한다. 〈표 12-4〉는 이에 대한 욕구들을 요약한 것이다.

장애인이 학령기가 되어 학교에 입학하게 될 때 가장 심각한 고민은 바로 어떤 유형의 학교에 입학을 시켜야 하는 것이다. 부모가 선택할 수 있는 학교 유형은 완전통합학급에 입급시키는 방법부터 특수학교에 입학시키는 방법을 고려할 수 있다. 이들에 대한 정보를 장애인 부모들은 거의 얻기 힘들다. 받는 정보란 겨우 같은 처지에 있는 다른 부모님들로 부터인 것이 전부인 것이다. 따라서 이에 대한 올바른 정보와, 가장 자녀를 위하여 이상적인 방법이 무엇인지를 찾도록 지원하여야 할 것이다.

다음으로, 학교에 입학한 장애 학생의 학습을 원활하게 지원할 수 있는 여러 가지 방안들을 지원하여야 한다. 물론 장애의 유형에 따라 다르겠으나, 학교 내 모든 활동을 장애 학생이 수행하고 배울 수 있도록 배려하는 일이 가장 중요한 것이다. 필요할 경우 보충도 하여야하고 반복학습 하여야 할 경우도 있을 것이다. 또한 특수 교육적 관점에서 학습의 내용 역시 재구성 할 필요성도 제기될 수 있을 것이다.

근래 우리나라에서는 특수학생을 위한 특수교육 보조원을 배치하고 있다. 물론 예산상의 이유로 그 수는 아직도 매우 부족하기는 하지만, 저자가 관찰한 바에 의하면 참으로 이상한 경우도 있었다. 예를 들어 자폐성장애 학생에게 보조원이 필요하다 하여 보조원을 배치하였는데 오전에는 배치하고 오후에는 배치하지 않는 경우였다. 오전에는 문제가 특히 심각하여 배치하고 오후에는 문제 행동이 심각하지 않아 그런 조치를 하였다면 이해하겠으나, 실상은 오전에도 필요하고 오후에도 필요한 장애학생임에도 불구하고 예산을 이유로 형식적인 보조원 배치를 한 것이다. 향후 이와 같은 일은 발생하지 않겠지만 이와 같은 배치는 매우 허망한 일이다.

또한 장애 학생은 사회적응 훈련이나 보조적인 치료 활동을 위하여 활동지원사를 이용할 수 있도록 지원하여야 하고, 통합사회에서 직업을 가지고 생활할 수 있도록 진로계획을 치밀하게 세울 필요가 있다. 그리고 진로계획에 의거한 직업훈련을 통하여 정상적인 직업 생활을 지원할 수 있는 교육제체를 갖추어야 한다.

〈표 12-4〉 학령기 욕구

욕 구	설 명
일반학교 대 특수학교 일반학급 대 특수학급 일반학급 통합	장애인이 학령기가 되어 학교에 입학하게 될 때 어떤 유형의 학교에 입학을 시켜야하는지에 대한 올바른 정보 제공이 필요함.
학습의 원활한 수행	학교에 입학한 장애 학생의 학습을 원활하게 지원할 수 있는 여러 가지 방안들을 지원함.
특수교육 보조원	학생의 학교생활을 지원하기 위한 보조원 욕구에 부응함.
사회적응 훈련	통합사회에서 살아야 할 장애학생이므로 사회에 대한 적응력을 높여야 함.
활동지원사 활용	사회적응 훈련이나 보조적인 치료 활동을 위하여 활동지원사를 이용할 수 있도록 지원함.
진로지도	향후 통합 사회에서 직업을 가지고 생활할 수 있도록 치밀한 계획이 필요함.
직업훈련	직업훈련을 통하여 정상적인 직업 생활을 지원할 수 있는 교육제체를 갖추어야 함.

3. 학령기 이후 욕구

학령기 이후 욕구는 장년기 욕구와 노년기 욕구로 구분되는데 이들에 대한 욕구를 요약하면 〈표 12-5〉와 같다.

사회적응훈련은 장애인이 학령기에도 불구하고 사회적응이 이루어지지 못한 경우 계속하여 사회적응훈련을 할 필요가 있다. 그리고 사회에 진출한 장애인의 경우 결혼하여 가정을 꾸릴 것인지 아니면 독신으로 생활하여야 할 것인지를 결정하여야하고 이성교제를 통하여 결혼을 원하는 경우 이에 대한 제반 여건조성을 위하여 지원이 필요할 것이다.

현실적으로 볼 때, 학령기를 보낸 장애인의 경우 더 이상 참여할 기관이 없다. 그러므로 보호자 가정에 거주하여 살거나 아니면 시설에 입소하는 형태를 취하게 된다. 이 때 가정에서 하루 종일 무료한 시간을 보내야 하는 문제와 시설 입소에 대한 입소시설 및 입소 경비 등에 대한 지원이 필요할 것이다.

또한 취업을 할 능력이 없는 장애인이 보호자 가정에 거주할 경우, 이들의 활동이 주간 보호시설에서 활동할 것인지 아니면 장애인 평생교육시설을 이용할 것인지를 정하여야 한다. 이에 대한 정보 제공과 지원이 필요할 것이다. 이 경우 각 지역에 있는 자립생활센터도 고려할 수 있을 것이다.

취업이 가능한 장애인의 경우 보호작업장을 통하여 취업을 할 것인지 아니면 일반 취업 전선에 뛰어들 수 있는지 등을 고려하여야 하는데 장애인 고용공단 등을 활용한 올바른 정보체계를 갖추어 지원할 필요가 있다.

그리고 직업활동을 위하여 또한 여가 활동을 위하여 활동지원사를 이용할 수 있을 것이다.

장애인의 여가 활동을 위한 여가 바우처 등의 제도 활용도 필요하고,

현재 장애인 연금 등의 제도가 마련되어 있으나, 사회활동을 하기에는 아직 부족한 상태이므로 이들의 경제적 지원이 더 필요할 것이다.

〈표 12-5〉 학령기 이후 욕구

욕 구	설 명
사회적응훈련	사회적응 훈련은 학령기에도 불구하고 사회적응이 이루어지지 못한 경우 계속하여 사회적응훈련을 할 필요가 있음.
독신 대 결혼	사회에 진출한 장애인의 경우 결혼하여 가정을 꾸릴 것인지 아니면 독신으로 생활하여야 할 것인지를 결정하여야하고 이에 대한 지원이 필요함.
시설입소 대 가정	학령기를 보낸 장애인의 경우 더 이상 참여할 기관이 없어 보호자 가정에 거주하거나 시설에 입소하는 형태를 취하게 되는데 이에 대한 지원이 필요함.
주간보호시설 대 평생교육원	취업을 할 능력이 없는 장애인이 보호자 가정에 거주할 경우 이들의 활동이 주간보호시설에서 활동할 것인지 아니면 장애인 평생교육시설을 이용할 것인지를 정하여야 하는데 이에 대한 지원이 필요함. 물론 자립생활센터도 고려 할 수 있음.
일반 취업 대 보호작업장	취업이 가능한 장애인의 경우 보호작업장을 통하여 취업을 하든지 아니면 일반 취업 전선에 뛰어 들수 있는 지 등을 고려하여야 하는데 이에 대한 지원이 필요함.
활동지원사	직업활동을 위하여 또한 여가 활동을 위하여 활동지원사를 활용할 수 있음.
여가	장애인의 여가 활동을 위한 여가 바우처 등의 제도가 있는바, 이에 대한 정보 제공과 적극지원이 필요함.
경제적 도움	현재 장애인 연금 등의 제도가 마련되어 있으나 사회활동을 하기에는 아직 부족한 상태임. 이들의 경제적 지원이 필요할 것임.

제 3 절 생애주기별 서비스 자원

사회복지 서비스 자원은 사회복지서비스를 제공하기 위한 인적자원과 물적 자원을 의미하는데, 생애주기별로 필요한 서비스 자원을 확인하는 일은 매우 중요하다. 왜냐하면 이 역시 서비스를 얻기 위해 필요한 정보이기 때문이다. 여기서 인적자원이라 함은 사회복지사, 의사, 가족, 친구, 자원봉사자 등이 해당되고, 물적 자원은 복지관, 병원, 복지법인, 단체 등이 해당한다.

여기에서는 서비스 자원을 생애주기별로 정리하여 설명하고자 한다.

1. 취학이전기 서비스 자원

〈표 12-6〉은 취학 이전기 장애인을 위한 서비스 자원을 도표로 제시한 것이다. 이들 서비스 자원들은 반드시 필요한 것은 아니고 장애의 유형에 따라 그리고 장애의 정도에 따라 다를 수 있을 것이다.

1) 물적자원

취학 이전기 물적자원은 먼저 병원을 들 수 있다. 이는 보건소, 약국 등을 포함하여 생각할 수 있으며, 장애 자녀의 의료적 지원이 필요한 장애인의 경우와 물리치료, 작업치료가 필요한 경우, 장애인 등록을 위하여 필요한 경우 모두 중요한 자원이 된다.

치료실 역시 물적 자원으로 생각할 수 있는데 치료실 등은 보통 언어치료실, 음악치료실, 미술치료실, 심리치료실, 행동치료실 등이 있다. 특히 지적장애나 자폐성장애, 정서장애 아동인 경우 이에 대한 자원은 매우 필요할 것이다.

〈표 12-6〉 취학 이전기 서비스 자원

구 분	활용 용도	자원의 활용
물적자원	병원	보건소, 약국 등을 포함하며, 장애 자녀의 의료적 지원이 필요한 경우와 물리치료, 작업치료가 필요한 경우 장애인 등록을 위하여 필요한 경우
	치료실	보통 언어치료실, 음악치료실, 미술치료실, 심리치료실, 행동치료실 등이 있으며, 장애 아동의 정서적인 지원을 위하여 필요한 경우
	체육시설	공원, 체육관등도 포함되며, 아동의 산책, 운동 등을 위하여 필요한 경우
	경찰서, 119	장애 아동의 경우 미아가 되는 경우가 있을 수 있어 긴급한 지원이 필요한 경우, 그리고 위급상황에 대한 대처 자원으로서 119가 필요한 경우
	교육시설	어린이집·유치원등을 의미하며 연령에 맞는 교육을 시작하여야 할 경우, 그리고 이때 장애아 전담 어린이 집이나 통합 어린이집, 유치원등에 대한 자원이 필요한 경우
	읍면동사무소	장애인 등록이나 지원을 받을 수 있는 정보의 습득 및 자문
	보조기상사	보조기를 사용하여야 할 장애인의 경우
	사회복지관	장애인 복지관 및 종합사회복지관이 해당되며 해당 장애인을 위한 프로그램이 존재한 경우
	사회복지협의회 사회복지협의체	지역사회에서 해당 장애인을 위한 복지서비스 동향 정보를 얻기 위해 필요한 경우
	특수교육지원센터 교육지원청	특수교육 지원을 위한 정보 전달 및 프로그램 이용을 위하여 필요한 경우
인적자원	의사	장애인 진단 및 처방을 위해 필요한 경우
	사회복지사	해당 장애아동을 위한 지원설계가 필요한 경우
	치료사	물리치료사, 작업치료사, 행동치료사, 언어재활사, 놀이치료사, 운동치료사, 미술치료사, 음악치료사 등이 필요한 경우.
	가족	가족은 가장 중요한 인적자원이 된다.
	친구	해당 장애인에게 친구가 있거나 필요한 경우.
	자원봉사자	해당 장애인을 위한 활동에서 봉사자가 필요한 경우.
	자조단체	같은 장애 유형을 지닌 보호자들 간의 단체를 통하여 정보를 교환하고 장애인 운동을 할 필요가 있는 경우
	후원자	해당 장애인과 자조 단체 운영을 위해 후원자가 필요한 경우
	봉사단체	해당 장애아동의 여러 가지 활동에 봉사 단체가 필요한 경우

체육시설은 공원, 체육관 등을 의미하는데 장애 아동의 산책, 운동 등을 위하여 필요한 경우 이에 대한 정보는 도움이 될 것이다.

경찰서나 119의 경우도 매우 필요한 자원인데, 특히 지적장애, 자폐성장애, 정서장애 아동의 경우 우연히 길을 잃거나 아동이 집을 나가 저녁까지 찾지 못하게 되는 경우가 발생한다. 이 때, 경찰의 도움이 절실한 것이다. 따라서 이에 대한 자원 정보가 필요할 것이다. 그리고 질병을 수반한 장애인의 경우 의료상 긴급한 상황이 발생할 여지가 있으므로 위급상황에 대한 대처 자원으로서 119 역시 중요한 자원이 된다.

교육시설은 어린이집 · 유치원 등을 의미하는데 장애아동의 연령에 맞는 교육을 시작하여야 할 경우, 장애아 전담 어린이 집이나 통합 어린이집, 유치원 등에 대한 자원을 확보해 둘 필요가 있다.

읍 · 면사무소 및 동 주민자치센터 역시 필요한 자원인데 장애인 등록이나 이후 지원을 받을 수 있는 정보의 습득 및 자문을 위하여 필요한 자원이다.

보조기상사는 장애인이 보조기를 사용하여야 할 장애인의 경우 매우 필요한 자원이 된다.

사회복지관은 장애인복지관 및 종합사회복지관을 의미하는 것으로 보통 장애 아동을 위한 여러 가지 프로그램을 전개하고 있으므로 수시로 확인하고 이용할 수 있는 자원이 된다.

사회복지협의회는 각 지역마다 있으며 사회복지협의체의 경우도 도움을 받을 자원에 해당한다. 현재, 각 지역에서는 협의회와 협의체간 역할 분담이 원활하지 못한 경우가 있어 양 기관에 대한 정보를 확인해 두는 일도 필요할 것이다. 즉, 협의체나 협의회를 통하여 지역사회에서 해당 장애인을 위한 복지서비스를 어떻게 제공하고 있는 지에 대한 정보를 얻을 수 있을 것이다.

특수교육지원센터는 지역 교육지원청에서 운영하며, 장애아동이 특수교육 대상자로 선정된 경우 특수교육 지원을 위한 정보 전달 및 프로그램 이용을 위하여 필요한 자원이 된다.

2) 인적자원

취학 이전기 인적자원으로서는 먼저 의사를 들 수 있다. 이 시기는 장애인 진단 및 처방을 담당하는 의사인데, 이후 장애인 등록을 위하여 소견서를 받아야하기 때문에 신뢰할만한 전문의를 통하여 진단 받고 처방을 받는 것이 중요하다.

사회복지사는 복지관이나 읍·면사무소 및 동 주민자치센터 등에서 만날 수 있는데 보호자가 해당 장애아동을 치료나 교육 설계를 하는데 도움이 된다.

치료사의 경우 물리치료사, 작업치료사, 행동치료사, 언어재활사, 놀이치료사, 운동치료사, 미술치료사, 음악치료사 등이 해당하는데 물리치료사나 작업치료사는 의사의 처방에 의하여 치료행위를 하기 때문에 그에 따르면 되지만 나머지 치료사의 경우는 언어재활사를 제외하고는 민간자격이기 때문에 신뢰할만한 자격이 있는 치료사 정보를 얻어 두는 것이 좋다. 이는 이후에 설명할 치료 바우처를 선택할 때에도 마찬가지이다.

가족은 가장 중요한 인적자원이 된다. 가족으로부터 지지를 받고 외면당하지 않을 경우 그 예후가 매우 좋음은 당연한 것이다. 가족 역시 장애아동의 치료를 위한 방법 등을 공부할 필요가 있다.

친구 또한 필요한 인적자원이 되는데 해당 장애인에게 친구가 있을 경우 장애 아동의 발달과 성장에 크게 도움이 된다.

자원봉사자나 자조단체의 경우 장애아동을 위한 활동 중 봉사자 자원이 필요 할 수 있으며, 같은 장애유형을 지닌 보호자들 간의 단체를 통하여 정보를 교환하고 장애인 운동을 할 경우 크게 도움이 된다.

후원자, 봉사단체의 경우도 자조단체 운영을 위해 필요할 수 있으며 장애아동의 여러 가지 활동에 봉사 단체의 도움이 필요할 것이므로 이에 대한 자원을 확보해 둘 필요가 있다.

2. 학령기 서비스자원

〈표 12-7〉은 학령기 장애인을 위한 서비스 자원을 도표로 제시한 것이다. 이들 서비스 자원들은 반드시 필요한 것은 아니고 앞서의 취학 이전기 서비스자원과 같이 장애의 유형에 따라 그리고 장애의 정도에 따라 다를 수 있을 것이다. 다만 취학 이전기 자원 중에서 중복되는 부분은 제외하였다.

〈표 12-7〉 학령기 서비스 자원

구 분	활용 용도	자원의 활용
물적 자원	교육시설	교육청, 특수학교, 특수학급, 일반학교를 등을 의미하며 취학 전에 그리고 취학후 전학등을 고려하기 위해 필요한 경우
	전공부	고등학교 졸업후 장애인 직업활동을 위한 전공부과정을 의미하며, 장애학생에게 가장 적합한 직업군 탐색을 위해 필요한 경우
	여가시설	극장, 식당, 캠프장 등을 의미하며 사회성 향상을 위한 사회시설 교육이 필요한 경우
	학원	장애학생의 보충학습을 위해 필요한 경우
	주말학교	장애 학생의 경우 학교에 가지 않는 주말의 경우 의미없이 하루나 이틀을 집에서 보내게 된다. 그리고 가족 구성원이 주말에도 장애자녀를 돌보느라 쉴 틈이 없다. 그래서 주말 학교, 등산학교 등에 대한 자원을 확보할 필요가 있는 경우
	바우처제공기관	국가에서는 장애아동의 재활치료바우처를 실시하고 있는 바, 치료바우처 제공기관에 대한 자원이 필요한 경우
인적 자원	특수교사	특수교육적 배려가 필요한 장애학생의 경우 특수교사와 보호자 그리고 장애학생간의 관계가 장애학생의 예후에 크게 영향을 미치므로 이에 대한 자원이 필요한 경우
	활동지원사	장애학생의 교외활동을 위하여 활동지원사가 필요한 경우
	보조원	장애학생은 교내 학습지원을 위하여 실무원이 필요한 경우
	직업훈련교사	장애학생의 적성에 맞는 직업의 선택과 훈련이 필요한 경우
	상담사	장애학생의 특정 행동이나 문제 그리고 생애주기 설계를 위하여 필요한 경우
	특기적성교사	방과후 과정을 통하여 특기 적성 교육을 받을 필요가 있는 경우
	이웃	장애학생의 활동 범위가 늘어남에 따라 이웃의 도움이 필요한 경우
	치료재활 바우처교사	치료재활 바우처를 위하여 바우처 교사를 선택하여야 할 경우

1) 물적자원

학령기 물적자원으로 먼저, 교육시설을 들 수 있다. 이는 지역 교육지원청, 특수학교, 특수학급, 일반학교를 등을 의미하는데, 취학 전에 필요한 자원일 수도 있고, 취학 후 전학, 상급학교 진학 등을 위하여 학교에 대한 자원 정보를 얻을 필요가 있을 것이다.

전공부는 장애 학생이 고등학교를 마친 후 사회에 진출하기 전에 직업활동을 위한 과정으로 전공부를 선택할 수 있다. 전공부는 특수학교 내에 있으며, 만일 전공부에 진학하고자 한다면 해당 학교에 지원서를 제출하여 합격하여야한다. 따라서 이에 대한 자원정보가 필요할 것이다.

여가시설은 극장, 식당, 캠프장 등을 의미하는데 장애학생의 사회성 향상을 위한 여러 가지 시설에 대한 자원정보를 확보할 필요가 있을 것이다.

학원 역시 필요한 자원인데 장애학생의 경우 학습을 제대로 따라가지 못하여 보충학습이 필요한 경우 학습 부진아를 위한 학원에 대한 자원 정보를 확보할 필요가 있다.

주말학교는 장애학생이 학교에 가지 않는 주말의 경우 의미 없이 하루나 이틀을 집에서 보내는 문제를 해결하기 위하여, 그리고 가족 구성원이 주말에도 장애자녀를 돌보느라 쉴 틈이 없는 문제로 이들에게 쉴 공간을 마련하여 주기 위하여 지역에서 주말학교나 토요등산교실 등의 형태로 운영하는 기관이 있다. 이들에 대한 자원 정보를 확인해 둘 경우 매우 유용할 것이다.

바우처제공기관은 재활치료바우처를 의미하는데, 국가에서는 장애아동의 재활치료바우처를 실시하고 있는바, 치료바우처 제공기관에 대한 자원이 필요한 경우 이에 대한 정보 확보가 필요할 것이다.

2) 인적자원

학령기 인적자원으로 가장 중요한 인적자원은 특수교사이다. 특히 특수교육적 배려가 필요한 장애학생의 경우 특수교사와 보호자 그리고 장애학생간의 관계가 장애학생의 예후에 크게 영향을 미친다. 따라서 이에 대한 자원이 반드시 필요할 것이다.

활동지원사 역시 필요한 자원이 되는데 장애학생의 교외활동을 위하여 활동지원사가 필요한 경우 장애학생에게 가장 적합한 활동지원사의 선택을 위한 것이다.

특수교육 실무원은 교내 학습지원을 위하여 학내에 배치되는 인력으로서 실무원이 필요한 경우 이에 대한 자원 정보가 필요할 것이다.

직업훈련교사는 장애학생이 적성에 맞는 직업을 선택하고, 훈련에 대한 도움을 받기 위해 필요하다. 현재 직업훈련교사가 학교에 배치되는 경우는 드믄 상황이고 특수교사가 이를 대신하는 경우가 많은 문제점이 있다. 그러나 특수교사가 직업재활을 함께 공부하여 직업재활사 자격을 가지고 있는 경우는 문제가 없을 것이다.

상담사는 장애학생의 특정 행동이나 문제 그리고 생애주기 설계를 위하여 필요한 경우, 가장 적절한 자원을 확보하여야 할 것이고 특기적성교사는 장애학생이 방과 후 과정을 통하여 특기 적성 교육을 받고 있거나 받을 예정인 경우 가장 적절한 자원을 확보하여야할 것이다. 이는 치료재활 바우처 교사의 경우도 마찬가지이다.

장애학생의 활동 범위가 늘어남에 따라 이웃은 매우 필요한 자원이 될 수 있다. 타인 가정을 방문할 기회도 얻고 잠시 자녀를 맡기고 은행업무 등의 일을 할 수 있기 때문이다.

3. 학령기 이후 서비스자원

〈표 12-8〉은 학령기 이후 장애인을 위한 서비스 자원을 도표로 제시한 것이다. 이들 서비스 자원들은 반드시 필요한 것은 아니고 앞에서 언급한 취학 이전기, 학령기 서비스자원과 같이 장애의 유형에 따라 그리고 장애의 정도에 따라 다를 수 있을 것이다. 다만 앞의 자원 중에서 중복되는 부분은 제외하고 추가적인 자원만을 제시하였다.

1) 물적자원

학령기 이후 물적자원으로서의 평생교육시설은 학령기를 넘긴 장애인이 가정에서 생활할 경우, 가족이 직장에 나간 이후 가족이 돌아올 때까지 낮시간 동안 의미 있는 생활을 할 수 있도록 교육하는 시설이 필요한 경우, 이에 대한 자원정보가 필요하다. 현재 장애인을 위한 평생교육시설은 아직 부족하지만 점차 장애인 평생교육원이 설치되고 있는 상황이다.

주간보호소는 위 평생교육 시설과 유사하지만 그 목적이 주간보호시설은 보호에 있고, 평생교육 시설은 교육에 있음이 다르다.

생활시설은 불가피하게 학령기를 넘기 장애인을 시설에 입소시켜야 할 경우 입소대상이 될 시설자원 정보가 필요하다. 입소시설, 입소비용, 입소환경 등에 대한 정보가 필요할 것이다.

단기보호센터는 주간보호소와 달리 보호가족 구성원의 여행, 사망 등으로 인하여 장애가족을 돌보기 어려운 경우, 24시간 이상 단기간 동안 시설에 보호를 요청할 필요가 있을 경우, 단기호보를 하게 된다.

직업훈련시설은 학령기를 넘긴 장애인이 아직 직업을 갖지 못하여 직업기술을 익혀야 할 필요성이 있는 경우에 해당한다. 고등학교, 전공과를 졸업한 장애인이라 할지라도 추가적인 직업 훈련이 필요한 경우 이에 대한 자원 정보가 필요할 것이다.

〈표 12-8〉 학령기 이후 서비스 자원

구 분	활용 용도	자원의 활용
물적 자원	평생교육시설	학령기를 넘긴 장애인이 가정에서 생활할 경우, 가족이 직장에 나간 이후 가족이 돌아올 때까지 낮시간 동안 의미 있는 생활을 할 수 있도록 교육하는 시설이 필요한 경우
	주간보호소	위 평생교육 시설과 유사한 이유로 주간보호소를 필요로 할 경우
	생활시설	학령기를 넘기 장애인을 시설에 입소시켜야 할 경우
	단기보호센터	가족구성원의 여행, 사망 등으로 인하여 장애가족을 돌보기 어려운 경우, 단기간 동안 시설에 보호를 요청할 필요가 있을 경우
	직업훈련시설	학령기를 넘긴 장애인이 아직 직업을 갖지 못하여 직업기술을 익혀야 할 필요성이 있는 경우
	자립생활센터	학령기를 넘긴 장애인이 자립생활을 위하여 장애인들과 함께 활동하기를 원하는 경우
	직장	학령기를 넘긴 장애인이 직업을 선택하여 직장에 다닐 수 있는 경우, 자신이 다니고 싶은 직장들에 대한 자원으로의 정보가 필요한 경우
	목욕탕	대중 목욕탕, 장애인 목욕탕 등을 포함하며 스스로 공중시설을 이용할 필요가 있는 경우
	사회적협동조합	학령기를 넘긴 장애인이 일정한 사업을 전개하는 사회적 협동조합의 일원으로서 활동할 필요성이 있는 경우
인적 자원	평생교육사	학령기를 넘긴 장애인이 장애인 평생교육원에 다니고 있는 경우 장애인을 담당할 평생교육사에 대한 자원정보가 필요한 경우
	연인	학령기를 넘긴 장애인이 이성교제를 원하는 경우 이성교제 대상으로 필요한 자원정보가 필요한 경우
	고용주와 동료직원	학령기를 넘긴 장애인이 취업을 한 경우, 그 회사 사장이나 직원과 원만한 관계 형성을 위해 필요한 경우
	후견인	학령기를 넘긴 장애인이 후견인이 필요한 경우
	형제자매	학령기를 넘긴 장애인이 독립적인 생활을 하면서 보호자가 될수 있는 형제자매가 필요한 경우
	시설장과 직원	학령기를 넘긴 장애인이 시설에 입소한 경우 시설장과 직원에 대한 정보가 필요한 경우
	변호사	학령기를 넘긴 장애인이 법률적인 문제에 봉착하여 문제를 해결할 필요가 있는 경우

자립생활센터는 학령기를 넘긴 장애인이 자립생활을 위하여 장애인들과 함께 활동하기를 원하는 경우 이에 대한 정보가 필요할 것이다. 현재까지 자립생활 센터는 그 활동의 범위가 제한되어 있으나 향후 그 범의가 확대될 것으로 본다.

직장은 학령기를 넘긴 장애인이 일반 직업을 선택하여 일반인들과 함께 직장에 다닐 수 있는 경우, 자신이 다니고 싶은 직장들에 대한 자원으로의 정보가 필요할 것이다.

목욕탕은 대중 목욕탕, 장애인 목욕탕 등을 포함하며, 스스로 공중시설을 이용할 필요가 있는 경우 가장 적합한 공중시설 자원 정보를 확인할 필요가 있을 것이다.

사회적 협동조합은 학령기를 넘긴 장애인이 일정한 사업을 전개하는 사회적 협동조합의 일원으로서 활동할 필요성이 있는 경우에 해당한다. 사회적 협동조합의 경우 현재 많은 수가 설립되고 있으며, 정부의 지원에 따라 장애인들이 관심있게 지켜보고 참여할 수 있는 영역이 되었다.

2) 인적자원

학령기 이후 인적자원으로서 먼저 평생교육사는 학령기를 넘긴 장애인이 장애인 평생교육원에 다니고 있는 경우 장애인을 담당할 평생교육사에 대한 자원정보가 필요할 것이다.

연인은 장애 성인이 이성교제를 원하는 경우 이성교제 대상으로 필요한 자원정보가 필요할 수 있다. 장애인을 이용한 사기 문제도 있을 수 있고 그로 인한 상처도 줄 수 있기 때문에 건전한 연인관계를 유지시키기 위한 지원도 필요할 것이다.

장애 성인이 일반 기업체에 취업을 한 경우, 그 회사 사장이나 직원과 원만한 관계 형성이 매우 중요하다. 이를 위하여 적극적인 이해를 당부하고 지원을 요청하는 노력을 하여야 할 것이다.

또한 장애성인의 경우 후견인이 필요할 수도 있다. 재산 문제 등을 스스로 관리하기 어려운 경우 후견인을 지정하여 도움을 받아야 하는 바, 이에 대한 자원 정보를 필요로 하게 될 것이다.

장애 성인의 경우 그 부모가 사망하고 그 보호책임이 장애인 형제자매에게 떠 넘겨진 경우가 적지 않다. 그래서 발생할 수 있는 문제도 있고 그렇지 않고 도움이 되는 경우도 있다. 따라서 장애성인의 형제자매는 장애인에게 중요한 자원이 된다.

시설장과 직원은 학령기를 넘긴 장애인이 시설에 입소할 경우, 또는 입소한 경우 시설장과 직원에 대한 정보가 필요할 것이다.

학령기를 넘긴 장애인이 법률적인 문제에 봉착할 수 있다. 장애로 인하여 법률을 위반할 수 있고, 반대로 법률적 피해를 억울하게 당할 수도 있는 것이다. 이 때 가장 적합한 변호사 등 법률가의 도움이 필요할 것이다.

제 4 절 장애인 재활 서비스의 사례관리

1. 사례관리의 의의

장애인 재활서비스에서 사례관리는 다른 사회복지 사례관리와 마찬가지로 장애인의 다양한 욕구에 부응하여 주기 위한 활동이다.

기존의 서비스 제공방식은 기관이나 시설에 정해진 매뉴얼이 있었다. 그리고 그 매뉴얼은 장애인 개개인의 사정을 고려하지 못하고 일반적인 장애인에 대한 일반적인 접근 방식을 담은 매뉴얼이었다. 결국 서비스를 제공하면서 매뉴얼에 합당하지 않은 장애인은 서비스 대상에서 제외하였다. 그로 말미암아 서비스 제공이 장애인의 욕구를 제대로 반영하지 못한 것이다.

이에 대한 문제점을 해소하기 위한 방법이 바로 사례관리인 것이다. 사례관리에서는 철저하게 장애인 개인에 초점을 둔다.

예를 들어 만일 우리가 식당에 들어갔다고 하자. 식당에는 메뉴가 있다. 고객은 반드시 그 메뉴에 입각하여 주문하여야 하고, 그 메뉴에 적혀 있지 않는 음식은 먹을 수가 없다. 이 방식이 바로 기존의 서비스 방식이다.

사례연구에서 접근하는 방식은 손님에게 메뉴와 상관없이 먹고 싶은 음식을 묻는다. 양식집에서 자장면이 먹고 싶다고 말하면 자장면집에서 주문하여 배달하여 준다. 이 방식이 사례연구 방식이다.

좀더 구체적으로 장애학생의 경우를 보자. 한 학생이 어떤 일반 초등학교에 입학하였다. 학교는 학생이 어떤 학생인지 모른다. 그런데 그 학생이 시각장애인이었다. 기존방식에 의하면, 시각장애 학생은 일반 초등학교의 메뉴에 없는 학생이다. 그러므로 서비스 제공이 매우 제한된다. 그러나 사례연구에서는 시각장애학생에 대한 사례연구를 통하여 이 시각장애 학생이 필요로 하는 것이 무엇인지를 살핀다. 그리고 시각장애인을 위한 점자나 녹음 시설, 그리고 편의시설 등을 강구하고 필요할 경우 외부 지원기관과 연계한다. 한명의 시각장애 학생을 위하여 한명의 특수교사가 배치될 수도 있고, 시설이 바뀔 수도 있는 것이다. 이것이 바로 사례관리인 것이다.

2. 사례관리의 원칙

사례관리의 원칙을 이해하면 사례관리에 대한 이해의 폭을 넓힐 수 있을 것이다. 〈표 12-9〉는 이들 사례관리의 원칙을 제시한 것이다. 이들에 대하여 각각 설명하면 아래와 같다.

1) 개별성

사례관리에서는 관리의 초점을 집단에 두지 않는다. 초점을 철저하게 개인에게 맞춘다. 이때 개인이 가지고 있는 강·약점 분석과 그 개인의 욕구를 현 서비스체제와 상관없이 분석한다.

그리고 그 개인에게 가장 이상적인 서비스 방향이 무엇인지를 파악하게 된다. 유사한 다른 사례들은 하나의 참고 사항일 뿐 특정 개인을 위한 서비스가 되지는 못한다.

〈표 12-9〉 사례관리의 원칙

원 칙	설 명
개별성	사례관리에서는 관리의 초점을 철저하게 개인에게 맞춘다. 이때 개인이 가지고 있는 강약점 분석과 그 개인의 욕구를 현 서비스체제와 상관없이 분석한다.
포괄성	사례관리에서는 제공할 수 있는 서비스 내용이 제한되어 있지 않다. 앞서의 개별성의 원칙에 따라 그 개인의 욕구를 반영하기 위한 모든 서비스를 포함할 수 있는 것이다.
지속성	일단 사례관리에 들어가게 되면 문제의 해결을 위해 충분한 기간을 가지고 지속적으로 서비스를 제공하여야 한다.
접근성	사례관리자가 타 기관에 의뢰하여 서비스를 제공하는 경우, 서비스이용자가 그 기관에 쉽게 접근할 수 있도록 중개자역할을 하여야 한다.
연계성	사례관리에서 서비스를 제공할 때에는 프로그램간 상호 연계성이 있어야 한다.
책임성	사례관리자는 해당 장애인의 욕구에 대한 지식과 기술을 갖추고 사례관리에 책임 있게 임하여야 한다.

2) 포괄성

사례관리에서는 제공할 수 있는 서비스 내용은 제한되어 있지 않다. 앞서의 개별성의 원칙에 따라 그 개인의 욕구를 반영하기 위한 모든 서비스가 포함될 수 있는 것이다.

예를 들어 교육분야, 경제분야, 의료치료분야, 사회적응분야, 가족분야 등 필요한 분야 모두를 담게 된다. 이러한 의미에서 포괄적이라는 것이다.

3) 지속성

사례관리에서는 해당 장애인이 지닌 서비스 욕구에 대한 문제를 해결하는데 있어, 단시간에 그리고 정해진 시간에 서비스를 제공하고 종료하는 체제가 아니다. 일단 사례관리에 들어가게 되면 문제의 해결을 위해 충분한 기간을 가지고 지속적으로 서비스를 제공하여야 한다.

4) 접근성

사례관리에서 사례관리자가 직접 서비스를 제공하지 않고 타 기관에 서비스를 의뢰하여 제공하는 경우, 서비스이용자가 그 기관에 쉽게 접근할 수 있도록 사례관리자는 중개자 역할을 하여야 한다.

5) 연계성

사례관리에서 서비스를 제공할 때에는 프로그램 간 상호 연계성이 있어야한다. 예를 들어 직업훈련프로그램이 종료되면 직업 알선 프로그램에 들어가는 것이다.

6) 책임성

사례관리자는 해당 장애인의 욕구에 대한 지식과 기술을 갖추고 사례관리에 책임 있게 임하여야 한다.

3. 사례관리 절차

사례관리 절차는 〈표 12-10〉과 같다. 여기에서는 앞서의 시각장애인의 학교 입학하여 학교생활을 하는 문제를 가지고 사례관리 절차를 설명하고자한다.

1) 사정

사례관리 절차 중 첫 단계는 문제의 사정이다. 여기에서는 장애인이 지닌 모든 문제들에 대하여 철저한 정보수집, 그리고 장애인이 원하는 바를 파악한다. 그리고 장애인이 활용할 수 있는 지역사회의 자원들에 대하여도 자료를 수집하고 분석한다. 또한 서비스 제공자로서 가장 적합한 서비스 제공자에는 어떤 인력이 있는 지에 대한 분석도 병행하게 된다.

〈표 12-10〉 사례관리 절차

절 차	내 용	설 명
단계1	사정	사례관리 절차 중 첫 단계는 문제의 사정이다. 여기에서는 장애인이 지닌 모든 문제들에 대하여 철저한 정보수집, 그리고 장애인이 원하는 바를 파악한다. 그리고 장애인이 활용할 수 있는 지역사회의 자원들에 대하여도 자료를 수집하고 분석한다. 또한 서비스 제공자로서 가장 적합한 서비스 제공자에는 어떤 인력이 있는 지에 대한 분석도 병행하게 된다.
단계2	계획	계획 단계에서는 서비스를 제공하기 위한 목표를 설정하고 이를 실천하기 위한 구체적인 계획을 마련한다.
단계3	개입	개입단계는 계획단계에서 수립된 서비스 계획에 따라 실행한다. 이 단계에서는 사례관리자가 서비스를 받기위하여 직접 노력하는 방식과 사례관리자가 장애인을 대신하여 서비스 신청이나 노력을 하는 방식이 있다. 전자를 직접개입, 후자를 간접개입이라고 한다.
단계4	점검	점검은 사례관리가 계획대로 시행되고 있는 지를 확인하는 과정이다. 이 과정을 통하여 설정된 목표에 도달하고 있는 지를 확인하게 된다.
단계5	평가	평가는 종결을 앞두고 본 사례관리의 성과를 평가하는 가정으로서 사례관리를 통하여 서비스 사정-계획을 올바로 하였는지 등부터 실제로 제공된 서비스가 목표를 달성하였는지 등을 평가하게 된다.
단계6	종결	종결 : 사례관리자가 해당 사례관리를 마치는 것을 종결이라 한다.

앞서, 시각장애 학생의 학교입학 문제 대하여, 학생이 원하는 바가 집에서 가까운 지역에서 학교를 다니고 싶은 욕구인지 아니면 보다 효과적인 시각장애인 학교를 선택하여도 되는지를 파악하고, 시각장애인 학교를 선택한 경우 학습상 이득과 기숙사 등 시설에 대한 정보도 파악한다.

그리고 일반학교를 원하는 경우 시각장애 분야를 제외하고는 일반학급에서 수업을 제대로 할 수 있는 능력이 있는지, 그리고 교통이용은 어떤 방법으로 할 것인지 등을 분석하게 된다.

또한 교육지원청과 학교측에서는 이 시각장애 학생을 위하여 제공할 수 있는 서비스로서 어떤 방법이 있는지, 예산상 수월성은 어느 정도인지, 수업을 지원할 보조원 배치가능성은 어느 정도 인지를 파악하게 된다. 그리고 시각장애인을 위한 특수교사의 필요 및 능력 등도 파악한다. 또한 지역사회에서 시각장애인을 위한 학습시설은 어떤 시설이 있는 지도 파악한다.

2) 계획

계획 단계에서는 서비스를 제공하기 위한 목표를 설정하고 이를 실천하기 위한 구체적인 계획을 마련한다.

예를 들어, 앞의 예를 이어 설명하면, 만일 시각장애인학교를 새로이 선택한다면, 시각장애인학교를 안내하는 절차를 계획한다. 만일 일반학교를 선택하는 경우 이 시각장애학생을 위한 특수교사, 학습지원을 위한 실무원, 그리고 지역사회 지원인력 등을 제공할 방안을 계획한다.

3) 개입

개입단계는 계획단계에서 수립된 서비스 계획에 따라 실행한다. 이 단계에서는 사례관리자가 서비스를 받기 위하여 직접 노력하는 방식과 사례관리자가 장애인을 대신하여 서비스 신청이나 노력을 하는 방식이 있다. 전자를 직접개입, 후자를 간접개입이라고 한다.

앞의 예에서 시각장애인을 위하여 시각장애인학교로 전학을 하기 위한 절차와 필요한 조치 등을 실행할 수 있고, 현 일반학교에서 공부할 수 있도록 실무원 배치와 특수교사를 배치하는 문제부터 장애인활동지원사를 통하여 등하교를 돕는 계획을 실행하게 된다.

4) 점검

점검은 사례관리가 계획대로 시행되고 있는 지를 확인하는 과정이다. 이 과정을 통하여 설정된 목표에 도달하고 있는지를 확인하게 된다.

앞서의 예에서 시각장애학교로 간 경우, 학교생활과 기숙사 등의 생활은 어떠한지 새로운 욕구는 무엇인지를 정규적으로 확인하여 지원한다. 일반학교에서 공부하는 경우 특수교사의 지원, 실무뭔 배치 유무, 활동지원사 그리고 지역사회 지원자의 서비스 내용이 목표에 합당하게 이루어지고 있는 지를 점검한다.

5) 평가

평가는 종결을 앞두고 본 사례관리의 성과를 평가하는 과정으로서 사례관리를 통하여 서비스 사정-계획을 올바로 하였는지 등부터 실제로 제공된 서비스가 목표를 달성하였는지 등을 평가하게 된다.

앞의 예에서, 제공된 서비스가 시각 장애인의 욕구에 올바로 부응하였는지, 학교생활이 원만하게 이루어졌는지, 시각장애 학생 본인 및 가족이 적절한 지원을 받았는지 등을 평가하게 된다.

6) 종결

사례관리자가 해당 사례관리를 마치는 것을 종결이라 한다.

참고문헌

국민연금공단 http://www.nps.or.kr

국제장애분류(International Classification of Impairments, Disabilities, and Handicaps)

노동부(2019). "2019년 장애인경제활동실태조사"

대한민국법제처 http://www.moleg.go.kr

보건복지부(2018). "2017년도 장애인실태조사보고서"

강필수(2011). 사업체의 장애인고용 결정요인에 관한 연구. 강남대학교 사회복지전문대학원 박사학위논문.

곽지혜(2011). 학교-지역사회 네트워크 중심의 장애인 평생교육 프로그램에 관한 연구. 단국대학교 대학원 박사학위논문.

구명회(2006). 장애인기본권보장에 관한 연구. 창원대학교 대학원 박사학위 논문

국윤경(2014). 중증장애인의 자립생활 과정에 대한 근거이론적 접근. 원광대학교 대학원 박사학위 논문.

김두영(2014). 장애인 평생교육 프로그램 분류체계 연구. 단국대학교 대학원 박사학위 논문.

김미숙(1998). 자폐자녀를 둔 어머니의 스트레스와 사회적 지지에 관한 연구. 서울여자대학교 대학원 석사학위 논문.

김송이(2014). 바우처 도입에 따른 한국 사회서비스 공급체계의 행위자간 관계 변화와 그 의미. 중앙대학교 대학원 박사학위논문.

김영대(2013). 재가중증장애인의 장애태도가 자립생활에 미치는 영향. 청주대학교 대학원박사학위논문.

김은주(2008). 건강장애학생을 위한 병원학교 운영 지원체계의 타당화 연구. 이화여자대학교 대학원 박사학위논문.

김종민(2012). 지적장애아 어머니의 양육경험에 대한 질적 연구. 단국대학교 대학원 박사학위논문.

김주영(2005). 장애인 고등교육 지원 제도와 방법에 관한 연구. 단국대학교 대학원 박사학위 논문.

김혜령(2014). 특수교육지원센터 교사의 직무수행활동에 대한 인식과 지원요구 분석. 한국교원대학교 대학원 박사학위논문.

남영진(2011). 장애인의 방송접근권 정책의제형성에 관한 연구. 고려대학교대학원 박사학위 논문.

문현정(2013). 취약계층 재가노인의 사례관리 성과와 영향요인에 관한 구조모형 구축. 서

울대학교대학원 박사학위논문.
박민경(1996). 장애형제를 둔 정상형제자매 프로그램에 관한. 숭실대학교 대학원 석사학위 논문.
박행자(2012). 아동의 모래놀이치료과정에서 나타나는 카오스, 죽음, 재탄생. 명지대학교 대학원 박사학위논문.
방성연(1998). 영아기 정서성 및 부모의 양육행동에 따른 3세아동의 행동실태. 대한가정학회지. 36(4), 19-33.
변찬석(1994). 자폐성아동의 정서인지 연구. 대구대학교 대학원 박사학위 논문.
서선호(2008). 장애인의 무장애 공간 확보방안에 관한 연구. 상명대학교대학원 박사학위 논문.
서울복지재단(2005). 『사회복지프로그램매뉴얼개발연구』. 서울복지재단
서혜미(2012). 장애인복지관 사례관리 수행요소가 사례관리자 자기효능감에 미치는 영향에 대한 연구. 경기대학교 대학원 박사학위논문.
서화자(1999). 장애아 가족 원조론. 서울: 홍익제.
손정녀(2014). 장애인 직업재활 참여자의 직업유지에 영향을 미치는 요인에 관한 연구. 한일장신대학교 대학원 박사학위논문.
신소영(2013). 추상표현 중심 미술치료 프로그램의 개발과 프로그램이 통합학급 장애학생의 내재화 증상에 미치는 효과. 전남대학교 대학원 박사학위논문.
신유리(2011). 여성장애인의 직업활동에서의 적응유연성 과정에 관한 연구. 부산대학교 대학원 박사학위 논문.
안지연(1999). 아동의 정서인식능력이 어머니 양육스트레스와 대처 방략에 미치는 영향. 영남대학교 대학원 박사학위 논문.
오단이(2013). 한국 사회적 기업의 형성 및 성장과정 연구. 성균관대학교 대학원 박사학위 논문.
오혜경(1998). 장애인 자립생활 실천에 관한 연구. 사회복지리뷰 제3집, 가톨릭대사회복지연구소.
오혜경(1999). "장애이론에 관한 연구", 『사회복지 리뷰』 4(1).
위계출(2012). 장애인차별금지법의 실효성 확보방안에 관한 연구. 서울시립대학교 대학원 박사학위논문.
윤순이(2010). 지체장애인의 자립생활에 영향을 미치는 요인. 백석대학교 대학원 박사학위 논문.
윤재영(2010). 장애인 자립생활의 의미와 측정. 성균관대학교 대학원 박사학위 논문.
이근매(2004). "자폐성 아동의 미술치료." 한국정서행동장애아교육학회, 행동치료사 자격연수자료집. 101-106.
이명호(2013). 사회서비스에서 바우처 공급방식 활용의 적실성에 관한 질적 연구. 동신대학교 대학원 박사학위논문.
이미선(2010). 행동주의 이론을 통한 집단따돌림 극복 사례연구. 대불대학교 대학원 석사

학위 논문.
이선자(2013). 구성주의 학습 이론이 도입된 원예치료 프로그램의 적용 및 모델제시. 단국대학교대학원 박사학위논문.
이영미(2005). 장애인의 자기결정력증진 프로그램 개발 및 효과성 연구. 연세대학교 대학원 박사학위논문.
이영호(2000). 장애아동 부모 어떻게 도울 것인가. 서울: 학문사.
이종복(1995). 부모의 생활사건과 관련된 스트레스가 아동 기대에 미치는 경향. 발달장애연구. 1(1)
이종환(2012). 장애인자립생활센터 서비스 수준 평가지표 개발과 적용. 경기대학교 대학원 박사학위논문.
이채식, 이은영, 이형렬, 김재익, 전영록 (2013). 『장애인복지론』. 창지사.
이한우(2004). "발달장애아동 어머니의 생활시간 제약 영향요인분석." 한국정서행동장애아교육학회. 12, 65-88.
이한우(2004). "자폐성 아동을 위한 기타 대체요법들." 한국정서행동장애아교육학회, 행동치료사 자격연수자료집, 271-290.
이효신(1997). 자폐유아 출현에 따른 가족문제 연구. 대구대학교 대학원 박사학위 논문.
이효신(2000). ADHD 아동의 특성과 중재에 관한 고찰. 정서·학습장애아 교육학회 16(1), 167.
임종호, 이영미, 이은미(2013). 『장애인복지론』. 학지사.
전은수(2013). 감각장애인의 금융관련 문제 대처 과정에 관한 질적연구. 경기대학교대학원 박사학위논문.
전인해(1999). 주의력결핍 과잉행동장애 아동과 정상아동의 형제관계 비교연구. 가톨릭대학교 대학원 석사학위 논문.
정무성, 양희택, 노승현(2013). 『장애인복지론』. 정민사.
정재우(2013). 장애인차별과 완화정책에 관한 연구. 한영신학대학교 대학원 박사학위 논문.
정진경(2004). 공공부조수급자의 복지의존 특성 및 영향 요인에 관한 실증 연구. 이화여자대학교 대학원 박사학위 논문.
정창곤(1991). 장애아에 대한 부모의 심리적 태도변화과정. 지체부자유아 교육. 18, 18-32.
주현숙(1996). 뇌성마비 부모 의식에 관한 연구. 대구대학교 대학원 석사학위 논문.
최경화(2011). 중증장애아 어머니의 삶과 정체성. 경북대학교대학원 박사학위논문.
최서연(2013). 장애인 소득보장정책 분석 및 개선방안 연구. 성결대학교 대학원 박사학위 논문.
한상일(2012). 시각장애인의 사회적 통합에 관한 연구. 상명대학교 대학원 박사학위 논문.
홍기원(2009). 장애인 생활시설의 탈시설화에 관한 연구. 호남대학교대학원 박사학위논문.
홍푸르메(2013). 실존주의 심리학 관점에서 본 미술치료. 계명대학교 대학원 박사학위 논문.
홍화진(2012). 장애아동의 형제자매의 심리적 안녕감 증진을 위한 음악치료 프로그램 개발.

창원대학교 대학원 박사학위논문.
황미애(2013). 특수교육기관의 전환교육프로그램 실행수준과 연계성에 관한 연구. 대구대학교 대학원 박사학위논문.

Alper, Schloss, & Schloss (1994). Families of student with disabilities. pp. 119-120.

Bailey, A., Phillips, W., & Rutter, M.(1996). Autism: Towards an integration of clinical genetic neuropsychological and neurobiological perpectives. *Journal of Child Psychology and Psychiatry*, 37.

Barkly, R. A. (1990). "Attention Deficit Hyperactivity Disoder" : A Handbook for Diagnosis and treatment. *New York, Guilford.*

Baron-Cohen, S., Leslie, A. M., & Frith, U.(1985). Does the autistic child have a theory of mind?. *Cognition*, 21, 37-46.

Belsky, J. (1984). The determinants of parenting: A process model. *Child Development*, 55, 83-96.

Bowe, F. (1995). Birth to five: Early childhood special education. New Youk: *Delmar Publishers Inc.*

Bregman, J. and Gerdtz, J. (1997). Behavioural interventions. In D. Cohen and F. Volkmar(eds), Handbook of Autism and Pervasive Developmental Disorders(second edition, pp. 606-631). New York: Wiley.

British Psychological Society (1994). Purchasing clinical psychology services: Services for people with learning disabilities and their carers. Briefing Paper Number 11. Leicester: British Psychological Society.

Chace, M.(1958). Dance in growth or treatment settings. *Music Therapy*, I, 119-121.

Frick, P. J. (1993). "Childhood conduct problems in a family context." *School Psychology Review, 22*, 1993, pp. 376-385

Gerhart,U.C.(1990). *Caringforthechronicmentallyill*.tasca, IL :Peacock.

Hermelin, B. and O'Connor, N. (1970). Psychological Experiments with Autistic Children. London: Pergamon.

Hobson, R. (1993), Autism and the Development of Mind. Hillsdale, NJ:Lawrence Erlbaum. Hodges, J. and Tizard, B. (1989). IQ and behavioural adjustment of ex-institutional adolescents. Journal of

Child Psychology and Psychiatry, 30, 53-75

Koegel, R., Schreibman, L., O'Neill, R. and Burke, J. (1983). The Personality and family interaction characteristics of parents of autistic children. Journal of Consulting and Clinical Psychology, 51, 683-692.

Marcus, L. M. (1977). Patterns of coping in families of psychotic children. *American Journal of Or thopsychiatry, 47(3)*, 388-399.

Ross, A. O.(1964). *The exceptional child in the family: Helping parents of exceptional children.* New York: Grune & Stratton.

Scott, S. (1994). Mental retardation. In M. Rutter, E. Taylor and K. Hersov (eds), Child and Adolescent Psychiatry: Modern Approaches (third edition, pp. 616-646). Oxford: Blackwell.

Sigman, M. (1995). Behavioural research in childhood autism. In M. Lenzenweger and J. Haugaard (eds), Frontiers of Developmental Psyhopathology (pp. 190-206). New York: Springer.

Taylor, S.(1980). The effect of chronic childhood. illness upon well siblings. *Maternal-Child Nursing Journal, 9,* 109-116.

Tsai, L. (1987). Pre-, peri-, and neonatal complications in autism. In E. Schopler and G. Mesibov (eds), Neurobiological Issues in Autism (pp.179-189). New York: Plenum.

Turnbull, A. P., Summers, J. A., & Brotherson, M. J. (1986). Famiy lief cycle : Theoretical abd empirical implication and future direction for families with mentally retarded members In J. Gallagher & P. Vietze(Eds.), *Families of handicaped person.* Baltimore : Paul H. Brookes. pp.45-66.

Volkmar, F., Klin, A. and Cohen, D. (1997). Deagnosis and classification of autism and related conditions: Consensus and issues. In D. Cohen and F. Volkmar (eds), Handbook of Autism and Pervasive Developmental Disorders (second edition, pp. 5-40). New York: Wiley.

WHO(1997). *ICIDH-2:International classification of impairments, activities and participation. A manual of dimensions of disablement and functioning. Beta-1 draft for field trials.* Geneva:Author.

WHO(2001). ICF:International classification of functioning, disability and health. Geneva:Author.

찾아보기

(ㅂ)

(ㅅ)

〈영 문〉

[저자 약력]

• 최기창
문학박사(특수교육학)
경영학 박사
상지대학교 재활상담학과 교수

• 박관영
사회복지학박사
한국열린사이버대학교 특임교수
비영리민간단체 어깨동무 대표

• 최우형
이학박사과정수료(직업재활학)
대구대학교 외래교수
홍점재활상담연구소장

장애의 이해와 재활

2020년 3월 10일 초판인쇄
2020년 3월 16일 초판발행

저 자 최기창 · 박관영 · 최우형
발행인 유 성 열
발행처 형지사
서울특별시 영등포구 신길로 40길 20
전화 (02) 849-6157 / 833-6091
FAX (02) 849-0817
등록 제318-2005-000030호

파본은 바꾸어 드립니다. 값 20,000원

http://www.chongmok.co.kr

ISBN 979-11-5908-042-5